本书由湖南师范大学政治学省级重点学科、中南大学“花瑶文化研究”项目资助出版。

本研究获得2013年度湖南师范大学青年优秀人才培养计划(项目批号:2013YX02)、2012年度湖南省教育厅青年项目(项目批号:12B089)、2010年度湖南省情与决策咨询项目(项目批号:0910ZZ4)的立项支持。

花瑶文化研究丛书

米莉 黄勇军 主编

瑶山上的中国：

花瑶民族的生存境遇考察

黄勇军 著

中国社会科学出版社

图书在版编目(CIP)数据

瑶山上的中国:花瑶民族的生存境遇考察/黄勇军著.—北京:中国社会科学出版社,2014.7

ISBN 978-7-5161-1745-3

Ⅰ.①瑶…　Ⅱ.①黄…　Ⅲ.①瑶族—民族社会学—研究—中国
Ⅳ.①K285.1

中国版本图书馆 CIP 数据核字(2012)第 271554 号

出 版 人　赵剑英
选题策划　郭沂纹
责任编辑　丁玉灵
责任校对　林福国
责任印制　王　超

出　　版　中国社会科学出版社
社　　址　北京鼓楼西大街甲 158 号(邮编 100720)
网　　址　http://www.csspw.cn
　　　　　中文域名:中国社科网　　010-64070619
发 行 部　010-84083685
门 市 部　010-84029450
经　　销　新华书店及其他书店

印　　刷　北京市大兴区新魏印刷厂
装　　订　廊坊市广阳区广增装订厂
版　　次　2014 年 7 月第 1 版
印　　次　2014 年 7 月第 1 次印刷

开　　本　710×1000　1/16
印　　张　17
插　　页　2
字　　数　266 千字
定　　价　46.00 元

凡购买中国社会科学出版社图书,如有质量问题请与本社联系调换
电话:010-64009791

献 给 花 瑶

目　录

导　　论

从来不曾觉得大瑶山与中国有什么关系，当然，大瑶山属于中国，这是没有问题的，尽管只是其中很小很小的一个小角落。不过，自小生存于这样一个很小很小的小角落里的自己，在很长的时间里，从心底里觉得自己生存着的这片土地只不过是一个可以被遗忘的、从不重要的、属于中国无数山区中的一个毫无特色可言的山区而已。这里所发生的一切，对于如此庞大、复杂、多样的“中国”而言，似乎毫无关系。

然而，就是这种看似毫无关系的状况，使得长久以来位处“悬绝之地”的大瑶山，以及身为“化外之民”的花瑶，却成为了研究“中国”的一个典型样本与经典个案。

一　缘起

自己出生于这个属于“中国”之中，却毫无特色可言的、只是一个小角落的大瑶山之中的、一个更是小得不能再小的、且更无特色可言的小小角落里。然后，在这个小得不能再小的小山村中，玩了六年泥巴；然后，被父亲带去大一点的、四面被山环绕的、位于大瑶山之中的小镇读小学，又是六年，还由于不习惯从玩泥巴的放纵忽然转变为背着手听课的枯燥，不顾父亲的责罚逃了半年课、读了半年学前班，耽搁了一年；然后，考入更大一点的、距离小县城十里地之外的省立重点中学，又是六年；再然后，似乎获得了命运女神的眷顾一般，通过高考，从这个只是大了一点的小县城的郊区地带，去往全中国最大的地方——

京师——旁边几十公里之外的属自古充军之地的昌平，读大学，又是四年；最终，通过考研的方式，千辛万苦地进入了京师之城，在学院路，由硕士而博士，又待了六年。如此一路辛苦地走来，更是觉得对于如此庞大、复杂、多样、资源稀缺、竞争激烈、且高度集中的“中国”而言，大瑶山无论从哪个角度上，都是无足轻重，也无足挂齿的。因此，在自我生命的前23年里，从未觉得自己曾经生存过的这片土地值得自己去关注、了解与记述。对于一个一直在求学，一直在上进，一直在突破，一直在试图走出大山、走进“中国”甚至“国际”视野之中的年轻人而言，对自己曾经生存过的大瑶山与现在正生存于其中的“中国”之间的关系，有着如下极为明确的概念：大瑶山无疑属于中国，但却又与“中国”毫无瓜葛，作为可以被外界所遗忘的一个小角落，无论这里发生过或正在发生什么，都仅仅是大瑶山自身的事情，而远不是也不可能是“中国”的事情。

2003年，“非典”（又称“SARS”）从天而降，自己也平生第一次“从天而降”，与夫人坐飞机逃难般飞回长沙，观察数日，再辗转回到了大瑶山。从恐慌的京师之地，重回宁静的大瑶山故乡的怀抱，感受着大自然的气息，内心之中，犹如脱胎换骨一般，对人生、自然与宇宙有了全新的认知与感悟。后来又与几位儿时伙伴，去往大托大峡谷游玩，本来以为只是一次普通的爬山经历，却不曾想最终转化成为一次有惊无险、万分艰难的探险之旅，让自己对大瑶山的山水重新产生了深刻的印象与浓厚的兴趣。此后，参加了花瑶人的“讨僚皈”活动，进一步感受到了花瑶地区所发生的前所未有的新变迁，尤为惊异地发现，曾经是大瑶山中最为贫困的村落之一的崇木凼村，居然无视村外连接乡与乡之间的大马路依然是泥石路的情况下，独自修了一条几里地长的水泥路。事实上，直到三年后，村寨外面的那条乡与乡之间的大马路才硬化成了水泥路。可见，一个曾经如此贫穷的花瑶村寨之中，单独修了这样一条水泥路，这在大瑶山的历史上，大概是破天荒的事情。沿着这条水泥路进入曾经去过数次的崇木凼村，发现沿着那几片古树林，修了一条水泥、石板路面的步行道。带着满心的疑惑，与当地的花瑶老乡聊天，方才了解到，时任邵阳市市委书记的蒋建国，自 2002 年起，将这里当成了自己的扶贫开发工作联系村，这一举动也彻底改变了这个种粮“三年两不收”的穷乡僻壤的面貌与命运。多年后的《隆回县志》对此有如下描述：蒋书记“先后 8 次来到瑶山村寨访民情、送温暖，足迹踏遍瑶家村寨，扶持种植中药材、开发旅游业，被群众称为‘瑶山人民的贴心人，脱贫致富的领路人’”①。

此时，自己敏感地意识到，曾经被人所遗忘的大瑶山正在进入一个全新的时代中。这一直觉无疑获得了此后近十年中，花瑶地区旅游、经济、文化等事业的迅猛发展的验证与支撑，只是未曾意识到的是，自己居然也会在这一时代大变革之中拥有一席之地。

许是机缘巧合，许是命运眷念，总之，在结束因“非典”而来的长达四个月的假期，准备回京之际，我的姐夫、原湖南省毅鹏金银花保健品有限公司董事长罗忠毅，约我们到他设置在隆回县城的公司总部小住几日，以便能够为其事业出谋划策一番，我们也应邀前往。其时，作为大瑶山农产品开发领头羊②的罗总，与时任隆回县县长的钟义凡已经很是熟悉，故约了钟县长来公司的毅鹏茶庄喝茶、聊天。钟县长是湖南省首批“双高”人才选拔出来的地方官员，有着明显的学者气质，初到隆回的他对隆回县所具有的极为丰富的传统文化资源，有着浓厚的兴趣。因此，我们当时主要围绕着隆回县的三大文化：花瑶文化、魏源文化、滩头年画，及与此相关的研究、保护、开发与利用等问题，展开了一系列对话与交流。连续四五个晚上，都是从十点钟左右，他结束一天的工作与应酬来到茶庄开始，我

---

① 杨第美等主编：《隆回县志》，团结出版社 2006 年版，第 397 页。

② 毅鹏公司曾经是隆回县农产品加工龙头企业，尤其是从大瑶山走出来的极为难得的品牌公司。关于毅鹏公司，2006 年版《隆回县志》中也有所记述，我们能够从彩页的第 12 页上看到毅鹏公司原厂房大门的图片、第 16 页上能够看到毅鹏公司所生产的金银花茶的图片，在正文第 181 页，可以看到“毅鹏金银花茶商标”的图标，以及这样的记述：“（2002 年）毅鹏公司的‘毅鹏’（茶叶），获湖南省著名商标。”此外，还能在第 343 页看到如下描述：“隆回县毅鹏公司在县城设有营销总部，全国设立近 100 个网点，年销售额 2000 多万元以上。”（参见杨第美等主编《隆回县志》，团结出版社 2006 年版。）然而，后来由于经营不善，且遭遇金融危机，资金链断裂，不得不于 2010 年破产重组。现在，毅鹏公司的系列产品还在县城范围内销售，公司举步维艰。

们就一直喝茶、聊天，每次都会延续到半夜两三点钟，而且每次都是我主动以他第二天还要工作、需要早点休息为由，结束对话。事实上，当时的我对潍头年画并不了解，但是，对本就属于儒家思想范畴的魏源文化，则已经有所了解与体悟，至于花瑶文化，本就是自己从小熟知的文化。因此，在聊天的过程中，有着自己的独特见解与创见。现在想来，当时的一县之长能够与年仅24岁、尚为硕士研究生的自己之间，有如此长时间的对话与沟通，也实属不易了。

在此过程中，我看到了钟县长对于隆回文化、旅游、经济等未来发展的全新的思路与干劲，而钟县长则看中了我的年轻气盛、小有才气，尤其是作为家乡人对家乡事业的那份热情与赤忱。最终，我们在这样一种聊天的氛围中，初步达成了合作的意向。回京后，我与自己的导师、时任中国政法大学政治与公共管理学院副院长的杨阳教授商议，在我的鼓动下，他也去了趟大瑶山进行考察，并最终促成了中国政法大学政治与公共管理学院与湖南省隆回县县政府之间的合作，签署了“湖南省隆回县花瑶文化研究”项目协议。此后，根据协议的内容，我领着中国政法大学“花瑶文化”考察团成员，[①] 在2004年7月底至10月底这三个月的时间里，实地考察了居住于大瑶山之中的古老而神秘的少数民族分支——“花瑶”，感受到了花瑶人的古朴与真情，见识了花瑶文化的独特与价值，收集到了大量珍贵的第一手资料与文献资料，[②] 并最终

---

① 中国政法大学“花瑶文化”考察团不仅成功地完成了调查任务，而且还与花瑶同胞结下了深厚的友谊，主要是：黄勇军、米莉、李严昌、杜联合、李笃、余金刚、彭润金、黄修裕、彭晔，以及回楚佳、廖耀华和谭克松（后三位是隆回县县政府为我们配备的协助调查人员）。

② 在2004年的实地调研阶段，我们不仅得到了中国政法大学政治与公共管理学院的杨阳教授与林存光教授的精心指导，而且得到了隆回县县委书记钟义凡、副县长罗海波、文化局张晗局长、阳志先副局长和其他工作人员以及县政府其他相关职能部门（如：档案局、统计局、民宗局、旅游局等）、小沙江、虎形山、麻塘山三个乡镇工作人员的大力配合与协作。在此过程中，花瑶同胞们对我们的信任以及对事关自身文化传统的调研事业的鼎力支持，也是我们的考察能够得以层层深入的决定性因素。其中，小沙江镇旺溪村回家湾、江边村麻坑，虎形山乡水洞坪村、崇木凼村等地的瑶族同胞们给予我们的帮助，以及提供给我们的资料都令我们受益匪浅。此外，黄勇军的家人也在实地调研期间给我们提供了考察所需的各种方便。

完成了近百万字的研究成果的写作与编撰。2005年底，在隆回县召开的结项会议上，成功获得结项。但是，由于各种非学术的因素，使得这套花瑶文化研究成果一直未能公开出版，如此又过了多年。

在这些年中，自己可谓马不停蹄地完成了人生中的一系列大事件，诸如拿到博士学位、在英国伦敦大学亚非学院做访问学者、在湖南师范大学公共管理学院觅得一份差事、结婚、安家、生女、任硕士生导师等，并于2010年出版了个人的首部专著：《儒家政治思维传统及其现代转化》[①]，且于2011年以“儒家政治合法性理论研究”为题拿到了教育部人文社科基金青年项目。在此过程中，关于花瑶文化研究的成果是否公开出版，并不是自己学术研究的重中之重。

同样，在这些年中，花瑶与大瑶山地区的开发与发展，也是马不停蹄。这也使得大瑶山对于“中国”而言所具备的价值与意义，远远超越了学术研究的层面，进一步涉及了诸如文化、旅游、经济、政治、社会等各个方面。这片曾经不为人所知的土地，在近年来，却忽然之间成为了中国的一片新的“热土”。对于此，我们从这片土地近年来所获得的如下荣誉与称号之中，就能够看出此处所谓“瑶山上的中国”在现实生活中所具备的非凡的价值与意义：中国最佳民族风情旅游名县：隆回（2011）；国家级风景名胜区：花瑶景区（2009）；中国最佳旅游资源城市：隆回（2009）；国家级非物质文化遗产：花瑶呜哇山歌（2008）；国家级非物质文化遗产：花瑶挑花（2006）；中国最具魅力乡村：崇木凼（2006）；中国金银花之乡：隆回（2001）。虽然有三处国家级的荣誉被归属于隆回，但是真正支撑这一荣誉的，恰恰都来源于大瑶山与花瑶。

大瑶山能够与“中国”发生如此之多的直接联系，固然让出身大瑶山的我欣喜、雀跃。然而，眼看着自己手头上的这几部凝聚了如此多人的心血的研究成果，却迟迟未能付梓，未能在如此迅猛的变革进程之中发挥应有的作用与价值，也就成为了我心头挥之不去的重负。

① 黄勇军：《儒家政治思维传统及其现代转化》，岳麓书社2010年版。

最终，自己在2011年年底再次下定决心，要将这一研究进行到底。于是，以个人的名义，带了两位优秀的、在学术上很有潜力的本科生：顾旭光、徐海东，一路坐着长途巴士，重回大瑶山，进行为期半个月的学术回访。2012年6月，又与米莉一起带着一岁多的女儿子牧，与同事刘先江、朋友范存等人一起驾车进入大瑶山，再一次进行了为期两天的短暂回访。在此过程中，不仅补充了大量新的第一手资料与文献资料，更为重要的是，我们还切身地感受到了大瑶山近年来所发生的巨变，以及这种巨变背后所隐含着的困境、危机与挑战。这一新的经历，为我们最终完成《花瑶文化研究》丛书系列书稿的写作与定稿，奠定了坚实的基础。尤为重要的是，当我们正在为这套丛书的最终出版所需的经费发愁时，米莉所在的中南大学新上任的校长张尧学院士，以其敏锐的眼光、提携后进的气度，为我们解决了全部的出版资金，彻底消除了我们的后顾之忧。

至此，这一历时近十年的研究之旅，暂告一段落。

二　研究立场与治学态度

自大学本科从事学术研究以来，自己就一直坚持着现代新儒家所标榜的如下基本立场：同情地理解。[①] 此处所谓“同情地理解”，或许与新儒家有所不同，主要是指在展开对花瑶文化的研究中，尽可能地避免某种当下很是流行的“现代人的优越感”以及“外来者的距离感”。

在那些具备“现代人的优越感”的人那里，总是觉得自己所处的时代好于以往任何时代，自己时代的知识与智慧优于任何以往的时代，自己这代人的智商与水准高于任何以往的时代。然而，现代人所持有的

① 所谓“同情地理解”，本是现代新儒家们如杜维明、刘述先等人提出来的，主要强调在现代化的大背景下，我们对于中国的传统思想与文化，尤其是儒家思想与文化，应当抱有“同情地理解”的态度，而不是一味地予以贬低、毁弃，“痛打落水狗”。他们最大的建树就在于，在西学如此强势的现代学术界，通过进入到儒家思想自我的生命意境与思维逻辑之中，重新阐述儒家思想与文化。

莫名其妙的“优越感”，只不过是一种现代人的妄想症而已。处在“现代性”所构建起来的理论范式与思维方式之中的现代人，往往身处其实根本无法完全把握与掌控的无边无际的空间与瞬息变幻的时间里，却又极力想要证明作为“理性人”的自己已经把握与掌握了这一时空背景。这样一种自不量力的行为，最终导致了现代人的生存状况中常见的内外相隔、物我两分的悖论与困境，此即庄子所谓“吾生也有涯，而知也无涯，以有涯随无涯，殆矣!”(《庄子·养生主》)真正的事实是，我们其实并不比以往任何时代的学者、思想者、行动者们更高明、更睿智、更绅士，对于现代中国人而言，尤为如此，当我们越是接近、融入传统，越是追随、体悟传统的意境，就越会感觉到自己所处的无知无畏与无根漂泊。换言之，对古人、对传统、对他人随时随地保持一种“同情地理解”的态度，既是对“他者”的一种尊重，更是让作为研究者的我们能够深入、细致地了解对方的点滴故事与生命情境的有效途径。

这样一种治学的态度，无疑非常适合关于花瑶与大瑶山的研究。因为许多进入花瑶与大瑶山展开研究的人们，往往不仅持有“现代人的优越感”，而且还有意无意地持有一种“外来者的距离感”，总是觉得作为一个外来者，他们比大瑶山的人们看过更多的世界、经历过更多的事情、获取过更多的信息、占有过更多的资源，从而以一种居高临下的姿态，俯视着似乎更为封闭、更为弱小、更为质朴、更为贫困的人们。事实上，这样一种“外来者”的姿态不仅仅是大瑶山之外的人对待大瑶山时持有的态度，而且也是当前许多中国人使用中国之外的价值与立场，反过来对待中国自身历史与现实时所持有的普遍态度。当前中国，但凡沾到“西”、“洋”、“现代”等词汇之后，似乎相关的人、物、事，都会凭空地高出“本土”一个甚至几个层次，如学界流行的“海归”与“土鳖”之别，即使这只是一个幻象而已。在这样的心境中，学者们的研究，很多时候就演变成为一种关于“好与坏”、“优与劣”、“先进与落后”、“激进与保守”、“开放与封闭”、“现代与传统”……之类的，立足于简单的“二元对立”基础上的价值判断与是非评判，于是，学者们对于自己所研究的对象本身所蕴涵着的复杂性、多样性、生命性、鲜活性等问题，要么视而不见、要么刻意回避，以此成就自己内心之中所预设的那种莫名其妙的“现代人的优越感”与“外来者的距离感”，并进而证明自己所处时空范畴的优越性与所使用理论范式的真理性。

这样的研究现状，无疑是本文所希望予以反思与避免的。事实上，在外界看来更为封闭、保守、落后、贫穷的花瑶人，其实有着自己的情性、意趣、洒脱、愉悦；在外界看来更为枯燥、简单、刻板、无趣的大瑶山的生活，其实有着自己的色彩、情趣、空灵、意境。作为现代人与外来者，首先需要做到的，不是偏见与距离，而是立足于“同情地理解”基础上的尊重与融合。

在研究的过程中，除了立足于“同情地理解”之外，还将尽量遵循所谓“多研究些问题”以及“为学术而学术”的治学态度。

在本文看来，关于花瑶的研究，最为关键的问题，并不在于从意识形态或是价值判断的角度入手，对其进行多少定性式的研究与评判。而是应当尽可能地根据自己所看到、所接触到、所感受到的实际状况，再根据纯粹学术研究的需要出发，设定不同的学术主题，发现不同的问题意识，并在每个学术主题与问题意识之下，进行尽可能详尽与深度的研究，无论从历史的纵深，还是从时空的延伸上，都能够进行探讨与研究，力求对每个事件的来龙去脉、相互关系、相互影响等，进行尽可能细致而全面的梳理与探析，从而展现出一个或许极为复杂，但更接近于事实本身的场景与场域。

三　历史与“创造”历史

近现代西方提出了极为清晰、明确的所谓“线性发展观”，将人类历史与文明的展开过程，从思辨的角度上设定为一条不断发展、延续的、具备规律性与决定性的时空轨迹，将已有的人类历史与文明，根据各种标准，划定为不同的社会形态与文明形态，并且相信，这些不同的社会形态与文明形态之间是存在着优劣、好坏、先后等衡量标准的，历史不仅存在着规律性，而且任何人类发展的历史都应当受到这种规律性的检验与评判。因此，某一种被判定为保守、落后、低级的社会形态与文明形态，终将被另一种被判定为发展、先进、高级的社会形态与文明形态所取代。

在这一历史观念中，有着明确的“西方中心观”的价值预设，以西方历史与文明的发展为标准，“中国”这样一种在西方人看来是如此封闭、古老而孤立的国度，无疑成为了西方所设定的人类历史展开逻辑与规律中的真正的牺牲品，“孟德斯鸠、孔多塞、赫尔德、黑格尔接二连三地以中国与欧洲之间一静一动的对比来彰显近代欧洲的正确与伟大”①。在很长一段时间里，西方思想者们通过对自己的熟悉与自信，反衬出中国的落后与糟糕，在这一过程中，中国的“他者”形象，被一再凸显。这种观点被西方尤其是德国的思想家们不断强化，② 并最终影响到中国人自己对于自身历史的观感，进而进入了激进的反传统与反自身历史的历史进程之中。③ 西方人就是在这样一种“中西二元对立模式”与“刺激—反应模式”的观念与范式中展开对中国的研究的。在此过程中，于“东”“西”方相互对峙的境遇中处于绝对弱势的中国传统逐渐丧失了自己的独立性与自发性，强势的西方成为了衡量中国传统与问题的无可置疑的标准，而中国传统也在这样的框架下，逐渐被人们当作一个与西方相对的存在物，往往与落后、停滞、黑暗、专制等词汇联系在一起。可以想见，当“中国”都已经成为了这样一个形象的时

---

① 张国刚、吴莉苇：《启蒙时代欧洲的中国观：一个历史的巡礼与反思》，上海古籍出版社 2006 年版，第 411 页。

② ［德］夏瑞春编：《德国思想家论中国》，江苏人民出版社 1995 年版。

③ 有学者注意到，20 世纪初的中国学者们在“重写中国历史”时，非常明显地受到了德国“历史主义”观点的极大影响。德国曾经远远落后于同属欧洲的英国、法国，而且部分领土被法国所占领，极大地刺激了德国思想家进行不同于英法的历史学努力，这无疑与 1840 年以来的中国历史极其相似。因此，中国学者接受德国学者的观点有其内在的原因。（Xiaoqing Lin：Historicizing Subjective Reality：Rewriting History in Early Republican China，*Modern China*，Vol. 25，No. 1.（Jan.，1999），pp. 3 – 5.）

候，作为中国之中的一个更为传统、更为保守、更为封闭的大瑶山与花瑶，会遭遇到怎样的评判与定性。

当然，现在西方学界也意识到了这一历史定性，及由此产生的以西方为中心的研究范式在取得了诸多成就的同时，也造成了诸多问题与麻烦，遭受到了诸多的质疑与批判。[①] 现代西方学者正在力图抛弃这种对立思维，转而试图在重回中国历史本身的基础上重构所谓“中国中心观”[②]。

西方学界的这一转移对于我们此处的研究而言，有着双重的意义，不仅提醒我们要警惕西方中心观下所形成的诸多定式思维与定性观念，对于我们展开研究时，所可能起到的负面作用与先入性偏见；而且，还能够提醒我们在写作的过程中，实现所谓“花瑶中心观”，或是“大瑶山中心观”，而不是“西方中心观”，也不是“汉族中心观”，甚至不是“中国中心观”！——或者，我们甚至应当更进一步，在后现代思维下，解构所谓“中心观”，因为，人类历史与文明的进程，根本就没有中心、没有延续、没有规律、没有决定论……有的只是一种“断裂、缺陷、缺口、实证性的崭新形式乃至突然的再分配”[③]。

当然，使用后现代的范式展开研究，即使我们意识到了，在这里也是极为艰难的。我们所能够做到的，就是尽量正视研究过程中所发现的关于断裂、缺陷、缺口、实证性的问题与困境，并尽量予以回应。这样，我们至少可以退而求其次地实现所谓“花瑶中心观”与“大瑶山中心观”，以花瑶和大瑶山发生、发展的事件，作为我们写作的支撑与依靠，而不是用花瑶与大瑶山之外的世界、观念与评判标准，来评判花瑶与大瑶山所存在着的种种状况。

事实上，花瑶与大瑶山有着属于自己的历史展开方式与展开逻辑，即使一直受到外界力量的干预、渗透与影响，但是，身处一个相对闭塞

① 黄勇军：《儒家政治思维传统及其现代转化》，岳麓书社 2010 年版，第 8—11 页。

② ［美］柯文：《在中国发现历史——中国中心观在美国的兴起》，中华书局 2002 年版。

③ ［法］米歇尔·福柯：《知识考古学》，谢强、马月译，生活·读书·新知三联书店 2003 年版，第 188 页。

的地理空间之中的人们，并不会认为外来力量的存在会是长时间的，他们已经形成了某种抵制外界干预的免疫能力，一方面有限度地接受外来力量的某些方面，另一方面又固守着自己的传统与过往，并最终将外来力量的那些影响逐渐消融、吸纳到自己所熟悉的范畴之内，继续前行。换言之，如果大瑶山之外的中国人，或者大瑶山之中接受了中国近代史演进过程的汉族人，能够明确地感受到诸如 1840 年鸦片战争、1895 年甲午海战、1900 年八国联军侵华、1911 年辛亥革命、1938 年抗日战争、1949 年新中国成立、1958 年“大跃进”、1966 年“文化大革命”、1978 年改革开放等历史事件所体现出来的对于传统的断裂感与陌生感的话，[①] 那么，对于大多数的花瑶与大瑶山中的人而言，他们的历史却并不是这样展开的，他们有着自己的记忆与观念。或许，大瑶山上某年所发生的某次地质灾害、人口迁徙、内部纠纷等，会比这些更为宏大视野中的所谓“跨历史”的时代划分方式，更接近花瑶与大瑶山本身的历史展开方式与展开逻辑。

四　传统与“创造”传统

当美国学者列文森在 1960 年代宣称：中国的儒家传统终将进入“博物馆”，不再在现实生活中发挥影响之时。[②] 他无疑敏感地察觉到了儒家文化在中国近现代进程中所遭受内外夹击的尴尬地位，以及被人日渐抛弃且毫无惋惜之情的无助处境。作为一个以现代性衡量中国传统儒家思想的美国学者而言，中国的儒家传统不仅将受到现代性的冲击而日渐解体，而且儒家传统本身在历史上也处在一种困境之中。在列文森的眼中，儒家传统与中国现代化之间，处于一种毫无妥协与调和可能的对立状态之中。

这种强调传统与现代之间所存在的“二元对立”的观点与思维方

① 杜维明：《儒家传统的现代转化》，中国广播电视出版社 1992 年版，第 74 页。

② ［美］列文森：《儒教中国及其现代命运》，中国社会科学出版社 2000 年版。

式，也是西方自启蒙运动以来，对待中国的一贯立场。随着坚船利炮与西学东渐的步步紧逼，西方人所形成的对待中国传统的相关立场与观点，最终影响并成为了中国人对待自身传统的基本态度。“五四”以降，中国思想界日渐进入了“中—西”、“新—旧”、“传统—现代”之类的“二元对立思维”之中，近代以来，中国“大多数的知识分子在价值上选择了往而不返的‘激进’取向……他们之间尽管也有极大的分歧，但是却有一个共同的假定：即只有破掉一分‘传统’，才能获得一分‘现代化’。把‘传统’和‘现代化’这样一分为二”①。可以想见，长久以来都是以中国主流文化传统而存在的儒家文化传统，甚至以汉文明为根基的整个中华文明，都已经在现代化的进程之中陷入到如此的困境，那么，对于只是孤守于大山之中的花瑶文化与花瑶传统而言，所遭遇到的，将是更大程度上的冲击与断裂，他们不仅仅需要面临着传统意义上的汉文明的同化困境，而且还必须面临着诸如市场化、信息化、专业化等现代性所带来的整体性颠覆。

在这里提出“中西二元对立观”及其所存在的问题，主要是想提醒当代中国学者们在展开对类似于花瑶这样的少数民族的研究时，其方法论与研究范式，往往立足于西方式的“二元对立”模式，强调“传统”与“现代”之间的对立与冲突，从而忽视了少数民族自我传统之中所蕴涵的多样性特征与持久生命力。事实上，类似的观念随着新中国成立以来所展开的一系列政治、社会与文化运动，诸如“破四旧”、“反对封建迷信”、“文化大革命”等，已经使得花瑶人对自己的传统与文化充满了怀疑与批判，在实地调研中，花瑶人常常会与我们谈及通过巫术的方式，能够治病、驱邪，甚至取人性命，但往往在聊完之后，不仅与我们同行的政府官员常常会忍不住地插嘴：“这是封建迷信，不能这样子搞”，而且花瑶人自己也会不自觉地强调：“这些都是封建迷信，不科学。”可以看到，这样一种观念上的先行定性，也将直接影响到我们所从事的研究

① 参见余英时《中国近代思想史上的激进与保守》，载许纪霖主编《二十世纪中国思想史论》（上），东方出版社 2000 年版，第 435 页。

工作，认识到这一潜在于每一位受过严格的现代学术训练的中国学者的思维方式之中的前置性理论范式与思维模式，将有助于我们在展开对花瑶人的研究中采取更为谨慎，也更为开放、多元的心态。

更为重要的是，在这样一种二元对立的状态中，本来花瑶的传统与习俗是被现代化所压制住的，固然不会常拿出来在公共话语层面去言说，但是，在私人空间中，他们还是我行我素地依照自己的传统行事，这也极好地保持了传统的原貌。然而，随着花瑶文化与花瑶旅游在近年来的异军突起，忽然从更为隐蔽的生存空间中被人发现，并被放置在了自古未有的聚光灯之下，于是，即使是花瑶私人空间之中所存在着的文化与传统，也被人们重新发现，并迫使其进入新的公共空间之中，用来吸引外面前来猎奇的游客，以及获得需要噱头与点击率的媒体的关注与重视。在这样的新的环境之中，花瑶的传统就变得有些进退维谷了，如果固守传统，会担心那些已经受到现代化洗礼的外来者的歧视与偏见，如果彻底放弃、无视传统，又会担心由于失去了民族的独特性，从而丧失了对外来者的吸引力。在这样一种两难处境之中，有一个现象特别值得关注，那就是："创造"传统！也就是从花瑶传统中提取一些看似对外来者有足够吸引力的因素，诸如"抢婚"、"对歌相亲"等，又对其进行新的改造与创作，使之符合现代人的审美意趣与价值判断。这样一种"创造"传统的现象在花瑶发展旅游的几个地方极为普遍，尤其获得了政府部门的强力支持。事实上，这样一种"创造"传统，从长远来看，其实会导致传统的变异与最终消失。因而，也是非常值得现代推进旅游开发的人们，予以特别警惕的地方。

五　遗忘与"再度"遗忘

直到 21 世纪初，花瑶人一直处于一种"被遗忘"的状态之中。此处所谓的"被遗忘"有两种状态，一种是地理上的，由于花瑶人所处的大瑶山在漫长的历史进程中，一直处于与外界相互隔离的状态之中；另一种是文化与政治上的，历史上瑶汉之间的对立，也成为一种常态。

当然，这样一种状态的存在，并不意味着各级政府与社会各界没有关注到他们的贫困与落后的状态，事实上，尤其是新中国成立以来，花瑶与大瑶山一直是隆回县范围内受到政府扶贫与救济最多也最频繁的对象。

不过，政府所进行的这种扶贫与救济往往停留在钱、粮、物的补充与发放上，由于花瑶人自古以来的生活习惯不同于汉族人，他们在经济上更缺乏计划性与长远打算，即使政府所发放的钱、粮、物按照汉族人的计算方式与花销方式，可以供一家子半年的生活，但是，花瑶人可能会在半个月之内，换成肉、酒等，叫上亲朋好友，吃喝完毕。在实地调研的过程中，在比对瑶汉各自的优劣、特性时，都会强调这一点，瑶族人在经济上缺乏计划性与长远打算，所以总是处于贫困状态，而汉族人因为会计划一些，所以总体上富裕很多。瑶汉之中有人甚至怀疑，政府的帮助与扶持，反而让有些花瑶人过上了依赖政府的日子，一旦救济物资到手，立刻转化为吃喝的食物，“今朝有酒今朝醉”，然后再等待着下一批救济物资的到来。这样的方式，所产生的真正后果恰恰是将花瑶人最终贴上了贫困与落后的标签而已，政府越是希望通过各种救济手段与途径，以期达到改变甚至改造这支民族的经济境遇，从而使之变得富裕与现代的目的，但是，正如我们在实地所看到的情形，反而是越扶持越贫穷。

我们毫不怀疑外界帮扶努力的善意，以及对改善花瑶人的生存状况的价值与意义，但是，在这样的思维逻辑与行为方式之下，花瑶人之所以成为“花瑶人”的那些内在的特质与特性，并未引起人们的关注与理解，更加难以获得人们的尊重与同情，更为糟糕的是，人们往往倾向于将花瑶人那些与汉族人不一样的特质性的东西，视为直接导致花瑶人贫困、落后状态的原因所在，因而，改善花瑶人经济状态的最大努力，就是试图通过忽略甚至批判“花瑶人”自古以来所独有的一些特质与特征，以期从根本上改变花瑶人的生存状况与精神面貌。最为直接的目标与愿望，或许就是希望推进花瑶地区的“现代化进程”，通过修路、普及电视、网络、电话等方式，让花瑶人自然而然地融入到更大的社会结构与市场经济之中，并由此而产生根本性的改变，变得更像一个具备理性、计划性、目标性的现代人，按照现代人的生活方式生活，按照现代人的思维方式思维。

当然，如果我们真的接受了“现代人好于传统人”的价值观念的话，那么，促进花瑶人的这一现代化的转变，无疑是对花瑶人的极大帮助。问题是，“现代人”真的好于“传统人”吗？花瑶人除了变成现代人之外，就没有别的选择了吗？花瑶人与大瑶山所展开的这一系列现代化的路径，除了带来益处之外，就没有带来更大、更多的麻烦与困境吗？最为关键的问题在于，当花瑶人真的变成了我们所期望的“现代人”的模样时，花瑶人又何以称之为花瑶人呢？

在被遗忘的状态之下，花瑶人还能依着自己历史与传统的模样，或许艰辛，但绝对是独特地生存于世间。当花瑶人不再被遗忘，而是被外界按照自己的模样进行改造之后，或许不再如此艰辛，但却只能以与外界一样的雷同模样，更为平凡地生存于世间。——究竟哪一种生存的方式与生存的意境，是花瑶自己希望经历的？究竟哪一种模样的花瑶，是外在于大瑶山的人们所希望看到的？

六 “我”的双重身份

如前所述，作为研究者的自己，其实具备了双重身份：曾经大瑶山的生存者，现今大瑶山的观察者。这样的身份，在研究过程中给自己带来了无数便利与优势的同时，也让自己颇为谨慎与紧张。

首先，由于曾经生存于大瑶山，故在研究的过程中，总是带上了他人并不一定有的情感、情绪与体悟，面对曾经合二为一，如今却成为自己研究对象的大瑶山的人、物、事，很多时候已经分不出哪些是研究外在的对象，哪些是探索内在的自己，一旦不经意间混淆了自己与大瑶山之间的界限后，所谓的“价值中立”就只是一种美妙的托词与臆想，而远不是真实。当其他走进花瑶、走进大瑶山，进行研究、猎奇与纯粹观光的人们，带上了现代人所特有的那种莫名其妙的“优越感”，以及外来者所特有的那种自视客观、公正与高高在上的“距离感”，并以此对待这片土地、这片土地中的人们，以及这片土地的过往与传统时，我更多的时候，却是带着明显的“同情地理解”的心绪，期望着能够再度融入其中，以一个真正意义上的“土著人”与“自己人”的视角与心境，重新审视、解读、明了这片土地、这片土地中的人们、这片土地的过往与传统。严格而言，“身在庐山”与“隔岸观火”，本就是两种不同的观察角度、生存意境与思维方式。前者或许体现出“不识庐山真面目”的劣势，却能够对活生生地生存于庐山之中的花花草草、沟沟壑壑、弯弯曲曲，有最为直接的观感与观察；后者或许拥有“洞若观火”的诸多优势，却终究无法体验到那些身临火场的人所切身感受到的煎熬与困苦。

其次，由于现今观察着大瑶山，故在研究的过程中，自会充分地使用到自己在多年的学术训练之中所形成的专业背景与职业技能，从而看到了其他生存于大瑶山的生存者们所未曾看到的东西，掌握了他们所未曾掌握的资料与资讯，思索了他们所未曾思索过的超越了个体存在之外的存在。因而，对大瑶山的过去、现状与未来，有了更为全面、客观的了解与思考，形成了诸多与现今大瑶山的居住者们并不一样的立场、观点与思路。当更多生存于大瑶山之中的人们要么满足于外界的赞誉、吹捧、宣扬等，以及满足于大瑶山近年来的发展、影响与成就之时，我所关心的，恰是对于大瑶山的传统所必须经历的来自外在的多层次、多角度的挑战、冲击的警惕与担忧，更是对大瑶山的传统在此过程中所表现出的无所适从、自我迷失现象的反思与觉醒。当部分生存于大瑶山之中的人们对于外来者与外来文化表现出强烈的不信任与排斥之时，我所从事的，恰恰是立足于比较、理性与思辨基础上的再审视与再接受，大瑶山终将被外界所改变，这是一个谁也无法阻止的不可逆的过程，问题是，如何在这一过程中有效地捍卫自己的传统、捍卫自己的文化、捍卫自己的尊严与荣耀，则是比单纯的抵制与排斥更为困难、更为复杂，也更为重要的问题与事业。

这样一种双重的身份，一方面让我在观察与研究的过程中持有一种战战兢兢的心境，总是害怕自己的情感会左右自己的观感与判断，故而在研究主题与写作方式的选择上，尽量遵循客观性与距离性两个原则，从一个冷静、理性的观察者的角度，切入研究与写作，其中，更多的笔墨与篇幅，都用在了对史料、文献与档案的梳理、比对与探析上，从一个更具时空感与距离感的角度与立场上，对花瑶与大瑶山的状况展开研究与论述，这就迫使自己放弃对于现实问题的过度关注与热情，并将所有的思考，融入到那些能够用充足的史料、文献、档案，以及田野调查资料所能支撑与论证的主题的探讨之中；另一方面，这样的双重身份又让自己在结束了全部的研究与写作工作之后，所获得的并不是如释重负的“放下”之感，而是一种思绪难安的新执著，似乎在完成自己曾如此坚持的纯粹意义上的“为学术而学术”的理念与目标之外，又凭空多出了一种沉甸甸的使命感与责任感，觉得自己需要更进一步地对自己所看到的、所想到的那些发生在大瑶山之中的诸多事情，发表一点自己的看法与想法，更期望自己的如此努力能够拥有些许现实性、操作性与可行性的价值与意义。

换言之，如果自己所写下的这如许文字，能够给大瑶山中的人们增添哪怕微乎其微的福祉与福音，我的全部努力与艰辛，也就物有所值了。

如斯心绪，挥之不去……

第一章

历史、地理与传说：大瑶山的生存状况考察

一般而言，一个族群对于内在于自我的生命价值与外在于自我的世界秩序的基本态度与观感，以及由此而形成的属于某个族群所特有的诸如心理、文化、传统、习俗、禁忌等特征与特性，往往与这一群体自古以来赖以生存、繁衍的外部环境有着直接的关系。这种关系对于花瑶这样一支曾经在历史上不断迁徙，生存处境极为艰难，且人数一直不多的少数民族群体而言，更是如此。正如现代学者所意识到的那样，作为瑶族的一个支系，花瑶人的族群生命力与族群认同感历来都是非常强的，“瑶族是这样一个富有移动性的民族，但不是流离山野的难民群。许多观察家一致强调：瑶族是一个比其他民族气概更加旺盛的民族。换言之，瑶族是具有强烈民族意识感的民族”①。作为“性喜迁徙”的山地民族，花瑶人的民族意识与族群认同感中的诸多方面，就来源于其不断迁徙的历史以及繁衍生息的栖居之地等外在环境与条件。因此，追溯花瑶民族究竟于何时、何处、以何种方式迁入其所居住的大瑶山地界，以及在他们之前，这一地区是否存在原住民，大概自何时始，有其他的族群在花瑶人之后迁入这一地界，不同的族群之间有着怎样的关系，对花瑶人的族群认同发生了怎样的影响之类问题的来龙去脉的探究，无疑能够让我们对花瑶人自身族群认同得以形成的最初状态，以及在后来的岁月中发生了怎样的变迁等主题的理解与研究有着重大的价值与意义。然

① ［日］竹村卓二：《瑶族的历史和文化：华南、东南亚山地民族的社会人类学研究》，金少萍、朱桂昌译，民族出版社 2003 年版，“绪言”。

而，由于这一地区一直以来都处于相对封闭的状态之中，且居住于此的花瑶人又只有语言而没有文字，关于历史的记忆都停留在口耳相传的故事与传说之中，缺少基本的史料记载，使得关于这一地区的人们生存的真实状态处于模糊不清的群体性记忆之中。到清中晚期，花瑶人中开始出现接受过正规教育、而且能够用汉文字记述自身历史的、被当地人称为"瑶秀才"① 的人，他们做出了非常卓越且有效的努力，为后人留下了诸多关于花瑶文化与历史的珍贵资料。从中，我们也能获得诸多关于这支民族最初迁徙史的信息与资料。

通过所收集到的关于大瑶山与花瑶的文献记载与口述史资料，我们大体知道，明清两代的主要时间里，大瑶山都是独立于外在政治权威而存在，花瑶人是这片土地上唯一的开垦者与所有者。不过，清末以降，开始出现不断迁居进入瑶山的汉族人，这一举动也打破了大瑶山长久以来所形成、存在着的瑶汉分明的严格界限。自此往后，瑶汉开始共同拥有这片土地，在这样的新的时代格局之下，大瑶山这片土地之中所生存着的开垦者与所有者，逐渐出现更多花瑶人所无法单独掌控的诸多变数。对于我们这些后来者而言，或许对类似于第一批迁徙进入瑶山的汉族人究竟是谁，是什么时候，发生过什么等问题，已经无法知晓了。但是，我们却能够从现如今两族之间的关系，尤其是他们对于自身第一代迁徙者的经历的讲述中重构当时的状况与处境。自清末至民国一百余年的时间里，汉族人开始从人数

① 清康熙年间，今邵阳市辖区范围内的瑶族人开始接受正规的汉族文化教育，全市当时共有 6 所学校，其中现隆回县小沙江地区 2 所。（参见邵阳市地方志编纂委员会编《邵阳市志》，湖南出版社 1997 年版，第 566 页。）不过，真正具备与汉族秀才相当水平的花瑶文化人却要等到清嘉庆年间方才出现，当时可以称之为"瑶秀才"的人主要以生于嘉庆年间的水洞坪的奉成美为代表，现今所留存下来的《奉氏族谱》等文字资料，主要出自他的手笔；在此之后，生于清光绪年间的另外一位麻坑的奉成美则于清末撰写了关于巫术的《教法案例》；此外，还有一位清末奉姓秀才撰写了《雪峰瑶族诏文》。此外，关于"瑶秀才"的称谓，我们能够从清同治年间所编撰的《溆浦县志》中看到相似的词汇，在清乾隆二十一年之前，有所谓"瑶生"、"瑶童"、"瑶学"等称谓，此后，依照黔（贵州）省的规矩分别改为"新生"、"新童"、"新学"。［（清）齐德五主修：《溆浦县志》，清同治十二年刻本，溆浦县档案馆 2003 年 10 月重印，溆浦彩色印刷厂印刷（内部资料）。］可知，当地人将当时花瑶读书人中的优秀者称之为"瑶秀才"，无疑是具备历史依据的。

与地域上，都占据了主动，这也极大地改变了花瑶人的居住分布状况，以及对大瑶山土地的占有情况。其中，有关大瑶山的土地所有权的变化中，至关重要的变化出现在新中国成立后的一系列政策、运动的执行与推广之中。无论“土改”、“大跃进”、“人民公社”等涉及土地问题的政策与运动，都对大瑶山的土地归属问题进行了全新的界定，也形成了不同于以往的新格局。改革开放以来，传统逐渐复归，国家权力的控制也逐渐弱化，诸多问题也得以逐渐显现。

因此，本章将主要集中在对花瑶人迁入之前与迁入之初的大瑶山的基本状况的考察上，并进而对清末以降瑶汉界限逐渐被打破后的行政区划进行论述，最后，还将对当前大瑶山上瑶汉之间所出现的关于土地所有权的争议、冲突、解决等问题，展开进一步的探讨。

一　化外之民：位处悬绝之地的大瑶山

花瑶人世代繁衍生息的这片土地属于古瑶山地界。历史上，这里山高林密、虫兽众多、人迹罕至。对于历代中央政府而言，这是一片位处自身版图之内，却又超脱于自身掌控之外的土地，我们可以将其称之为：悬绝之地。对于花瑶民族而言，他们在外部力量的排斥与围困之下，极为艰难却相对独立地生存于此，过着一种“化外之民”的生活。

如果我们想对只有语言而没有文字的花瑶民族的生存境遇的原初状态进行某种意义上的重构的话，无疑面临着基于资料匮乏所带来的诸多问题与困境。在并不存在以文字直接记载大瑶山之内所发生的事件的年代里，我们将如何了解到其间所发生的故事的蛛丝马迹？又如何进一步了解花瑶人自身的历史处境与心理状况？此外，不为外界所关注的大瑶山又是何时以何种方式进入外在世界的视野的？在当时瑶山内外界限如此分明的情况下，花瑶人的生存状况与族群认同又是怎样一种景象呢？事实上，在缺少足够可信的历史资料与文献记载的情况下，要想对大瑶山地界之中发生的事件与生存的状况有一个更为清晰、客观的认知，就需要我们完成如下两方面的工作。

首先，需要我们能够全身心地投入大瑶山，切身地体会大瑶山的自然环境，以及现如今仍然生存于大瑶山之中的人们所处的真实的生存状态。固然，今日的大瑶山相对于四五百年前花瑶先民们最初迁入时的大瑶山而言，已经发生了难以想象的巨大变化；而今日生存于此的花瑶人相对于四五百年前的花瑶先民而言，也经历了太多新的外在冲击与内在变迁，形成了诸多不同于过往的新的生存意境与生命意趣。然而，无论如何，大瑶山还是大瑶山，花瑶人也仍是花瑶人，变化固然无处不在，然而某些内在固有的特性与特征，却也获得了某种程度的保留。因此，当我们全身心地跋涉、驻留、陶醉，甚至生存于大瑶山的山水、人情之时，尤其当我们进入并受困于至今仍然少有人烟的大峡谷，攀爬于陡峭险峻的大崖壁，迷失于林木繁密的崇山峻岭之中时，都能够强烈地感觉出数百年前大瑶山的真实状况与原初风貌，更能感受到最初迁入这片土地的花瑶先民们所经历的艰辛与苦难。① 更重要的是，当我们与现在的花瑶人一起生活、一起劳动、一起游戏时，还能够从今日花瑶人的言谈举止、故事传说、习俗礼仪、喜怒哀乐，甚至某些已然碎片化、模糊化、片断化了的族群记忆，以及某些早已成为普通花瑶人“日用而不知”的生活习惯与生存态度中，实现重构数百年前花瑶先民们生存于此的最初境遇的目标。

---

① 我们在实地调研期间，足迹遍历大瑶山。其中，在没有当地导游的情况下，我曾于2003年、2011年两度与同行的考察人员受困于虎形山乡大托大峡谷，相关经历让我们对大瑶山充满了敬畏之情。2011年11月26日脱困之后，我写下了一篇田野调研日记，现摘抄其中几段话语，以阐述花瑶生存于大瑶山之艰辛，以及类似经历对考察成员们本身所具备的价值与意义：“此时，天色已晚，所有人又累、又饿、又渴，而且根本找不到回程的路。于是，再次在近乎90度的悬崖峭壁与难见光亮的原始丛林中一路攀爬，希望能够早些进入大路，结果却越来越难、越来越没有希望。顾（旭光）、徐（海东）二人或许已经在担心我会将他们带上一条不归路了。徐不断提议是否应当用毫无信号可言的手机拨打全球救援电话，好让外面的世界拯救我们于水火之中。……在石壁、丛林之中，玩命攀爬、拼命挣扎，期望早点见到或许从来不想见到的‘人的痕迹’。大家体力消耗很大、没有水、没有食物、没有路、天色已黄昏……真真令人很是绝望！最终，当终于爬出丛林，进入山间道路后，却实在没了力气，只能走上几分钟，就需要休息上十几分钟。……晚上10点钟左右，终于活着出了峡谷。……对于顾徐二人而言，这是一次极好的经历，不仅仅是他们自身，而且是他们对于花瑶人的生存状况与生存意境的最直接的体悟！因为，花瑶人在我们最为艰难的地方，仍需要打猎、砍柴、工作！”

为了完成这一任务，自2003年起，我曾多次带队进入大瑶山，对这样一支独立存在于崇山峻岭之间的少数民族支系进行了全面、深入、细致的考察与研究。事实上，我们所展开的这样一种实地调研有着极大的优势。作为本文的作者，黄勇军就出生、成长于大瑶山之中的某个被花瑶村寨所环绕的小山村，对于大瑶山的山水、人情、风俗、事物，有着天然的亲近与熟悉。作为花瑶文化调研的重要成员，米莉自2001年起曾多次进入且长时间地生活于大瑶山之中，待在大瑶山的累计时间超过一年以上。其余参与调研的成员中，较长的待了三个多月，最短的也有半个月以上，对大瑶山与花瑶都有着直观的认知与了解。在实地调研的过程中，虽然也出现过诸多困难与挑战，但是，通过与热情、好客、朴实、诚恳的花瑶人之间的长时间相处，让我们这些调研者的内心深处，充满了对大瑶山和花瑶的好感与亲切感。如果说调研之初的我们，是以一种外来者的心态，介入了花瑶的生存世界的话；那么，调研之中的我们，则被一种亲人般的温情，消融于花瑶的古朴、热情、好客之中；调研完成之后的我们，却以一种“思乡”的情绪，失落于大瑶山的自然山水与花瑶的深厚情谊。①

---

① 我曾经在2004年结束考察回到北京之后的如下一段文字里，用文学性的语言，对我们在这次调研过程之中的所思、所得、所想、所感，进行过一种感性的、散文式的描述：在这里，我们的足迹，踏遍了古“八百里瑶山”的山山水水；访遍了今“八百里瑶山”的村村落落！在此过程之中，我们收集到了许多不为人知的历史；感动了许多不曾预期的感动；结识了许多不曾熟悉的花瑶人；听到了许多不曾听过的往事。在这里，我们体验着他们的生活，熟悉着他们的思维，遵循着他们的习俗，理解着他们的生存意境，体味着他们的生命态度。他们说着自己的语言，守着自己的传统，住着自己的老木屋，开垦着自己的田地，维系着族内通婚的习俗，依着古老的节奏与意韵，一年一年地度过！在这里，时节而不是日历，牵引着他们的步伐；自然而不是人群，决定着他们的归宿；血缘而不是社会，联系着他们的情感；习俗而不是时尚，维系着自古以来的审美的意趣！在这里，我们看不到汽车、洋楼、柏油路；看不到超市、商场、高楼大厦；看不到行色匆匆的人们；看不到忙忙碌碌的身影……与我们所熟悉的都市相比，这里存在的一切，仅存于对古人的温情脉脉的念想之中。就这样，我们从一种被都市所“异化”了的生活状态中，忽然回到了自然、回到了传统、回到了我们的祖先与父辈们所熟悉的生活意境之中。这是怎样的一种难分难解的情结与心态！留给我们的又是怎样的一种难以忘怀的记忆！当然，这并不仅仅属于我们，而是属于每一个渴望重回自然、重回传统、重回我们祖先与父辈们所熟悉的生活意境之中的“复古者”；也属于每一个厌倦了都市、厌倦了人群、厌倦了现代的“思乡者”。

这样一种全身心地投入到大瑶山与花瑶人的生活情境之中的努力，让我们对这里所发生的故事，有了切身的体验与感受，也成为如此长的时间里，一直支撑着我们继续完成这一调研的精神支柱之所在。

其次，由于大瑶山本身在很长一段历史时期里，一直处于被外界所隔离、遗忘的时空范围，花瑶人自己在长久以来都缺少文字记载的情况下，仅靠口耳相传的方式，能够讲述的历史与故事也非常有限，这就使得大瑶山内部所发生的诸多事情，成为了一个既无法知晓也无法复原的历史之谜。不过，与大瑶山的状态完全不同的是，大瑶山之外的世界里，汉族人通过编撰史志的方式，留下了大量的史料与文献，因此，从外界所存有的那些与瑶山相关的文献资料与历史沿革之中，或许能够折射出双方不同的生活状况与生存方式。至少，可以知晓花瑶人体现在外部人眼中较为具体生动的形象，再辅之以花瑶人自身的表述以及我们实地调研时所收集、感触到的资料与情境，或许能够构建出一个更具立体、多面、多元等特征的大瑶山与花瑶的“原初状况”。换言之，在完成实地调研之外，我们还需要对存在着大量历史资料与文献记载的、位处大瑶山周边的地域里，所记载的与大瑶山相关的那些事件以及所经历的变化，进行尽可能充分的了解，从而从一个更为宽泛的地域概念上，在比对的视角中，进一步反推大瑶山本身的状况。这就如同通过向已知的反光镜上投射探照灯，通过反光所带来的光亮来考察尚未被照亮的世界一样，我们也可以通过对周边已知地域内所发生的诸多已知事件的探讨，投射到更为模糊不清的大瑶山之中，从而建立起一种相对于外在世界而存在的某种镜像，并以此反观瑶山之内所发生过的事件的更为清晰的影像。换言之，如果我们将古瑶山当成一个并不为人所知的、模糊而静态的存在物的话，那么我们或许可以通过外在世界那些史有明载、清晰而变化的参照物的存在，来反推大瑶山所处的现实状况与历史境遇。

这样一种通过以某种外来的、已知的、清晰的、变化的世界反观某个被人们认为是异己的、未知的、模糊的、静态的世界，并通过凸显二者之间所存在着的巨大鸿沟与差异，从而定位、探讨对方的历史演进与文化变迁状况的研究范式与切入理路，对于现代中国学界而言绝对不会陌生，因为这一如今饱受争议与质疑的理论范式与研究模式，曾经在西方中国学与汉学界里拥有长时间的垄断地位。关于这一点，史华兹的如下观点向我们清晰地展示了西方学界在研究非西方世界时的基本立场及其所存在的问题："每当谈及西方与'非西方'的冲突，我们总把西方假设为已知量。'西方冲击'这一比喻使人们联想到的情景，是一个显而易见的物体在冲撞一个惰性物。虽然被冲击物或许有些难以名状和模糊不清，但对冲击物我们都熟悉，我们了解西方。然而，当我们将注意力转向现代西方本身时，这种所谓的了解却不见了。我们知道，19、20世纪的贤哲们在艰难而努力地把握现代西方发展的内在含义时，意见分歧，莫衷一是……但当我们把目光向外，转向非西方世界时，曾经是模糊不清的西方世界突然显得清晰了，于是，西方俨然成了一个明确的已知量。"① 正如现代学者开始注意到的那样，西方学界长期以来认为中国处于"停滞状态"之中的观点，使人们忘记了中国历史所经历的内在变迁的价值与意义。② 基于此，现代的西方汉学家们也已经不再使用这种略显简单与武断的"中西二元对立"与"刺激—反应"的研究范式，而是期望超越于"西方中心观"，以更为平和、客观的态度进入到中国历史与文化的内部，去探究中国变迁的内在逻辑与理路，从而实现所谓"重写中国史"的目标，建立起"中国中心观"。③

当然，我们在这里再次使用饱受当代汉学界质疑与反思的与"刺激—反应模式"相似的研究方法切入到大瑶山的研究之中，并不是希望重复西方式的二元对立思维，而是试图通过对瑶山之外的世界的探究，反观瑶山自身的时代处境与生存境遇。当然，中西方学界对于"西方中心"所展开的激烈批判，也让我们在研究的过程中，不断保持清醒的头脑与开放的心态，并时时处处警醒自己，不要让反射所获得的

① ［美］史华兹：《寻求富强：严复与西方》，江苏人民出版社1996年版，第1页。

② 有学者认为，追问"为什么中国在回应西方的过程中失败了"这样的问题，使西方的学者们忽视了明代历史的重要性。（Joanna F. Handlin：Action in Late Ming Thought，Berkeley：University of California Press，1983，"Preface"，pp. 4－5.）

③ ［美］柯文：《在中国发现历史——中国中心观在美国的兴起》，中华书局2002年版。

镜像所迷惑，我们从反射中所获得的任何镜像，都只是我们进一步进入大瑶山，展开更为详细、具体与实证性的研究的一个虚拟标靶而已，对于镜像中所展现出来的世界的真实性与写实性程度的探究，才是我们的考察与研究所真正需要确定的问题与目标。

在论述完我们展开研究的两个主要途径之后，我们将从历史、地理与传说的角度，探究大瑶山与花瑶人最初的生存境遇。

花瑶人在长久的历史进程中，都生存于一种大瑶山与外部世界之间相互对立与对抗的状态之中，成为被外界所隔离、孤立、遗忘的存在者。这种状况的出现，有其历史、种族、文化等各方面的因素，但大瑶山独特的自然环境与地理状况，无疑是这一状况得以长久存在并延续下来的首要原因。

清光绪年间所编撰《邵阳乡土志》“卷四·道路”中，有如下描述：“自县西以北……次百五十里司门前，司门前当隆回司处。次百六十五里，土岭界。次百六十八里，芒花坪。次百七十三里，牛家店。次百七十九里，小沙江。次百八十五里，大沙江。次百九十三里，香炉峒之中峒。次百九十八里，入辰州府溆浦界。鸟树下田垄甚阔。司门前设有隆胜局。土岭界自麓至巅十里，为县要隘。自牛家店来者循高而下，较易。此已涉界上峒。小沙江由牛家店而降，冲更平畅，有众市尘，有旧义学。”[①] 该志还绘有如下“邵阳道路大略图（局部）”（参见图表1），从中我们可以看出，大瑶山离中心城市的距离极为遥远，而且还可以从那些与外界相隔离的山梁山脉中，看到出入大瑶山的道路极为有限，更为关键的是，在这些通往外界的道路中，不是与邻近府、州、县的地域相连之边境，就是被隆回巡检司所控御的土岭界隘口，可知大瑶山从地理上所处的与外界相对隔绝的状态。这样一种关于道路的分布格局，与位处隆回县东南部地区所拥有的四通八达的道路网，恰好形成了极鲜明的对照。

① （清）上官廉等修，姚炳奎撰：《邵阳乡土志》，清光绪三十三年刻本。

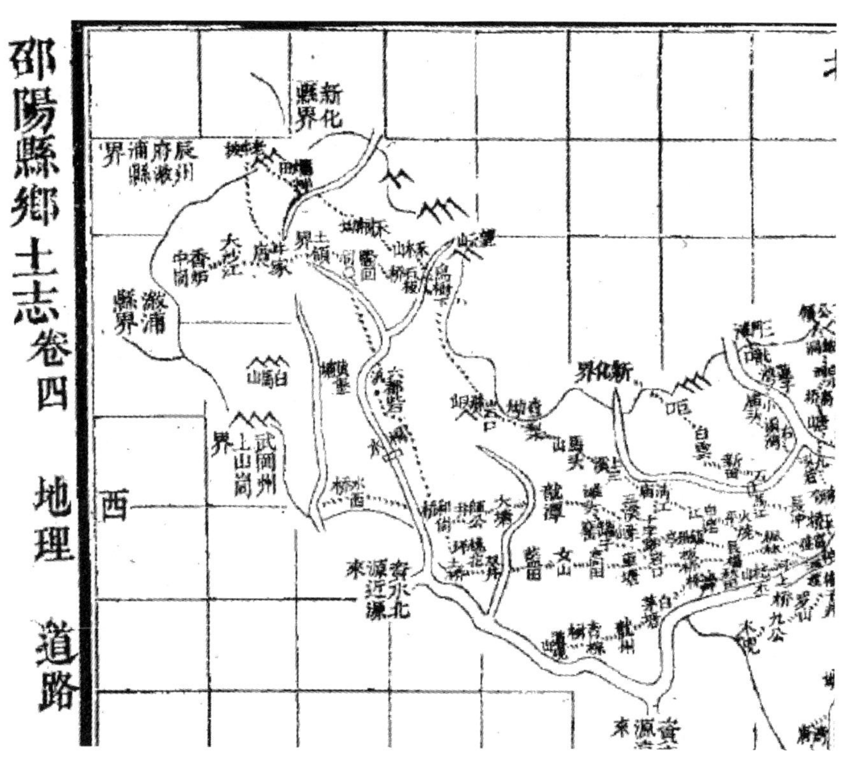

图表1　清光绪《邵阳乡土志》邵阳道路大路图（局部）

在我们去往大瑶山进行实地调研的过程中，也能直观地感受到进入大瑶山的地势之险峻与交通之不便。从位处东南的隆回县城坐车去往西北部的小沙江，一开始都属于丘陵地貌，经过六都寨、金石桥等地，到与今司门前镇的海拔位置差不多的黄金井之后，山势立陡，一路向上攀爬，且有几处极险的“Z”形盘山路。过了这几处盘山路，仍旧一直爬坡，直到过了牛家店的山梁，然后一直下坡，到达今小沙江镇所在地。小沙江镇坐落于一带山脊之上，一年之中，似无夏季，终日凉爽宜人。小镇的两边，各有高高低低的山头相环绕，中间是一道长长的空旷地带，为居民所聚集，形成了县里海拔最高的集镇。小镇周边山间植被甚茂，满目绿色，一条县级公路穿小镇而过。小镇的居民就住在公路两边，长此以往，形成街道；自街道的起点至终点，以漫步的姿态，十分钟便走完了。今日之小沙江镇，以汉民居多，花瑶则散布于周边山谷间。小镇的中央有个十字路口，另一条道路与街道成“T”型，沿着这条路漫步而行，游于山间，左边是旱地与树林，右边是青青的水田；沿路而行三四里，便能看到几座山头，山上均为百年古树，其间古柏森森、芳草萋萋；林木郁郁葱葱，令人有古意盎然之感！此古木群集之处即为瑶寨：崇木凼村。由此往前行十四五里，就可到达今花瑶的聚集之地：虎形山瑶族自治乡。境内多花瑶。

自古以来，花瑶人就生存于这片位处今湖南省隆回县北部、雪峰山脉中部的崇山峻岭之中。这一地区甚至因其地势极高、气候悬殊、民风迥异等特征，而被誉为隆回的“小西藏”。从现代人的这一称谓中可以看出，花瑶生存的大瑶山，从地理上与文化上，都是一处与外界相对隔离的独立领地，处于一种“悬绝”的状态之中。

关于这一地区在地理、气候等方面的特殊性与独特性，我们可以从 1994 年版的《隆回县志》下面一段描述中看出端倪：“隆回县是一个山区县。县境地处衡邵盆地向雪峰山地过渡地带，地势自东南向西北呈梯式抬升。……北部为山地区，四周群峰林立，中间丘岗起伏，形成‘三山一脉夹盆地’的自然景观。……至高点西北部白马山顶山堂，海拔 1780 米。最低点东南角云峰乡大水田张村郝水河畔，海拔 230 米。……年平均气温，北部小沙江 11℃，南部桃洪镇 16.9℃。”[①] 在这份关于隆回县南北两部分极为悬殊特征的描述之中，体现出来的山地区、大落差、高海拔、低气温等特征，就是花瑶人自古生存之地的主要自然环境与地理状况。在这样的地理环境之中生存、繁衍，无疑是一件极度艰辛与困苦的事情，也进一步从人文的角度，塑造出了花瑶极为独特的个性品格、文化心理与族群认同感。

正是由于今隆回县所辖地域范围内长久以来所存在的这种南部与北部之间的对立与差异，使得这两个部分即使在现在的环境下，依然在地理、政治、文化、经济等各个层面上，都体现出完全不同的特殊性与独

① 隆回县志编纂委员会编：《隆回县志》，中国城市出版社 1994 年版，第 70 页。

特性。历史上，聚居于隆回县北部的花瑶人自古以来不断迁徙，居无定所，衣食堪忧，自己又只有语言而没有文字，因此，在文化创造与文明传承的角度上，很难达到与南部汉人相匹敌的层次，长此以往，也导致了周边汉人对于花瑶人缺少文化素养的观感与歧视。此外，由于这一地域存在着土地贫瘠、自然灾害频发等客观因素，使得生存于这里的人们大多处于贫困与落后的状态之中，尤其是在当地汉人看来不会计划、不懂理财的花瑶人，[①] 每到青黄不接的时候，就会被迫离开瑶山，沿着各个方向下山，去往周边地区乞讨求生，每年一次，几成惯例。这一状况直到新世纪，随着当地以金银花为代表的药材种植的发展与畅销，以及政府的扶贫工作与旅游开发工作的开展，才得以彻底消除。基于类似原因，很久以来北部地区在南部人看来，往往是一个以“贫穷、落后、愚昧”为代名词的地方，不仅仅是当地的花瑶人，即使是当地的汉人，也与瑶山之外的世界有着极大的不同。文化、习俗上的差异，使得地处南部县城的人们往往称这里的人为“北面的”，其中寓意大概与香港人称大陆的女人为“北妹”相当，多少带上了情感的因素。这样的地理环境与生存背景自然而然地成为了花瑶民族自身文化心理、民族认同感得以形成的外在因素与环境背景。

地理上的悬绝状态，不仅导致了人文领域的闭塞与孤立，而且还进一步促成了政治、行政上的相对自立性与自治性。虽然自秦汉以来，花瑶人所在的大瑶山就一直被历代中央王朝视为自己的疆域版图之内，但是却又一直处于中央政府的直接控制之外，很多时候，甚至成为了中央政府必须予以驻兵设防的麻烦之地。这无疑成为了吉登斯意义上的“次位聚落边陲”（secondary settlement frontiers）的一个典型个案与范本，对于大瑶山而言，中央政府的权威仅能“波及或者只是脆弱地控

① 在我们于 2003、2004、2008、2011、2012 等年份中所进行的实地调研中，尽管时间跨度大，访谈的对象、地点也完全不同，但每当我们问到当地汉族人如何看待花瑶人与汉族人之间的差别时，他们的回答往往惊人的相似：花瑶人不会打点生活，计划性不够，尤其缺乏做长远打算的能力与意识，所以经济状况一直不如汉族人，大多处于贫困的状态之中。

制着这些地区”[①]。正是因为这样的地理、政治、人文等领域所存在的相对隔离状态，使得这一地区获得了超脱于政府管辖之外的“悬绝之地”的地理特征，而生存于这里的人们，在很长的历史进程中都曾经是真正意义上的“化外之民”，不受外界政治权威的直接约束。

如果我们从更大的时空范围之中进行考察的话，花瑶人这种脱离于中央政府之外而存在的生存状态，也符合湖南自古以来生存着的其他山地民族一贯的传统与习俗，如南北朝时期，湖南瑶族的祖先们开始被称之为“莫徭”，就是一群不服从中央政府管辖的少数族群，此即《梁书·张缵传》所谓：“零陵、衡阳等郡，有莫徭者，依山险为据，力政不宾服，因此向化。”由此可见，当时湖南的山地民族就处在远离中央政权、不受政府管辖的相对独立状态。到了《隋书·地理志下》的记载中，这种不归附中央政权的存在方式甚至被认为是“莫徭”这一称谓的来源所在：“莫徭，自云其先祖有功，常免徭役，故以为名。”这一说法到宋代时，仍然获得了广泛认可，如《宋史·蛮夷列传》中称：“蛮徭者，居山谷间……不事赋役，谓之徭人。”这一说法被大多数人所认可，直到清同治《武冈州志》“卷五十三·峒蛮志”之中，仍在强调：“瑶人居山谷间……不事赋税，谓之瑶人。”[②] 不过，在南宋时，却出现了完全相反的说法，如南宋人周去非著《岭外代答·外国下》称：“徭人者，言其执徭役于中国也。”宋人关于莫徭生存状况体现出来的相互矛盾的说法，或许恰好表明了宋代中央政府与湖南山地民族之间关系的激烈变迁格局，因为自北宋熙宁五年（1072）开始实行“开梅山”的政策之后，那些更接近平原与城市地区的山地民族逐一臣服于中央王朝，从军事、政治、经济等各个领域接受政府的管辖，开始出现“执徭役于中国也”的状况，但是，那些处于更为偏远、险峻的山地的民族，则依然保持着独立、自治的传统，其相关状况也一直得到了延续，

① ［英］安东尼·吉登斯：《民族—国家与暴力》，胡宗泽、赵力涛译，北京三联书店1998年版，第60页。

② （清）黄维瓒等修：《武冈州志》，清同治十二年刻本。

“直到明、清时期，瑶族被编户为民，执徭役仍只及于平地瑶、民瑶、部分过山瑶地区”[①]。在此过程中，自称是明中期前后方才逐步迁入大瑶山的花瑶民族，无疑就是有效地保持了其自治性与独立传统的山地民族支系。

对于花瑶人在历史上长期以来所处的政治独立与地理隔离的状态，我们也可以从清嘉庆年间所编撰的《大清一统志》“湖南统部图”（参见图表2）中，[②] 得到最为直观的认知与概念。从地图中可以看出，这片被现代人称之为瑶山的花瑶人赖以生存的广大地域，即使到了清代中晚期，仍然以清晰的“猺界”为界限，被划定在了一片具备独立地位与自治状态的地理范围之内，很有点“国中之国”的味道。从地图上可以看出，花瑶人所居住的这片广阔地域的东北部与属于古“上梅山”所在地的新化县相连，东南部与宝庆府（现邵阳市隆回县）相连，西南部与武冈州相连，西北部与溆浦县相连。以历史上所存在的这条明确界线为依据，瑶汉两族从政治、经济、文化、行政、军事等各个层面上进行着长时间的对峙、博弈，最终构成了大瑶山这样一个独立、自治的空间范围与花瑶民族这样一支独特、古老的族群支系。

在这样的时空背景与行政区划之中，居住于大瑶山的人们在极长的历史进程中，被外界所敌视、围困、猜忌，生存于一种与外界相对隔离的状态之中。二者之间的对峙与对立感，我们还能够从与瑶山地界相邻的府、州、市、县所留下来的各种史料、地方志的记载中，以及从这些地域的行政、军事等制度变迁中，获得直观的了解。历史上，瑶山之外的世界一直将瑶山当成了一个军事与行政控制、甚至是文化与族群同化的直接对象所在。如清同治年间编撰的《溆浦县志》“兵防”之中，在列举了宋以来瑶族人的反叛，以及与外族人之间的诸多战争后，直接提出了如下论断：“《陶志》以瑶防、兵防分为二，以溆之宜防者莫如瑶

① 张有隽：《瑶族历史与文化》，广西民族出版社2001年版，第12页。

② （清）穆彰阿、潘锡恩等纂修：《嘉庆重修一统志》，清道光二十二年刻本。

也。"[①] 从而将"瑶防"的概念从兵防之中单独提出来，并将其作为主要的防卫对象，这也充分说明当地瑶民与其他危害地方治安与稳定的诸如匪盗、叛军、外敌等一样，成为了当时中央与地方政府进行军事布防的攻击目标与潜在假想敌所在。由于溆浦县东部地区处于雪峰山脉之中，原属大瑶山的一部分，直至今日仍然有少量花瑶人生存于此。因此，溆浦县曾经发生过的这种状况，也是整个瑶山所处状况的一个典型个案。

可以想见，分属"猺界"内外的族群之间存在着严重的相互不信任，为了争夺日渐稀缺的生存空间与资源，双方必将在历史上处于不断发生纠纷、争斗的不稳定状态。不过，也正是这种族群对峙甚至武力冲突的持续存在与发生，虽然双方不断付出血的代价，但在此过程中，大瑶山在政治上所处的独立、自治地位得到了有效的维护与保持。

如果我们充分考虑到同属湖南辖区之内的湘西地界，一直以来存在着大量以苗、瑶、土家族等为主的少数民族，在历史上也与中央政府之间存在着诸多冲突与对抗，却并没有在这张清代的"湖南统部图"上标出不同种族的明确界限。这一事实无疑表明，现在花瑶人所居住的瑶山地界在清代及其此前王朝之中所处的极为特殊的地位。

我们从这张地图上所标明的有关湘西各州县的地名，诸如"永顺"、"保靖"、"永定"、"永绥"等，可以看出，到清嘉庆年间，湘西地区从整体上已经被中央政府所征服，或是充分实现了分而治之的目的，使之成为了中央政府的直接管辖之地。虽然在各州、府、县的内部地名上，依然可以看出苗瑶土家等少数民族的影响与势力，诸如清乾隆年间由王玮编撰的《乾州志》[②] "卷一·都鄙志（苗寨附）"中所涉及的各地地名之中，绝大多数以"某某寨"为名，而以"某某营"为地名的也不少；其"卷二·兵防志"中，更是体现出处处

① （清）齐德五主修：《溆浦县志》，同治十二年刻本，溆浦县档案馆 2003 年 10 月重印，溆浦彩色印刷厂印刷（内部资料）。

② （清）王玮纂修：《乾州志》，清乾隆四年刻本。

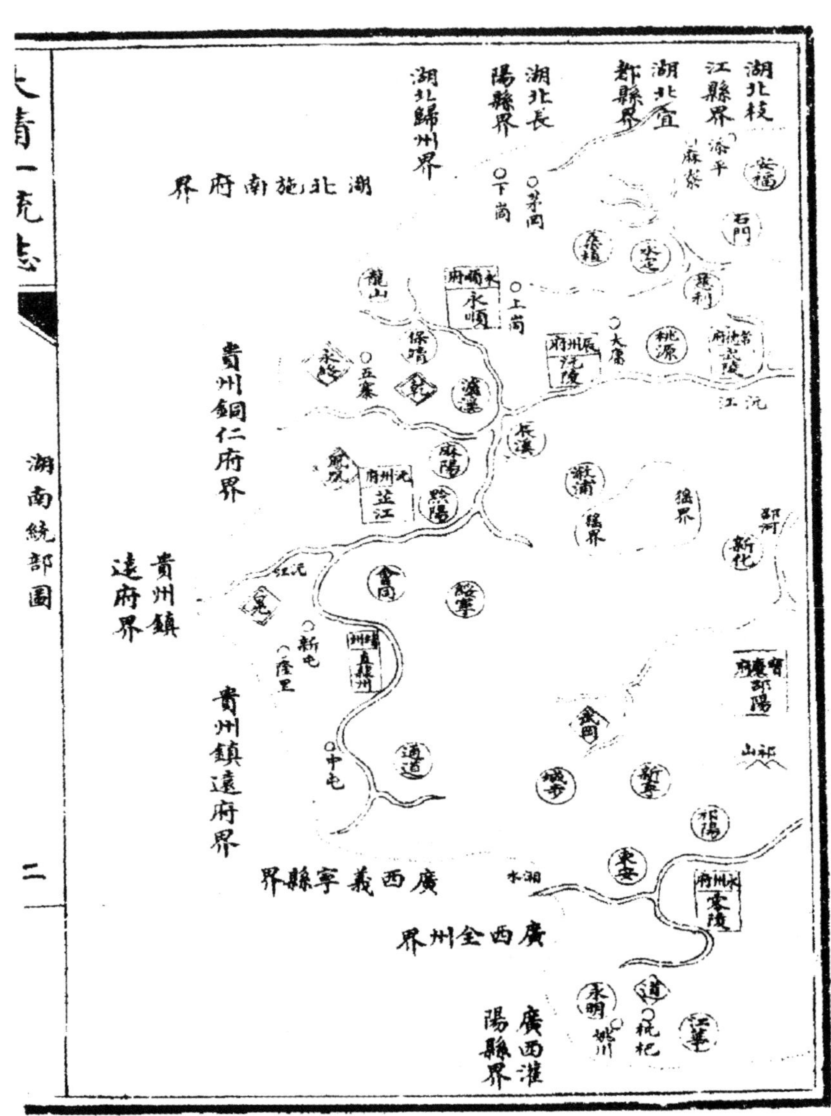

图表 2　清嘉庆《大清一统志》湖南统部图（中西部）

设防、寨寨驻兵的状况；其“卷三·红苗风土志”中，也强调“红苗……历代梗化，叛服无常”，自唐朝时至清乾隆年间，红苗与外族之间的战争时有发生。由此可见湘西各府、州、县之中，少数民族的人数与势力一直非常鼎盛，而且拥有极大的政治影响力与军事威慑力，中央政府为了有效控制这一地区，也做出了极大的政治与军事努力。但是，到清中晚期时，湘西作为一个整体已经成为了中央政府行政规划与直接控制的一个部分，而不再具备曾经所拥有的独立性与自治性。这里需要注意的是，既然少数民族的人数与势力都更具规模的湘西少数民族地区在清嘉庆年间的“湖南统部图”之中，已经不再存有单独的界限，但是，与之相距并不遥远的同属湖南辖区之内的花瑶所在之地却仍然单立“猺界”，可知无论出于何种原因，历代中央政府对花瑶人与大瑶山地界的控制一直处于相对薄弱的状态之中，二者之间长期以来所存在着的相互对立、甚至敌视的姿态也表露无遗。这样的地理地位与政治状况极大地影响到了花瑶人在传统帝国时期所具备的政治影响与社会地位，并反过来成为塑造、限定花瑶人自身历史境遇、文化变迁、族群心理以及族群认同等精神层面的外在环境所在。

花瑶人与大瑶山所存在的这种独立、自治状况一直延续到清末。此时，在湖南境内其他少数民族聚居地早已实施的“改土归流”政策，进一步在瑶山地界之内全面推行，开始确立新的行政区划，强调中央政府的控制力与影响力，“宝庆府及州、县与邵阳县十六瑶峒（今属隆回县），武冈州十三瑶峒、二十瑶团（今属洞口县），新宁县瑶区八峒的政治隶属关系进一步强化”。至民国时期，更是“废峒设乡，保、甲制度在瑶区随之建立”①。到此时为止，大瑶山作为自古以来的“悬绝之地”，而花瑶人作为中央政府管辖之外的“化外之民”的存在状态，被彻底改变。在我们的田野调查过程中，花瑶人一再强调他们的祖上既不缴纳赋税，也坚决不允许花瑶人服兵役，参与外族之间的战争。但是，到民国年间，瑶山之中甚至开始出现抓壮丁

① 邵阳市地方志编纂委员会编：《邵阳市志》，湖南出版社 1997 年版，第 553—554 页。

以迫使花瑶人服兵役的事情，直到民国三十五年（1946），时任邵阳县县长的徐君虎亲上瑶山体察花瑶人的风土民情，方才做出“免除瑶民征兵服役”的决定，也“受到广大瑶族同胞热烈拥护”[①]。此前，已经有不少花瑶人被迫服兵役，参与了抗日战争与解放战争。其中，来自虎形山瑶族乡崇木凼村的沈诗永[②]老人就曾参军抗日，后加入解放军，由于其英勇作战，屡受褒奖，成为了花瑶人中备受崇敬的“战斗英雄”。新中国成立后，他放弃了在县城工作的绝好机会，回到崇木凼村，并当了38年的村支部书记。

到这里，花瑶人于历史上的生存状态及其族群认同感的形成，与其所处的大瑶山这一相对独立、自治、封闭的自然地理状况之间的紧密关系得以凸显。因此，通过对嘉庆《大清一统志》“湖南统部图”的如上探讨，已经在事实上限定了我们进行下一步研究与论述的基本的时空范畴，换言之，我们既不会像研究整个瑶族史的学者那样，上溯至史前，逐一探究瑶族的族源及其变迁状况，并对更为广阔地域上的瑶族人的迁徙史与生存史展开系统梳理。[③] 也不会像学者们在讨论花瑶人的历史时做的那样，将无法寻找到直接根据的花瑶民族的迁徙史放置在更为广泛的瑶族迁徙史甚至是山地民族迁徙史中予以展开。[④] 与他们不同，我们在此处将主要集中于以所谓“猺界”为确定界限的这片有着大致范围的地域之中，逐一展开与之相关的研究与论述。而关于花瑶人自身迁徙史的探究，也将限定为与此地域相关的大致的时间范畴，至于那些完全

① 陈杨桂：《瑶山洒泪忆徐公》，载《隆回文史》（内部资料）第七辑，1998年版，第193页。

② 我们分别于2004年、2005年、2008年，拜会、访谈过沈老，其时，沈老虽年岁已高，却精神矍铄，思维清晰，记忆力超强，为我们提供了大量历史记忆与口头传说，也结成了非常要好的朋友。遗憾的是，当我们于2011年11月再次去往崇木凼村进行调研时，方得知沈老已于两年前仙逝，让人唏嘘不已。

③ 宫哲兵：《千家峒运动与瑶族发祥地》，武汉出版社2001年版，第272—295页。

④ 董珞：《湖南虎形山花瑶探源》，《中南民族大学学报》（人文社会科学版）2005年第1期。

脱离于瑶山地界之外的花瑶人[1]的活动与迁徙史，将不再是此处所关注的重心所在。

二　追寻先民的踪迹:梅山蛮的历史与白马山的传说

在实地调研的过程中，不同的花瑶长者曾多次告诉我们，他们这支民族世世代代居住的这块土地，属于“古八百里瑶山”的地界，在这里，他们狩猎耕种，自食其力，不与外界相通。这一说法也获得了花瑶人的广泛认可，诸如我们曾收集到的一份由“虎形山瑶族乡水洞坪村委会”与“虎形山瑶族乡水栗凼村委会”于2002年8月25日联合向当地政府提出的《请求修复血光寨历史人文景点土地占用的申请报告》中，开篇之处就明确提出：“我地花瑶的先祖，自宋朝以来就聚居于‘八百里瑶山’。”此处所谓“八百里”的说法无疑是一个巨大的地域概念，以至于现在的人们听到这一说法时，往往将其视为一个夸大其词的虚数而已，因为现今花瑶所在地的隆回县小沙江地区（含现小沙江镇、麻塘山乡、虎形山瑶族自治乡），即使再加上周边县域中的部分有花瑶人居住的山区，其面积也远远少于所谓“八百里”的范畴。不过，即使这片土地在历史上也不足所谓“八百里”的虚数，但是从上述清代“湖南统部图”中可以看出，被“猺界”所圈起来的这片土地，绝对是一片广阔到足够人数不多的花瑶人自食其力的地域范围，如果再考虑到清嘉庆年间的瑶山地界已经是经过了历朝历代不断压制、征服、缩小了的地域范围，那么，花瑶人所强调的“八百里瑶山”的说法或许也是

---

[1] 关于大瑶山之外可能存在着花瑶的状况，我们在2004年10月15日于小沙江镇江边村禾梨树组采访了奉泽课。奉泽课曾任茅坳瑶族自治乡党委书记，后因违反计划生育政策，被开除了公职。他向我们提供了他所见到过的与花瑶的语言、文化、习俗相近的其他地方的少数民族的状况，他曾经到过广西龙胜县芙蓉镇，那里的黎、侗族（杨、吴、武姓）的语言与花瑶基本相同，他还在那里看见过师刀（花瑶巫师“巴梅”的主要法器），可能有部分人会使，但他未深入调查，不过那里的人们的衣服都已汉化了。这是奉泽课在1965年、1966年社教时到广西亲眼所见。此外，湖南城步县五团乡（镇）新云村（苗族）的杨姓也讲花瑶语，钉铜也基本一样。奉泽课甚至强调，海南鸟通什市五夷山一带彝族、苗族的语言、钉铜也与花瑶一样。

一种基本符合历史实情的说辞。这一广阔的地域概念的真实性或许还能从1992年版《洞口县志》“民族”条目的如下描述中得到印证，苗瑶人民“经过长期繁衍生息，慢慢地形成方圆数百里的瑶山苗寨”[①]。此处所谓“数百里”与花瑶人所谓“八百里”，无疑都说明了这一地域的广阔性。洞口县原属古武冈州，新中国成立后，于1952年在靠近雪峰山脉的地域里，设置洞口县，而原属武冈州西北部的有花瑶人居住的地域范围，基本上被划归洞口县管辖。

虽然花瑶人一再强调他们自己就是大瑶山这片土地最早的开垦者与居住者，而且这一说法也获得了现代学者有保留的支持。[②] 但是，无论是根据花瑶人的口头叙述，或是根据“瑶秀才”、水洞坪的奉成美于清中晚期所编修的《奉氏族谱》[③]，另一位奉姓“瑶秀才”于清末撰写的《雪峰瑶族诏文》[④] 等文字资料都表明，花瑶人最早在明初最晚不超过明中期方才逐步迁入到了现在的大瑶山居住地。关于他们最初迁徙的具体时间，我们已经很难找到更为明确的证据予以确证，不过，正如我们在这份《请求修复血光寨历史人文景点土地占用的申请报告》中看到的那样，花瑶人很多时候自己也已经混淆了这一时空概念，除了认为“我地花瑶的先祖，自宋以来就聚居于‘八百里瑶山’”之外，还进一步引用史料宣称他们“属史载武溪、长沙‘夷蛮’之后裔”。关于花瑶人是否是武溪、长沙夷蛮（后被总称为“梅山蛮”）的后裔，学界有多种观点，尚无定论。[⑤] 但是，从这份“报告”中提到这一观点的情况来

① 洞口县地方志编纂委员会编：《洞口县志》，中国文史出版社1992年版，第677页。

② 董珞：《湖南虎形山花瑶探源》，《中南民族大学学报》（人文社会科学版）2005年第1期。

③ （清）奉成美主修、奉德芳书：《奉氏族谱》，清咸丰元年撰本。

④ 此份文献的作者、时间都已无法考证，只能确定是奉姓族人于清末所写成。

⑤ 有学者认为花瑶所处之地宋代为梅山，花瑶应是梅山蛮的后裔（见铁鹰《梅山文化区的一幅原始生活画卷》，《民主与科学》1997年第1期）；也有学者认为湖南的花瑶是从江西迁来的，先到黔阳洪江，再到三十六峒，后才迁入隆回小沙江一带（见张有隽《瑶族历史与文化》，广西民族出版社2001年版）；此外，董珞对这两种观点都进行了回应，并认为小沙江的花瑶不是原本地梅山蛮的后裔，而是从江西迁来的（见董珞《湖南虎形山花瑶探源》，《中南民族大学学报》（人文社会科学版）2005年第1期）。

看，花瑶人自己关于本族人都是明初、中期迁入瑶山的说法，其实无法进一步涵盖整个瑶山地区曾经生存着的那些山地民族的历史变迁与族群变化。遗憾的是，我们已经很难确证大瑶山地界是否存在比花瑶更早的原住民，而且，就目前我们所收集、阅读到的口头传说与文献资料而言，关于这一地界的明确而清晰的历史记载与族群记忆，基本上出自于元末明初。这样的事实也恰恰说明这一地域在历史上所处的悬绝的地理位置与独立的政治格局。

到这里，我们的研究无疑已经面临着诸多问题与麻烦的挑战，诸如：现在被人们统称为“花瑶”的这支民族是否如他们自己所说是这一地区之中最早的居住者？此前瑶山地界是否存在着比他们更早的原住民？如果有，这些原住民去了哪里？他们与花瑶人之间存在着怎样的关系？……总体而言，我们可以将这些问题概括为如下三个更为根本性的问题：一、从时间上，我们需要探究现在居住在大瑶山的花瑶人究竟是何时迁徙而来？是否存在比他们更早居住于此地的其他居民？二、从空间上，我们需要厘清花瑶人居住的大瑶山的地界究竟发生了怎样的变迁？地界的变迁与花瑶人的生存史是否有重合？三、从族源上，我们需要考据现在居住在大瑶山的花瑶人是否最初就是花瑶人？有没有别的族群出于各种理由转变为花瑶人？对相关问题的考证与探究，将有利于我们对花瑶这一族群最初的生存状态与民族心理进行有效定位。

在田野调查期间，我们一直希望能够对花瑶这一民族的来龙去脉从整体性意义上进行系统的梳理，特别希望能够从族源学的角度予以准确定位。然而，在花瑶人的记忆中，对于祖先的追忆都只能追溯至种族大迁徙之前的居住地：江西吉安府，此次迁徙的时间在徐寿辉天启元年(1358)。再往前的情形则只能停留于零散的说法与猜测之中了。如我们在虎形山乡万贯冲村庙山组调研时，奉道平老人就曾隐约提及在定居于江西以前，花瑶这一民族曾迁徙至黄河以南。他的记忆无疑与《邵阳市志》中的如下说法相吻合：“瑶族是湖南古老的土著民族之一，其先民始于黄河下游和淮河之间的尤人，春秋之后，由于连年战争，渡过长江来到洞庭湖及江西一带为生。”[①] 但是，具体的情形与史实却无人能讲述得更为清楚明白。不过，基于大瑶山本就属于古梅山地界，而且学界普遍将花瑶人的先民视为聚居于此的梅山蛮，因此，要想追溯大瑶山在花瑶人进入之前，是否存在着土著民，其生存状况如何的问题，我们需要进入对于古梅山的考察之中。

今隆回县东北角的高平一带与被称为“上梅山”的新化县相连。新化县所在地在极长的一段历史时期里被莫徭占据，“邵阳的北面是梅山（今新化县、安化县），五代时，莫徭进入梅山，成为那里最有势力的族群”[②]。但是，在宋代实施“开梅山”政策之后，曾经属于上梅山的新化县被中央政府所管辖。因此，历史上，属于新化县辖区的今隆回县东北部的高平等地，与当时地属邵阳县的今隆回县南部，一直处于相互对峙的状态之中。作为上梅山的新化与隆回东北部地区在宋代开梅山之前保持着“不事赋税”的政治状态，而今隆回县南部，则一直是中央政府与中原文化管辖之地，且居于交通要道的地位。不过，隆回县北部的大瑶山又是完全不同的一种存在状况，在开梅山之前，属于广义上的梅山境内，不与隆回县南部相通，即便在宋代完成了设置新化县的工作之后，花瑶所在地的大瑶山依然不受新化县的管辖，处于一种独立自治的独特状态之中。可见，虽然隆回境内北部雪峰山脉之中的居民所传承的文化往往被称之为“梅山文化”，而花瑶人在打猎时也有祭祀梅山神的传统，而且将其分为“上峒梅山”、“中峒梅山”、“下峒梅山”，分别管辖“盘山打猎”、“饲养鸡鸭”和“下河捞鱼”三类事务，这与新化县梅山传统中强调的古梅山分上中下三硐，民谚谓“上硐梅山，装车挽弩；中硐梅山，游山弋猎；下硐梅山，捕鱼打网”[③] 极为相似。但是，并不意味着这一地区属于严格意义上的古梅山地界，因为这里不仅仅独立于整个政府的管辖范围之外，而且也独立于涵盖了上梅山地界

① 邵阳市地方志编纂委员会编：《邵阳市志》，湖南出版社1997年版，第551页。

② 宫哲兵：《千家峒运动与瑶族发祥地》，武汉出版社2001年版，第285页。

③ 新化县志编纂委员会编：《新化县志》，湖南出版社1996年版，第990页。

的新化县的管辖范围之外。换言之，无论从哪个角度，这里都曾经是一片真正意义上的悬绝之地，而生存于这里的人们也是当之无愧的化外之民。

现如今，没有被划归新化县管辖的隆回县北部地区，已经被当成梅山文化的“活化石”，获得了学界与社会的高度关注，在2003年，甚至在隆回县召开了“中国第三届梅山文化学术研讨会”。隆回县北部大瑶山地界至今所体现出来的诸多与南部地域不同的种种特征，以及与新化县之间的极大差距，都在表明，大瑶山不仅仅独立于南部以宝庆府为核心的“非梅山”的行政体系之外，而且也独立于东北部以新化县为核心的“上梅山”的行政体系之外。不过，从地缘、族群、文化的角度上，大瑶山所在地更接近于上梅山，这也是这一地区被称为梅山文化“活化石”的根源所在。因此，原本处于上梅山地界的新化县与大瑶山之间，有着诸多繁杂的联系与瓜葛。正是由于现今居住在大瑶山的人们具备如此明显的“梅山”特征，以至于不少学者们倾向于将其视为“梅山蛮”的后人，而正如前文所引“申请报告”所表明的那样，花瑶人有时也将自己当成“梅山蛮”的后人了。

如果说花瑶人真的是曾经居住在上梅山之地的“梅山蛮”的后代，那么，我们可以根据梅山蛮整体迁徙的状况，推测出花瑶人大致的方向，在宋代开梅山之后，梅山蛮进行了整个部族的大迁徙，先迁入江西，后又逐步迁回湖广、贵州，到明中期，花瑶人的直系先民最终陆续迁入大瑶山，并定居于此。有关花瑶民族的族源以及具体的迁徙路线，在花瑶民族民间收藏和流传的记录其历史的手抄本《雪峰瑶族诏文》和清咸丰元年（1851）《奉氏族谱》中有这样的记载：花瑶沈、奉、蒲、刘、步、回、严、兰、丁、唐、杨、梅各姓祖先，元代居住在江西吉安府，在徐寿辉天启元年（1358）遭到官府赵、鲁二督统领兵驱赶杀戮，逃离吉安府，向广西、云南、贵州迁徙。自明洪武元年，“始迁湖南洪江，嗣是又家龙潭”。《奉氏族谱》载：奉姓五房始祖“明洪武时由洪江徙居辰州龙潭”，其妻易氏，随二子褒士隆、褒士堂由龙潭迁居隆回县虎形山的歇官寨和金竹坪，他们便是隆回奉姓花瑶的始祖。[①] 此后，沈、唐、刘、杨、蒲等各姓陆续迁入，居住于麻塘山、青山、杉木坪一带，再渐渐向虎形山、茅坳一带移居。经过六百多年的繁衍生息，发展成现在有六千四百多人的世居少数民族。[②] 在实地调查期间，我们也收集到了这两份资料。对于花瑶民族具体的迁移路线，学界也有一些不同的看法，如 1997 年版的《邵阳市志》认为："今隆回小沙江一带自古为梅山峒地，据奉姓、沈姓等族谱记载，奉、沈、蒲、刘、步、回、丁等姓花瑶，元代因受统治者的歧视和征讨，被迫离开世居的江西吉安田卢，西迁贵州，后又辗转广西桂林一带，元末再从桂林北徙，经义宁、城步迁至今湘西南的洪江。明太祖年间，从洪江迁居溆浦龙潭等地，以后更向深山密林徙进，插标为记，相继定居在今隆回县西北的麻塘山、小沙江、龙坪、虎形山、茅坳等地和今洞口县大屋瑶族乡和桐山一带。"[③] 虽然对于花瑶人迁入大瑶山的时间有一定的出入，但是，他们之间也存在着一个基本的共识，即花瑶人明代中期方迁徙到现在所居之地。

这种将花瑶人的先民归入梅山蛮的做法，在论述大瑶山的最初状况时，依然存在着诸多问题。由于花瑶人对于自己族群迁徙的历史记忆，有文字记载的最为明确的时间点就是元末明初开始从江西四处迁徙的过程。而花瑶人则认为在自己的族群于明中期迁入之前，大瑶山并不存在真正意义上的居住者与原住民，但事实是否真的如此？如果这一观点属实，在花瑶人迁入之前的大瑶山确实没有其他定居者，那么，我们还不得不面临一个问题：从宋到明初的漫长历史时段之中，大瑶山之中是否真的没有其他人居住过？如果有，他们是谁？又去了哪里？要想消解这些问题，无疑需要我们进一步对从宋至明的这段时间里，与大瑶山相关的历史记忆、民间传说、史志记载等角度，对这一问题进行更为详细的

① （清）奉成美主修、奉德芳书：《奉氏族谱》，清咸丰元年撰本。

② 马道明、谢元华：《隆回县志·民族篇》（送审稿），2004 年，第 6—7 页。

③ 邵阳市地方志编纂委员会编：《邵阳市志》，湖南出版社 1997 年版，第 552 页。

考据与论述，并以此描绘出花瑶人迁入之前大瑶山可能的状况。

就目前而言，除了花瑶人自己的记忆、口述史，以及“瑶秀才”们所整理出来的部分文献之外，我们并没有看到任何能够证明大瑶山存在花瑶之外的原住民的确切资料。正是基于缺乏充分的历史记载与资料支撑，我们只能通过与瑶山相连的周边地区的历史以及关于瑶山的种种传说与故事，去逐一梳理这一地域范围内曾经存在着的人类的生存状况，并进而为花瑶民族的历史变迁、文化状况、民族心理等问题进行新的考察与定位。就如我们在讨论“莫徭”的称谓以及湖南山地民族的生存状况时所做出的探究，从而推演出花瑶人生存状况中的诸多特征那样，如果我们想在研究中更为准确地定位这支缺少有效文献资料的花瑶人的历史变迁与生存状况，我们同样需要进一步梳理更为宽泛的涉及其他湖南山地民族以及周边其他民族的历史变迁与生存状况，从而寻找到关于花瑶民族与“大瑶山”历史变迁的蛛丝马迹。

事实上，我们能从瑶山周边地区的地方志、官修史书等历史文献，甚至当地的地名如血光寨、大杀场、小杀场（即现在的小沙江），[①] 以及流传下来的各种口耳相传的故事与传说等历史遗存之中看出，大瑶山一直是湖南中西部一个并不稳定的区域，在这里，不断发生诸如瑶汉冲突、瑶民骚乱、聚众谋反、据险称王之类的事情。因此，身处瑶山之中的人们与来自外部的汉人武装、政府军队之间，断断续续、大大小小地发生过不少战争与攻伐，也正因为这些冲突事件毫无疑问地会引起外部的关注，从而被载入了周边地区的地方史、志，甚至载入中央政府的官修史书之中。此外，出于防控瑶民的目的，历代王朝都在“猺界”周边设置了带有军事性质的地方行政机构，诸如军事据点、巡检司等，这些机构的变迁也从一个侧面，反映了当时大瑶山自身的基本状况，尤其是这一地域的人们与中央政府、外部汉民之间的主要关系。可知，无论是出现于历史文献记载还是导致了政府机构变迁，都将使本来无人关注

① 根据花瑶人自己的传说与口述史，这些地名都来自于瑶汉之间曾经发生惨烈战争的地点。

的大瑶山的基本状况，变得有据可寻，这对于本就缺少足够资料的关于花瑶人与大瑶山最初状况的研究的展开而言，无疑具备了极为重要与关键的价值与意义。

总而言之，花瑶人以及现在居住在大瑶山之中的当地人关于这一地域的传说与故事，能够让我们对这一地域的历史变迁与生存状况，有一个较为直观的认知与理解。而周边世界对于大瑶山的那些片段式、点状分布的记载与记忆，提供了一个让我们能够从瑶山之外的相关历史、文献记载之中反推瑶山内部事件与状况的可能与机缘。此处我们首先关注的是，花瑶人是否真的就是这片土地最早的定居者。如果他们真的是最早的定居者，意味着他们从情感与事实上都拥有着这片土地，而如果他们迁入之前，就已经有别的人群的存在，那么，二者之间必将发生诸多摩擦与矛盾。因此，这一问题关涉到他们的历史情境与生存环境的某些真实状况，从而也将影响到他们的族群认同与自我定位。

尽管花瑶人一再强调自己的先人是这片土地最初的开垦者。然而，无论从当地人的传说，还是明清时期的地方志如明隆庆年间的《宝庆府志》[①]、清道光时所编撰的《宝庆府志》[②]、清光绪年间所编撰的《邵阳乡土志》[③] 等的记载中，都能够寻找出与这一说法并不相同的诸多证据。当地人关于瑶山的最早的所谓“白马仙娘”的传说表明，传说中的人物在花瑶人迁入之前就已经进入了瑶山地界，此外，从地方历史文献的记载中也可以推断，几乎在花瑶人踏入瑶山之时甚至之前的明洪武五年（1372），明朝政府就已经在瑶汉边界设置了准军事机构：隆回巡检司。这些资料与证据都让人对花瑶人属于这片土地的“原住民”的说法产生怀疑。这一状况也充分表明，最早不超过明初，最晚不晚于明中期迁徙进入大瑶山的花瑶人，或许并不是真正意义上的原住民。

关于白马仙娘的传说，或许是瑶山最为久远的历史记忆与民间传说

① （明）陆柬纂修：《宝庆府志》，明隆庆元年刻本。

② （清）黄宅中等修，邓显鹤等纂：《宝庆府志》，清道光二十九年刻本，民国重印本。

③ （清）上官廉等修，姚炳奎撰：《邵阳乡土志》，清光绪三十三年刻本。

了。白马仙娘的故事与位于今隆回县麻塘山乡境内的湖南省第二高峰、海拔1780米的白马山的名字来源相关。在当地人关于白马山这一称谓的来源中，有着一个久远的传说。[①] 相传元末圣正年间，陈友谅拥兵自重，自称汉王，改年号为大义。圣正二十三年（1363），朱元璋大败陈友谅于鄱阳湖。陈友谅带着残部及家小逃到湖南，一家人已经打散。他的三个女儿永贞、雪女、神女骑着三匹白马，正要寻找父兄，追兵已至，三女急中生智，倒骑着马上山。追兵见马蹄印是朝前走的，便往前追去，三女免难，在山上隐居了下来，绩麻为生。传说有一天天上飘来一枚仙桃，大姐二姐把桃子吃了，妹妹卖麻回来吃下了桃核。不久三姐妹便成了仙，于是，这座山就叫白马山。这一关于白马山来源的传说，也得到了2006年版《隆回县志》编修者的认可："相传元末陈友谅兵败后，其三个女儿骑白马至此隐居，绩麻为生，山因以得名。山上有望日台、绩麻水、宝莲寺等景观。"[②]

严格而言，这一传说与正史的记载并不相符。据《明史·陈友谅传》记载，元圣正二十三年，陈友谅不仅被朱元璋大败于鄱阳湖，而且中流矢死于鄱阳湖。由此可知，关于白马山的传说与史实有较大的出入。不过，有关陈友谅并没有死于鄱阳湖，而是终老于雪峰山某寺庙的传说，在雪峰山周边地区如隆回、溆浦、武冈等地都非常流行。到清中期，关于白马山的故事与传说已经被人们所广泛采纳。清道光时所编撰的《宝庆府志》[③] 曾引泸溪退职官员廖友尚的《游白马山记》云："刹之后有望日台，可以测日出，其广丈余，高二丈有奇。南望武冈之云山，西望辰靖之五溪、二酉，北望新化之熊山，东俯资邵之环绕郡郭，东南遥望，云中微露山顶，则南岳之祝融峰也。指顾之间，千里如历。

① 这一传说我们在实地调研时听当地人讲过多次，此处文字主要出自熊知方编著《隆回名胜》，国际文化出版公司1997年版，第34—35页。几乎同样的文字还见于杨辉周《白马传奇　名山增色——湖南第二高峰白马山的人文景观》，载于中国人民政治协商会议湖南省隆回县委员会学习文史委员会编辑《隆回文史》第九辑（内部资料），2000年版，第186页。

② 杨第美等主编：《隆回县志》，团结出版社2006年版，第48页。

③ （清）黄宅中等修，邓显鹤等纂：《宝庆府志》，清道光二十九年刻本，民国重印本。

洵吾楚之胜境矣。”这或许是关于白马山最早的文字记载了，其所描绘之景色与我们亲历白马山之情境如出一辙，只是，现如今，望日台早已倒塌，只剩下了一堆废石。

白马山上有一古寺，名曰“宝莲仙寺”，这一古寺至今仍存。据说就是当地百姓为纪念这三位骑白马上山的仙女而建，虽有始建于清嘉庆年间的说法，但是我们已经很难找到有效资料予以证实。就目前我们所看到的描述白马山与宝莲仙寺的文字之中，其作者与引证者都没有对宝莲仙寺建成的确切时间进行明确的考据与记载。在距离宝莲仙寺左前方不远处的山坡上，有一片埋葬古代和尚的墓地，我们在现场考察时，所能找到的最早的文字记录，是卒于清同治年间的和尚墓碑，但是由于缺少更为详细的信息，也就无法对其进行时间上的追溯了。此外，人们关于三仙女究竟是否就是传说中的陈友谅之女，有着不同的说法。如廖友尚的《游白马山记》有如下记述：“山巅有古刹，座上塑三神女像，穆然端肃。询之老僧云，此王氏女，元末乘三白马来隐此峰，山因以名。”至清光绪年间所编撰《邵阳乡土志》“卷三·山脉”中，对于麻塘山与白马山都有如下描述：“隆回边境麻塘山，为西干入县第一山。地界溆浦武冈邵阳之交，瑶汉杂错。……逾暗溪峒十里许，为五都白马山，绵亘三十余里，势特高。元末有王氏三女，乘白马隐此。上有望日台，广丈余，高二丈有奇，可测日出。”[①] 可见史志中都认为是“王氏三女”，而不是陈友谅之女。1994 年版《隆回县志》亦持此说，[②] 不过，如前所述，2006 年版《隆回县志》中则坚持是陈友谅之女的说法。[③] 当然，即使我们不考虑白马山这一名称究竟来源于陈友谅之女还是来源于不知其所的王氏女，都能够从上述传说与文字中，得出如下基本认知：白马山之名始于元末明初，而且到清中晚期，得到了人们的广泛认可，不仅有退职官员游览白马山，且宝莲仙寺早已存在。

① （清）上官廉等修，姚炳奎撰：《邵阳乡土志》，清光绪三十三年刻本。

② 隆回县志编委会编著：《隆回县志》，中国城市出版社 1994 年版，第 64 页。

③ 杨第美等主编：《隆回县志》，团结出版社 2006 年版，第 48 页。

既然传说中陈友谅的女儿们能够在这里逃避追兵，终老于此，而白马山的名字也是根据这个传说而来，这也从一个侧面证实了我们一再强调的关于这一地域长久以来都是位于被外界所忽略的悬绝之地的观点，以及花瑶人所强调的在自己这一族群迁入之前这一地域并不存在大规模居住者的状况。但是，这一传说同样也在说明另外一个问题，那就是：在元末明初的时代里，大瑶山就已经有了居住者。传说中的陈友谅、三仙女等人，得以终老于大瑶山，这样的故事情节也表明，在明中期前后进入这一地域的花瑶人之前，就已经存在着其他居住者了，这对花瑶人是大瑶山最早的居住者的说法，构成了潜在的质疑。当然，严格而言，这一传说并不能当作大瑶山早期移民的信史，但我们却可以进一步将这一传说与其他与大瑶山相关的历史古迹与文字典籍相比对，从而对那些最初进入并生存在这一地区的原初居民的时间与身份有更为清楚的认识与更为准确的定位。

今白马山所在地归属于隆回县麻塘山乡管辖，而麻塘山这一地名的来历据传也与三姐妹相关。相传三姐妹织麻为生，长久以往，以致用以浸泡麻藤的那口水塘也变得冬暖夏凉、深不可测，三姐妹成仙之后，水塘里长出了大量的麻藤，从而有了麻塘山的称谓。[①] 不过，在明清两代地方志的记载中，麻塘山这一名字出现的时间要早于白马山。我们从明隆庆年间编纂的《宝庆府志》[②]“卷三·山川”的记载中，就已经可以找到“麻塘山”这个地名，及其地理位置与现实状况的简短描述，但是，在同一部典籍中却找不到白马山的名字。到清道光时所编撰的《宝庆府志》[③]“邵阳县境全图第二”中，我们却只看到了标注“白马山”名字的山脉，而没有标注麻塘山，且该志还曾收录了廖友尚的那

① 关于麻塘山地名的来源，也有其他的说法：“尖山脚下有一口自然山塘，其深莫测，曾有瑶族兄弟试探深度，在山上采了许多葛藤，捆一石头往下吊，连垂数十丈，未触其底。若干年后，塘中长出一土堆，其上生长一蔸大葛麻，蔓延四周，形像一座小山，故称麻塘山。”（参见熊知方编著《隆回名胜》，国际文化出版公司 1997 年版，第 201 页。）

② （明）陆柬纂修：《宝庆府志》，明隆庆元年刻本。

③ （清）黄宅中等修，邓显鹤等纂：《宝庆府志》，清道光二十九年刻本，民国重印本。

篇《游白马山记》，可知到此时，白马山已经小有名气了。

至清光绪年间所编撰《邵阳乡土志》“卷三・山脉”的地图中（参见图表3），则可以明确看到麻塘山与白马山两处地名同时出现。麻塘山更靠西部，与溆浦为邻，白马山则更靠近东部，处于邵阳县管辖的范围之内。

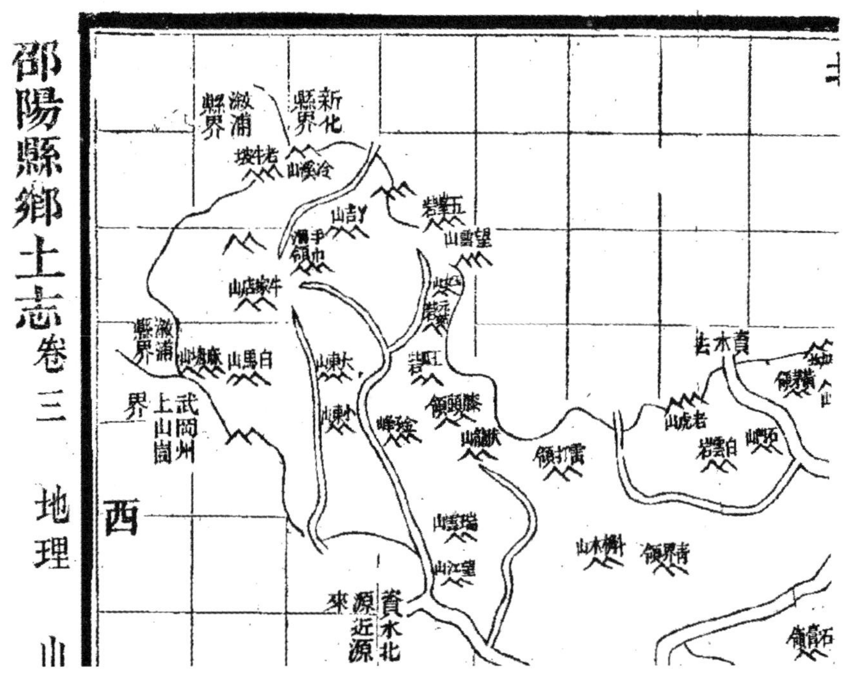

图表3　清光绪三十三年《邵阳乡土志》卷三・邵阳山脉大略图（局部）

对于麻塘山与白马山的如上考据，其意义绝不仅仅是地理上与地名上的，而是涉及了花瑶民族本身的历史变迁与族群意识，这一点我们可以从麻塘山在大瑶山历史上所具备的重大意义中看出来。在历史上，麻塘山这一地名因为明嘉靖年间发生在这里的一次瑶汉之间的战争而被双方族人所牢记。这场战争的规模并不大，但由于战事之惨烈，双方将领之强悍，从而受到了瑶汉双方各自的纪念与崇敬。花瑶先人沈亚当揭竿而起、骁勇善战，固然成为了花瑶人心目中的大英雄，关于他的故事一直通过口耳相传的讲述，流传至今；明总兵石邦宪果敢坚决，临阵杀子励军，终因其所具备的军功与战绩，最终获得在《明史》之中单独立传的荣耀。[①] 基于此，麻塘山不仅对居住于大瑶山的花瑶人而言，而且对身处大瑶山之外的汉族人而言，都是一个具备了标志性意义的地方。在这里，我们通过这一历史事件也可以得知，无论花瑶人迁入大瑶山的确切时间究竟是何时，至少到明嘉靖年间，麻塘山及其周边花瑶的人数与势力都已经具备了极大的影响力。自此以后，一旦发生大瑶山与外界之间的重大冲突等事件，我们都能从地方史志之中，寻找到蛛丝马迹。

此外，白马山是隆回县最高峰，也是刘姓花瑶人曾经的聚居之地，亦即清末行政区划瑶山十六峒之一的刘家峒所在地。一直流传着“十八张屠桌”（也有说是“四十八张屠桌”）的故事，相传此处花瑶人曾经人丁繁茂，鼎盛时期，每天都能卖掉十八张屠桌上的肉。后来，由于汉族人的不断排挤，以及在花瑶人内部挑拨离间，制造仇恨，相互“斩草”、“钉铜”[②]，导致人口大量减少，现如今已经只有几百人住在这一地域了。这一说法大致是可信的，因为我们从关于花瑶的历代“史”“志”的记载中可以看到，明清两代与外部官兵发生直接的战争的地方，往往都是麻塘山、白马山一带，这也从侧面说明当时确有大量的花瑶人聚集于此。21 世纪以来，大瑶山逐渐兴起旅游开发的浪潮，而白马山也寄托着当地政府与百姓的期望。当我们于 2004 年 7 月在今麻塘山乡调研时，在乡政府开了一个情况通报会，当时的乡党委书记甚至希望我们能够考察一下白马山，看其是否有开发价值，以便乡政府督促县政府制定旅游开发的计划。事实上，我们在最后提交给县政府的旅

---

① 《明史·石邦宪传》。

② “斩草”、“钉铜”都是花瑶人的“黑巫术”，意在取人性命，在花瑶人的意识中，这是很真实也很可怕的相互伤害的方式。“钉铜”者不仅可以通过这样的方式伤害对方，而且也会由于这一行为而损伤自己的阴德，导致后代子孙不昌的恶果。

游资源报告中，也确实提到了“一山两瀑”，即白马山①、旺溪瀑布群、大托大峡谷瀑布，希望引起县政府的关注。而被我们所发现并汇报，从而引起县政府高度重视的，现如今已经成为国家级风景名胜区的旺溪瀑布群，就位于白马山东南部的半山腰上。由此可知，这两个地方在大瑶山的历史、地理与传说之中的地位与价值。

既然民间传说中，关于“白马山”来历的传说始于元末明初，而在立国之初，明朝廷就已经设立了以大瑶山为军事假想敌的“隆回巡检司”，可以由此推论，在元末明初的大瑶山地界上，是存在着具备某种危险性的居住者的，只是不知道这些居住者是带有流动性与暂住性的山贼、土匪，还是已经定居于此的百姓。无论哪一种，都可以说明，花瑶人自明中期大量迁入瑶山之前，大瑶山就已经存在着对外在世界构成威胁的力量。而花瑶人所宣称的他们是这片土地最初的开垦者与所有者的说法，也将遭受质疑与挑战。

三　日益狭小的生存空间:历代行政区划中的大瑶山

大瑶山与中央政权之间所存在着的表面上的“大一统”与现实中的“国中之国”的状态，无疑蕴涵着重大的矛盾与对立。于是，历代以来为了消解二者之间的矛盾与对立，中央政府与大瑶山之间进行着持续不断的控制与反控制的抗争。这一抗争的状况，极为明显地体现在了历代建置沿革之中，每次建置的变迁，都潜含着瑶山地界的变动，瑶汉力量的消长，瑶汉双方的博弈。无论是暴力冲突还是和平谈判，二者之间的分分合合，都成为了身处今日的我们了解、探究、论述大瑶山的历史与变迁的绝佳契机。

由于大瑶山的主体部分被划归到了今隆回县的管辖范围之内，因

① 2006 年《隆回县志》对白马山的风光有如下记述：“白马山，县内四大名山之首，主峰海拔 1780 米，为隆回最高峰。地处县境西北，距县城 108 公里。相传元末陈友谅兵败后，其三个女儿骑白马至此隐居，绩麻为生，山因以得名。山上有望日台、绩麻水、宝莲寺等景观。”（杨第美等主编：《隆回县志》，团结出版社 2006 年版，第 48 页。）

此，我们将首先从隆回县境域之内的建置沿革系统考察开始，以期为接下来的研究提供更多有效信息。

关于隆回县所处地理位置的独特性及其与周边府、州、县的关系，我们从 1997 年版《隆回县志》[①]中所载入的民国三十六年（1947）“隆回置县行政区划图”（参见图表 4）之中，可以非常清晰地看出隆回县置县之初的状况。当时的隆回县主要与邵阳、武冈、溆浦、新化四个市县相连接。而大瑶山所在地则主要与武冈、溆浦、新化三个地界相连接。除此以外，在今隆回县所辖地界之外的溆浦县东部，以及武冈州东北角与今隆回县大瑶山交界处的雪峰山脉之中，至今依然生存着少量花瑶人，这些地方在历史上也属于古大瑶山地界的范围之内。其中，根据《洞口县志》记载，武冈州于民国二年（1913）改为武冈县，其东北部瑶民聚居的山地区域，在新中国成立后于 1951 年成立“雪峰办事处”，并于 1952 年成立洞口县，[②]故历史上属于武冈州的花瑶聚居地，现今都已归属于洞口县管辖。此外，由于新化县西南部也直接与大瑶山相邻，且属于古梅山地界，历史上也曾有花瑶人生存于新化县奉家山一带，后于民国年间改为汉族，不再与隆回辖区的奉姓花瑶通谱往来。[③]至此，我们可以看到，宝庆府、邵阳县、武冈州（县）、洞口县、溆浦县、新化县诸地就是今大瑶山曾经的属地与邻地，因此，这些地方政府历代以来所编撰的地方志等史料，也将成为我们从外围介入古大瑶山以及古花瑶人的生存状态的主要资料来源与参照对象。

隆回县作为一个行政县本身的历史并不长，直到中华民国三十六年八月方得以正式成立。虽然隆回县置县的历史并不长，但是其地域之内

① 隆回县志编纂委员会编：《隆回县志》，中国城市出版社 1994 年版，第 36 页。

② 洞口县地方志编纂委员会编：《洞口县志》，中国文史出版社 1992 年版，第 15、23 页。

③ 新化县志编纂委员会编：《新化县志》，湖南出版社 1996 年版，第 147 页。

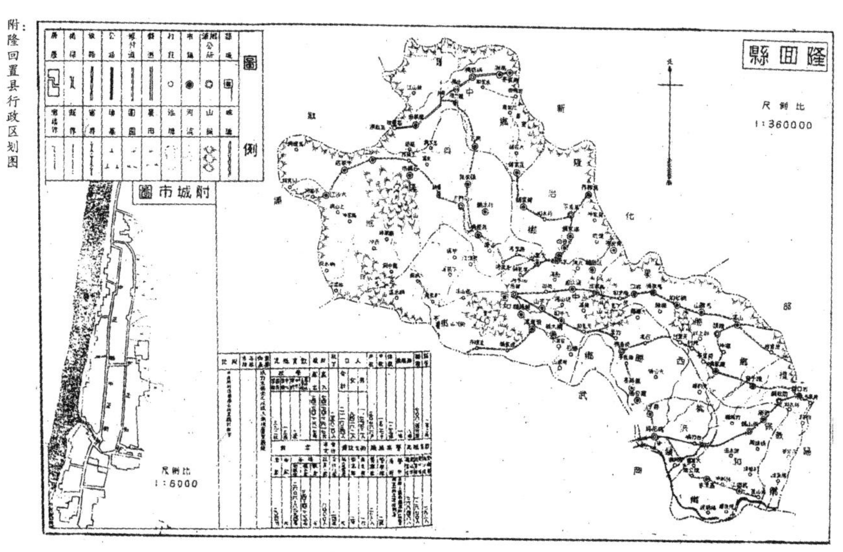

图表 4　1997 年版《隆回县志》民国三十六年“隆回置县行政区划图”

人类活动的历史却很久远。我们从 1997 年版《隆回县志》中关于“建置”[①] 的详细考据可知，今隆回县地域之内，史前就已经有人类活动的遗迹，到春秋战国时期就已经属于楚国南境。至汉武帝元朔五年（前 124），建立都梁侯国，而有一种说法认为都梁侯国城邑就在今隆回县城所在地桃花坪一带。至吴宝鼎元年（266），在今隆回县东北部的高平镇设置高平县。晋太康元年（280），复置都梁县，县城在今桃花坪一带，改高平为南高平。此后，名称虽屡有变迁，大抵只是行政上的归属划分不同而已。此外，由于位于上梅山地界的新化县，在地理上、文化上，甚至族源上都是与今大瑶山最为接近的地域之一，也当引起我们的关注。关于这一地域的变迁，我们可以从清同治《新化县志》的如下记载中看出：“新化县，禹贡职方为荆州之域。春秋战国楚地。秦属长沙郡。汉属长沙王国，本益阳县旧梅山地。后汉末置县，地属昭陵。

① 隆回县志编纂委员会编：《隆回县志》，中国城市出版社 1994 年版，第 37—38、651—652 页。

吴孙皓宝鼎元年（266），以零陵北部为昭陵郡，分昭陵置高平。晋武帝太康元年（280），改高平为南高平，后复曰高平，距今治百里，隶昭陵。宋、齐、梁俱因之，寻废。梁末陈初，以邵阳为郡治，省高平，入邵阳。”① 这样一种行政归属的状况到南北朝时期发生了剧烈变迁，此后这一地域为莫徭所占据，不与中国通，被称为上梅山。可见，新化县所辖的梅山地界的行政归属问题，在南北朝之前，大致与邵阳（今隆回）相当，之后则成为了莫徭的领地，不再同于隆回县南部地界的状况。到宋神宗熙宁五年（1072）开发梅山，以上梅山置新化县，属邵州，方才再次具备了与邵阳相等的政治地位与行政归属。此即明隆庆《宝庆府志》所称：“新化县本汉长沙国益阳县，旧梅山地。……五代为蛮獠所处。熙宁五年，中书检正章惇经制湖北，开复梅山，析其地为二县，下梅山曰安化，隶潭州，其上梅山者，隶邵州，是为新化。……国朝属宝庆府，编户二十二里。”②

在所有这些关于隆回县建置变迁的描述中，真正值得我们深究的是，既然同属现隆回县境域之中，位于境域东北部的高平镇自三国始就已经成为了古高平县县衙所在地，而相距并不遥远的位于境域西北部的小沙江地区却一直到清晚期仍独处于“猺界”之内，既然地理上如此接近，却何以在政治、行政体系中会出现如此巨大的反差？对于这一问题的追问与探究，将能够让我们对历代中央政权逐步控制湖南中西部，并最终进入雪峰山腹地的年代、步骤与方式有所了解。既然在宋代“开梅山”之前，都梁侯国、高平县、邵阳县、武冈县等行政区划就早已存在，而且其行政中心要么在现隆回县境内，要么离之不远。这就意味着，在宋代通过“开梅山”直接进入雪峰山东部新化、安化等区域之前，以华夏族为主的代表着中央政权与主流文化的族群，主要是沿着雪峰山脉南麓的丘陵与平原地带逐步推进，并最终进入今湖南省中西部的。关于这一带所处的地理位置，我们也可以从明隆庆年间所编撰之

① （清）关培钧修，刘洪泽纂：《新化县志》，清同治十一年刻本。

② （明）陆柬纂修：《宝庆府志》，明隆庆元年刻本。

《宝庆府志》“卷三·形胜”中如下一段关于宝庆府地理位置的描述中看出来：“宝庆府东据洞庭，西连五岭，旁连荆湘，外接交广。接九嶷之形势，据三湘之上游。控制谿洞，弹压诸蛮。介长沙零陵之间，有唇齿辅车之势。湖岭要冲，溪山环郭，当南楚之尾。东据湖湘，西连蛮獠，南接九嶷之野，北控五溪之地。林麓深邃，滩濑险阻。”[①] 可知宝庆府所处的位置就是开化之地与蛮獠之地往返争斗之场所，而今隆回县所管辖之地尤其如此。

宝庆所处之地在历史与地理上的重要性，也体现在了古代史志的记载之中。如清嘉庆《大清一统志·宝庆府》“形势”中曾援引宋时侯延庆《修门记》中关于宝庆所处地理位置的如下描述：“自纳梅山通道置驿，为湖岭冲要。”[②] 从中可以看出，自宋以来，这一带一直属于古代的交通要道。直到清光绪三十三年编修的《邵阳乡土志》“卷四·商务”中，方才特别强调：“自明季以后，入滇黔驿程，改由常德、辰州，县不当往来孔道，商务因之色减。”[③] 换言之，在明末之前，中部华夏族进入西南部的主要驿道就要经过邵阳、隆回、宝庆一带，尤其在开梅山之前，更是如此。如果我们以今“湖南省全图”为参照，大致能推断出历史上中央政权绕过梅山向湘中西扩张的三条主要路线，一条为北线，由长沙出发，经娄底、涟源、冷水江，至邵阳、高平境；另一条为中线，也就是现在的主要交通线路所在，大致沿着今“320 国道”所经地域，由长沙出发，经湘乡、双峰、邵阳，至隆回、武冈境；第三条为南线，由长沙出发，经衡山、衡阳，至邵阳、隆回境。从北线再往北，就是位于雪峰山脉东麓的古“上、下梅山”所在地：新化、安化；南线往南，进入广西地界，虽然在龙胜梯田所在地也生存着一支花瑶人，[④] 但是从地理上已经与此处的大瑶山不再有关。因此，无论北、

① 同上。

② （清）高人鉴纂辑，张日章复辑：《嘉庆重修一统志·宝庆府》，清道光二十二年刻本。

③ （清）上官廉等修，姚炳奎撰：《邵阳乡土志》，清光绪三十三年刻本。

④ 张有隽：《瑶族历史与文化》，广西民族出版社 2001 年版，第 17 页。

中、南三条线路，在进入当今隆回县境域后，开始合而为一，通过位于今隆回县境内，古邵阳县与武冈州交界之处的位于郝水之上的古紫阳渡，继续往西推进至瑶苗聚居之地，远及云贵。无论选择哪条线路西进，今隆回所在地都是必经之地。而隆回县南部就是当时湖南东西部的交通要塞，在地理上起着衔接东西的重要作用，在文化上是东西部相互沟通的关键环节。

《宋史·梅山蛮传》称："上下梅山峒蛮，其地千里，东接潭，南接邵，其西则辰，其北则鼎。"从关于梅山地界的如上描述中可以看出，一方面，直到宋代"开梅山"之前，位于雪峰山脉中西部的大瑶山，仍然可以被归入广义上的梅山，大瑶山地界之东北与北方为上梅山地界，西接云贵之地，难与外界相通，唯有其南面属于地势较为开阔的丘陵地带，人类尤其是华夏族的活动时间也早很多，各种历史记载也较为丰富。另一方面，当宋代在邻近大瑶山地界的上梅山置新化县，却并没有将大瑶山纳入新化县的版图，以致直到清中晚期，仍然以"猺界"为界，划定为独立区域与领地，这也说明大瑶山其实是独立于古梅山的地界之外的存在。但是，无论是否真的属于古梅山的地界，现在的大瑶山所处的地理位置都已经表明，这一地域一直处于被整个梅山所围绕的状态之中，只有东南部与古宝庆府邵阳县（今隆回县）交界之处，才是更早被华夏族所拓展、占据的地域。因此，从大瑶山的东南部人类生存的状况入手，无疑是反观大瑶山本身状况的有效参照体系。

至此，我们暂且可以得出这样一个结论：在宋代"开梅山"之前、之后的很长一段历史时期里，现隆回县境就是位于悬绝之地的大瑶山与外部世界的前沿地带所在，令人意外的是，在我们所收集到的与现隆回县的历史相关的资料中，直接涉及大瑶山的条目不仅非常少，而且也非常晚。

最早的一个条目是关于明洪武五年（1372）中央政府在"猺界"边缘设置了第一个用以镇抚瑶民的准军事机构：巡检司。据明隆庆元年（1567）编撰的《宝庆府志》"卷三·建置"中的记载，今隆回县境内设置了两处巡检司，“隆回巡司”位于当时的邵阳县境内，而“紫阳巡司”则位于当时的武冈州境内。[①] 清康熙二十三年（1684）所修《邵阳县志》“卷二·建置”、“卷三·均徭”、“卷七·武备”等处也都曾提及，邵阳县境内明、清两代均设有两处巡检司：隆回巡检司与紫阳巡检司，且明确了驻兵及兵饷数，“隆回紫阳二巡司徭编，弓兵共二十九名，共银壹百柒拾陆两玖钱”[②]。至清《嘉庆一统志》中仍有如下记载：“隆回巡司在邵阳县西北百八十里隆回，明洪武五年置。本朝因之。”[③] 不过，现如今，这两处巡检司的位置均属于今隆回县境内，隆回巡检司位于今隆回县西北部的司门前乡，北部与“猺界”相邻，民国三十六年（1947）八月成立隆回县时就属于其地界；紫阳巡检司位于今隆回县南部的交通要塞“紫阳渡口”，本来属于武冈州，1950年被划归隆回地界。[④] 由此可见，明清之际设置这两个巡检司，以强其军备之意蕴：设隆回巡检司以控御瑶民，设紫阳巡检司以维系交通要塞之安全。当然，严格而言，紫阳巡检司的设置，似乎更符合明代设置巡检司的最初宗旨，如朱元璋就曾言及：“朕设巡检于关津，扼要道，察奸伪，期在士民乐业，商旅无艰。”（《明太祖实录》卷130）以及万历《大明会典》载：“关津，巡检司提督盘诘之事，国初设置甚严。”作为交通要塞所在地的紫阳渡口，设置巡检司自无悬念。而隆回巡检司的设置目的却有所不同，主要是为了维护瑶界，应对瑶民。此即清光绪三十三年编修的《邵阳乡土志》“卷三·疆域”中所称：“瑶不编都，以峒分，峒十有六，在县西北，属隆回巡检而统于县。”以及同书中“卷三·山脉”中做出如下描述的关键所在：“西界十六峒，鱼鳞峒有不静，则一都二都不得安也，故

① （明）陆柬纂修：《宝庆府志》，明隆庆元年刻本。

② （清）张起鹍修，刘应祁纂：《邵阳县志》，清康熙二十三年刻本。

③ （清）高人鉴纂辑，张日章复辑：《嘉庆重修一统志·宝庆府》，清道光二十二年刻本。

④ 隆回县志编纂委员会编：《隆回县志》，中国城市出版社1994年版，第35页。

设巡检于隆回一都，以稽查十六峒。”①

关于这种地理与政治上形成的瑶汉相互隔绝、相互对立的格局，我们可以从这部《邵阳乡土志》“卷三·邵阳县各都各局图”中看出来（参见图表5）。此外，在清康熙年间编撰的《邵阳县志》② “卷首·图像”之“宝庆府附郭邵阳县图”中同样可以看出，“隆回巡司”位于邵阳县西北部，被隆回一二都所环绕，再往外，就只是一列象征性的山脉而已，这列不再表明行政区划与地名的山脉，就是瑶山所在地。

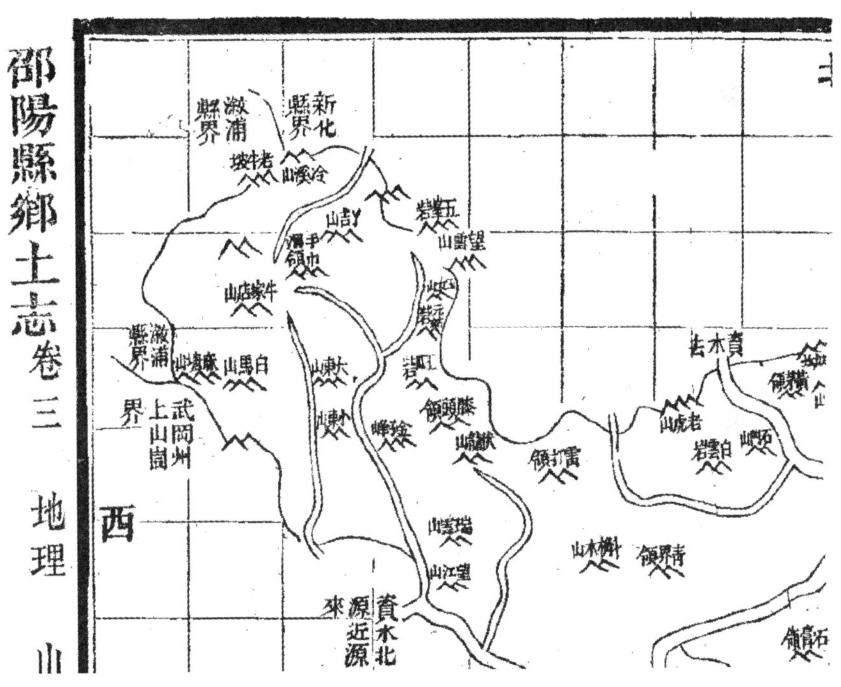

图表5　清光绪三十三年《邵阳乡土志》卷三·邵阳县各都各局图（局部）

由此可知，在今隆回县（古宝庆府）的行政范围内，大瑶山地界

① （清）上官廉等修，姚炳奎撰：《邵阳乡土志》，清光绪三十三年刻本。

② （清）张起鹍修，刘应祁纂：《邵阳县志》，清康熙二十三年刻本。

真正进入中央与地方政府视野，并设正规编制予以防控、治理的历史，不早于明朝初年。问题是，大瑶山与宝庆府相离如此之近，高平、桃花坪等地开化之时间又如此之早，怎会长久地远离历代政府的视野之外呢？答案或许只有一个：明初之前，大瑶山之中一直没有多到足够让政府予以关注的居民的存在，以至于各级政府根本没有采取应对措施的兴趣。这或许也从一个侧面印证了花瑶人关于自己的先祖是元末明初，从江西吉安府出发，辗转迁入大瑶山，并成为大瑶山最早的聚居者这一说法的一个例证。当然，即使我们认可明代花瑶人迁入之前，大瑶山没有足够多的原住民，但是，要想确证花瑶人是第一批定居瑶山的居民，却仍然存在着时间上的出入。因为根据花瑶人自己的记忆，他们的先祖最早在明初，最晚在明中期，逐步迁入大瑶山的地域，而且其迁徙的路径也是从大瑶山的西部溆浦龙潭等地进入，不断深入靠近隆回巡检司所在地以北的深山老林之间。因此，无论花瑶人究竟是从明初或是明中晚期的哪一个时间进入瑶山，其最终迁徙至与明隆回巡检司位置的外界力量之间进行直接对抗，并迫使中央政府设置巡检司的时间，都应当在明中晚期。那么，明初的中央与地方政府又何以有如此先见之明，在洪武五年就设置这个如此明确的以瑶民为军事目标的巡检司呢？

由于缺少明设置巡检司之前与之时关于瑶山具体状况的历史记载与文献资料，因此，我们只能猜测，或许在自称是明代方逐渐迁入大瑶山的花瑶人到来之前，大瑶山邻近隆回巡司地界的地域中，就已经存在着其他的居住者了，最合理的猜测应当是山贼聚集地，以至于需要设置巡检司予以震慑。至于这些居住者是否在花瑶人进入之前就消失了，还是像古梅山地区其他的土著那样，通过改变自身族姓以获取外界庇护与族群延续，① 换言之，就是说在花瑶人之前进入瑶山的土著，在花瑶人进

① 有学者指出：在“乾嘉苗瑶起义”（1795—1832）被镇压之后，清廷实行所谓“设苗防”、“禁苗俗”、“杀苗子”的苛政，如此重压之下，当地没有外逃的土著都选择改变自己的族姓，以维持自身的生存与繁衍。（参见李新吾《梅山土著寻踪》，载《湖南日报》2003 年 10 月 8 日 B3 版。）

入瑶山并取得了实质性的控制力之后，通过转变为现在花瑶人之中某一支系的先祖从而寻求庇护与延续，则不得而知了。但无论如何，有一点是可以肯定的，在清末汉族人逐步迁徙进入大瑶山之前的几百年里，花瑶人无疑是这片土地真正意义上的所有者与开垦者。

虽然花瑶人在大瑶山这片“悬绝之地”里，过着属于自己的“化外之民”的生活，但是，自古以来，外在力量对于瑶山的干预，以及对于瑶山内部事务的影响却从未停止过，这种影响到清末、民国年间开始逐渐强化。

根据1994年版《隆回县志》在“建置沿革”条目下，认为历史上“隆回境域分属邵阳、武冈、新化三县辖地，历元明清无甚变动”。然而，根据该县志在“行政区划”条目下对于“清末、今县境政区对照表”（参见表格1）、“民国三十六年八月今县境政区对照表”（参见表格2）的比对之中，可以看出，现隆回县境域之中，其实还有非常小的一片地域曾经归属于溆浦县管辖，且其地域恰恰属于古大瑶山地界，如原属清末溆浦县永和团的岩儿堂村（民国年间为溆浦县永和乡第十二保），就是1995年之前的茅坳瑶族乡（1995年并入虎形山瑶族乡）的茅坳、岩儿塘、白水洞、周朋、大托、四角田、青山坳村，其地域之大部分归属于瑶山十六峒之马蝗峒，至今仍是花瑶人聚居之地。而原属清末溆浦县龙潭团的柳沙坪村（民国年间为溆浦县龙潭乡第七保），就是1995年之前的龙坪乡（1995年并入小沙江镇）的岩背村庙山坪、芦茅凼两个组，曾经也是花瑶人聚居之地。[①] 在清光绪年间编撰《邵阳乡土志》[②]“卷三·邵阳山脉大略图”（参见图表4）中，以及更早的明隆庆年间编撰的《宝庆府志》“卷三·山川”中都提及与溆浦交界处的麻塘山位于“隆回乡跨溆浦”[③]，当归属邵阳县管辖，今则属于隆回县管辖。不过，在清同治十二年（1872）编撰的《溆浦县志》之中，则明确表

① 隆回县志编纂委员会编：《隆回县志》，中国城市出版社1994年版，第35—51页。

② （清）上官廉等修，姚炳奎撰：《邵阳乡土志》，清光绪三十三年刻本。

③ （明）陆柬纂修：《宝庆府志》，明隆庆元年刻本。

明麻塘山属于溆浦县境域。[①] 基于麻塘山恰好处在两县交界处，双方都对其提出了管辖权，也是情理之中的事情。从中我们也可以得出如下结论：现隆回县境内所辖大瑶山的地域主要是从原邵阳县、溆浦县的辖区分割而来。至于从武冈县与新化县划归隆回县的地域，与古大瑶山没有直接关联。

表格 1　　**1994 年版《隆回县志》清末、今县境政区对照表**

县名	政区名	辖　今乡村名
邵阳县	鹅梨树峒	小沙江镇金竹山村
	麻坑峒	小沙江镇江边村，茅坳瑶族乡茅坳村，青山坳村锡坪
	上山峒	小沙江镇小沙江村、白银村
	桐木峒	虎形山瑶族乡崇木凼村
	马蝗峒	茅坳瑶族乡草原、四角田、大托、白水洞、周朋、岩儿塘等村，万贯冲村一部
	布当冲峒	虎形山瑶族乡富寨村布当冲
	箵箕峒	虎形山瑶族乡富寨村箵箕托
	香炉山峒	龙坪乡光龙村、光化村、龙坪村
	白面江峒	虎形山瑶族乡铜钱坪村、水栗凼村、虎形山村、水洞坪村
	岩壁下峒	虎形山瑶族乡水栗凼村岩板下
	下山峒	龙坪乡响龙村、小沙江镇肖家垅村、白银村、分水村、洞江村
	贯冲峒	小沙江镇肖家垅村、杉木坪村
	暗溪峒	小沙江镇旺溪村
	刘家峒	麻塘山乡，青山乡

从大瑶山与外界行政区划之间的变迁史中，我们能够得到如下明确的信息：自清晚期以来，原本属于古“猺界”之内的瑶山地界，已经开始被外界所打破，并被相邻的各个州县所分割、吞并，最终成为了今天的这个样子。

① （清）齐德五主修：《溆浦县志》，同治十二年刻本，溆浦县档案馆 2003 年 10 月重印，溆浦彩色印刷厂印刷（内部资料），第 66 页。

表格 2　1994 年版《隆回县志》民国三十六年八月今县境政区对照表

县名	乡镇名	乡驻地	辖保名	今乡村组名
隆回县	兴隆乡	司门前	第一保	金潭乡山根村、众乐村，羊牯坳乡龙家湾村、雷峰村
			第二保	金潭乡白芽山村、石丰村、石山湾村、合理村
			第三保	金潭乡金潭村、学堂湾村，羊牯坳乡白山口村
			第四保	司门前镇兴隆居委会、黄花村、中山村、丰年村、木公田村
			第五保	司门前镇黄花村五组、兴隆居委会一组、双龙村、石阳桥村、董芙蓉村、涩塘村、富石庙村、浆溪垅村
			第六保	司门前镇孙家垅村、乐丰村、玉林村、吉山村
			第七保	石桥铺乡播溪村、新庄村、兴明村、永明村、竹山院村、禾梨坪村、石坪村、大茅坪村一部
			第八保	司门前镇丰年村五组，石桥铺乡众善村、宝山村、宝丰村、五通村
			第九保	石桥铺乡众善村一组、风云亭村、红光村、金山村，大水田乡苗竹村一部，小沙江镇黄湾村、芒花坪村、滑石坑组
			第十保	小沙江镇芒花坪村、文明村、白银村、分水村、洞江村、肖家垅村
			第十一保	茅坳瑶族乡草原村、万贯冲村、白水洞村一二组，虎形山瑶族乡水栗凼村、铜钱坪村、虎形山村、富寨村、崇木凼村，小沙江镇江边村、金竹山村
			第十二保	小沙江镇旺溪村、杉木坪村、白银村一二组，龙坪乡响龙村、岩背村、龙坪村、光化村、光龙村
			第十三保	麻塘山乡兴屋场村、八角楼村、尖山村、油漆坪村、学田村、九道坪村、横排村、烟竹坪村

历史上本来具备极强的族群认同感与民族意识的花瑶人也被迫生存在了不同的行政区划之下，适应着不同的政治制度与人文环境。不过，从另一个角度上看，这样的行政划分并没有从根本上打碎花瑶人作为一个整体的意识与概念，他们之间共同的语言、习俗、节日，尤其是他们至今依然保持得较为严格的“族内通婚制”，让他们具备了一种超越于行政划分与地理隔离之外的凝聚力与统合力。以现今居住在溆浦县的花

瑶人为例，“农历五月十五日、七月初二、初九日为瑶族‘讨念拜’‘讨老贵’（汉族统称‘赶苗’）之期。届时，人们身着节日服装，从四面八方涌向水筒坪（笔者按：现虎形山瑶族乡的水洞坪）、崇木凼、茅坳三地集会，进行物资交流，青年男女互相对歌，物色情侣”。这三个地方均属现隆回县虎形山瑶族乡。此外，与小沙江地区的花瑶人一样“农历七月初二日，禁忌黄瓜，至今仍承传未变”①。可见，虽然花瑶人被划分在了不同的两个行政县域之内，但是，他们之间的联系仍然是非常紧密的。这样的状况也能从我们的实地调研与访谈资料中得到印证，如我们在麻塘山乡老树下村调研时，一位生于民国二十年（现已 73 岁）的名叫奉应花的花瑶老人说：“洞口、龙潭、隆回的瑶族都叫‘花瑶’。”此外，小沙江镇江边村奉家院子组的花瑶人在交谈中也强调：“‘瑶族’是你们汉人的叫法，我们，还有溆浦、洞口的人，都叫自己为‘唔奈’。”由此可以看出，隆回、溆浦、洞口三地不仅仅同属于古瑶山地界，而且其瑶民也大多属于同一个支系。

严格而言，隆回、溆浦两地的瑶民族源更近，但是在溆浦只有少量花瑶人生活在与隆回交界的龙潭等地区，已经没有了成建制的瑶族乡。洞口的瑶民则有所区别，其中，洞口县罗苹溪瑶族自治乡的语言不同于花瑶人，而在地理上与隆回更为接近的长塘、大屋两个瑶族乡的语言则与花瑶相通，可知后者属于花瑶人这一族群支系，而前者或许属于其他支系。不过，不知是 1992 年版的《洞口县志》编撰者的疏忽还是实情如此，在论及“民族节日”时，只提出了花瑶人并不重视的“罢架节”、“盘王节”、“过小年”，而没有提及花瑶人自己的那些节日。② 这一状况的出现无疑可以有两种解读方式，一种是编史者的疏忽，他们或许只考察了洞口县境域之内的某一支瑶族，而忽略了花瑶人所处的支系；另一种是洞口县境域之内的其他瑶族支系历史上非常强大，以至于

---

① 溆浦县志编纂委员会编：《溆浦县志》，社会科学文献出版社 1993 年版，第 618—619 页。

② 洞口县地方志编纂委员会编：《洞口县志》，中国文史出版社 1992 年版，第 677—679、698 页。

花瑶人的习俗也与之逐渐趋同。然而，无论基于何种理由导致如此状况，其结果已经表明，在大瑶山的地界被最终打破之后，虽然花瑶人一直试图维系自身族群的一致性与凝聚力，但是，他们的族群认同与相互关系终究还是受到了来自外界行政划分的极大影响。

新中国成立后，隆回县范围内的行政建制经历了更大且更为频繁的变动，而大瑶山所归属的行政区划，也经历了诸多新的变迁：1949 年 10 月，全县划 3 个区，归属驻地司门前的第三区；1950 年 4 月，全县增划为 5 个区，仍归属驻地司门前的第三区；1951 年底，全县增划为 15 个区，归属驻地小沙江的第四区（按：此后，无论隆回县的行政建制如何变化，大瑶山基本上都属于驻地小沙江的行政区划所在地）；1953 年 7 月，全县共划为 14 个区、253 个乡、4 个镇；1956 年 5 月，撤销 14 个区的建制，将 253 个乡合并为 46 个乡、3 个镇；是年 8 月，全县设 3 个办事处，后增为 8 个，归属小沙江办事处，下辖小沙江、虎形山、麻塘山 3 个乡；1958 年 10 月，撤销办事处和乡镇建制，建立人民公社，归属小沙江、虎形山、麻塘山公社；1958 年底，麻塘山、虎形山 2 公社并入小沙江公社；1961 年 6 月，恢复区建制，归属小沙江区，下辖青山、茅坳、龙坪、麻塘山、小沙江、肖家垅、虎形山共 7 个公社；1978 年 7 月，青山并入麻塘山，肖家垅并入小沙江；1984 年 5 月，撤销人民公社建制，建立乡镇政府；1987 年，小沙江乡改为镇建制，归属小沙江区，下辖麻塘山乡、青山乡、龙坪乡、小沙江镇、虎形山瑶族乡、茅坳瑶族乡（以上建制沿革见 1994 年版《隆回县志》）；[①] 1995 年 5 月，县内撤区并乡建镇，龙坪乡并入小沙江镇，青山乡并入麻塘山乡，茅坳瑶族乡并入虎形山瑶族乡，这一建制一直沿袭至今（此次建制变迁见 2006 年版《隆回县志》）。[②] 换言之，在经历了新中国成立后有史以来最为频繁变化的建制设置后，1995 年所确立的小沙江镇、麻塘山乡、虎形山瑶族乡，就成为今天大瑶山的主要行政归属

① 隆回县志编纂委员会编：《隆回县志》，中国城市出版社 1994 年版，第 49—51 页。

② 杨第美等主编：《隆回县志》，团结出版社 2006 年版，第 19 页。

所在。

对于花瑶民族而言更为重要的是，新中国成立以来，政府通过如此高频率的建制变化，再配合以不断开展的政治运动，有效地打乱了大瑶山自古以来所存在着的地缘政治与族源政治，以往根据地域、族群、家族等方式划分大瑶山的政治、经济、社会格局的历史，就此画上了句号，新中国的政府也有史以来第一个真正完成了“国家权力对花瑶社会的控制”①。在这样的新的政治格局之下，花瑶人作为一个整体，已经彻底被行政区划所分割、隔离，即使同在一个行政县之内，由于他们居住的地方分属于不同的镇、乡，他们所能够享受到的政策与待遇也就变得极为不同。尤其是那些生存于瑶族乡与生存于非瑶族乡的花瑶人之间，在面对国家所给予的诸如计划生育、扶贫资金、民族优惠等政策性与福利性资源的享有与分配上，存在着非常大的差距。

至此，我们可以看到，外在于瑶山之外的中央政府对待大瑶山的态度变迁，以及所导致的行政管辖范围的不断调整，无疑极大地压缩了本来更为独立、自主的瑶界的范围，并进一步影响到了生存于大瑶山之中的人们。因此，在我们已经完成本文之初所提出的，要从更为久远与广阔的时空范围入手，深入到与这片土地相关的历史与地理的纵深之中，从而发掘出大瑶山那些不为人知的历史踪迹的研究方向与写作目标。可以说，关于大瑶山与花瑶人的研究与探讨的第一步已然完成，实现了准确定位大瑶山以及生存于大瑶山之中的人们与外在世界之间的关系与联系。以此为基础，我们将在以后的文字中更为充分与广泛地使用周边地域所存在着的关于历史变迁与历史事件的相关记述与文字记载，从而建构起更为有效的参照体系与时空背景。

改革开放以来，国家控制的力度有所减弱，地缘、族源政治再次回到了大瑶山，也随之产生了诸多新的困境、问题与争议。因此，在结束此章的写作之前，我们还将对改革开放以来，发生在大瑶山居民之间的

① 米莉：《村落视野中的国家权力与地方传统》，载高其才、米莉等《瑶族经济社会发展的法律问题研究》，中央民族大学出版社 2008 年版，第 114 页。

几件与土地归属权相关的争议与冲突，展开论述，来重申这一问题本身对于生存于大瑶山的花瑶人与汉族人的重要性与无可让步性。

四　祖坟之地:现代土地归属权争议中的大瑶山

对于现代人尤其是对于生存于大瑶山之外的现代人而言，我们在这里花费如此之多的时间、精力与笔墨，去追溯、探究大瑶山这片土地最初的居住者、所有者与开拓者究竟是什么人的问题，或许已经显得多少有些多余且枯燥了。然而，对于依然生存于大瑶山这片土地之中的人们而言，这一问题仍将是他们必须面对的，即使已经经历了新中国成立后的土地国有化、集体化等运动之后，关于大瑶山最初居民的考察，仍然直接影响到土地归属权的诸多争议与冲突。

对于大瑶山而言，三个时间段是改变这片土地归属问题的关键性时期，一是明中期花瑶人逐步迁徙进入大瑶山，真正开启了大规模开发瑶山的第一步，花瑶人也成为这片土地最初的所有者；二是清末汉族人逐步迁徙进入大瑶山，加快了这片土地的开发与发展，汉族人开始与花瑶人一道，拥有这片土地；三是新中国成立以后所进行的土地改革运动，使得这片土地成为了国家与集体所有。其中，新中国成立以来所进行的这次土地改革运动，对大瑶山自古以来的土地归属状况进行了彻底的改变。我们关于现代大瑶山所存在的诸多土地归属权的争议的论述，也将从这里开始。

自 1949 年新中国成立以来，随着中国共产党和中央政府逐步制定、推行的一系列直接涉及旧有的土地归属权的运动与政策之后，诸如“土改”、“大跃进”、“人民公社”、“文化大革命”、“家庭联产承包责任制”等，从纯粹的法理视角而言，无论大瑶山最初或是曾经归属于谁的问题都已经不再重要，甚至不再存在了。新中国成立后所推行的这一系列新的土地政策，也彻底改变了花瑶人的生活方式与生产方式，“1951 年，中共隆回县委为小沙江瑶族地区派出工作组，动员 130 多名瑶族同胞放弃刀耕火种，下山参加土改，分得田地、房屋和耕牛，开始定居创业”[①]。从中也可以看出，“土改”运动的开始与结束，意味着这片古老且边缘的土地，从名义与实质上，都已经拥有了一个新的主人：国家；而法理上能够真正代表着“国家”这个新主人拥有这片土地所有权的则是一个新的名词：集体；在日常事务性工作与活动中，能够最终代表“国家”与“集体”对这片土地进行分配、经营与管理的，就是最低一级的政府机构，如区公所、人民公社、乡（镇）政府等，以及国家政治与权力体系的终端触角：村支部与村委会。换言之，生存于大瑶山之中的人们，有史以来第一次作为一个整体与大瑶山本身成为了不再具备所有权瓜葛的存在方式，人们成为了“平等”意义上的非土地所有者。在这样的时代背景之下，历史上关于这片土地的归属问题所发生的诸多冲突、对抗与战争，似乎也随之烟消云散，失去了现实的意义与时代的价值。不过，这样的状况只是存在于纯粹的法理，或是存在于政策性的解说之中，现实中，与土地归属权相关的争议、冲突等事件，依然常有发生。这里面临的问题是：既然经过了公有制、集体化的过程，土地所有权之争又如何可能呢？他们所争取的又是什么样的土地所有权呢？

如果我们想要弄清楚改革开放以来，大瑶山之中重新出现的诸多关于土地所有权问题而产生的问题、矛盾与纠纷，首先就需要对生存于这片土地之上的人们关于这片土地的最初归属权的意识与情感有充分的了解。关于花瑶人对于这片土地的意见、情感与态度，我们在此前的文章中，已经很充分地予以展示了，他们毫无疑问地认为自己的祖先们最初开发并拥有着这片土地。虽然我们也在此前的文章中，从传说、史料、故事等角度，对花瑶人是否是大瑶山最初居民的说法提出了诸多质疑，但是，类似的质疑并不妨碍花瑶人以及清末以来逐步迁入大瑶山的当地汉族人对这一说法的认可与支持。

事实上，由于在花瑶人自明中期逐步迁入大瑶山之后的漫长历史进程中，这一地域都是以“猺界”为界，形成了瑶汉之间的绝对界限，

① 杨第美等主编：《隆回县志》，团结出版社2006年版，第463页。

界限之内的大瑶山无疑是属于花瑶人的，这一点我们从明清政府的态度上，也能看出来。明清时期从总体上认可了这一土地所有权的归属问题，并在具体的行政作为与司法判决中，体现出了既不容许花瑶人越界侵扰汉族人的土地与生活，也不允许汉族人越界侵占花瑶人的土地与产业，并最终形成了相关的行政惯例与司法判例。比如说在花瑶人记述自己历史的文献《雪峰瑶族诏文》中，就记载了清朝政府所做出的如下界定："其有溆邵古立瑶山十六峒，地业判为瑶民永远耕作、管理，不准汉民侵占。"在这样的历史背景中，我们已经不需要追问花瑶人迁入大瑶山之前是否存在着其他的居住者之类的问题了，因为在当地汉族人的祖先从清末逐渐迁入大瑶山之前，只有花瑶人存在着的这片土地，当仁不让地属于这片土地真正意义上的开拓者与守护者的花瑶民族。基于此，后来逐渐迁居此地的汉族人，也确实将花瑶人当作这片土地最初的主人。

对于当地汉族人一直以来所持有的对于这片土地最初所有者的观感与认知，最为直观，也最为集中地体现在当地汉族人所写的神龛[①]的文字之中（参见图表6）。如果对乡村尤其是山地乡村的传统有所了解的话，就会知道，自古以来，普通的汉族人都会极为重视"慎终追远"的传统，对于历代祖宗的崇拜与祭奠，不仅仅是每个个体生命所应当承担与践行的任务，更是带有宗教意味与终极情怀的人生使命。而在普通百姓的日常生活中，这种对于历代祖宗的类似宗教式的情感，又极为明显且集中地体现在了每家每户都撰写并供奉着的神龛之中。换言之，既然神龛所供奉的是本族的历代祖宗，神龛本身又具备了非同一般的地位，因此，在神龛之中所出现的每一个字，无疑都具备了极强的严肃性、神圣性与情感性。这些出现在神龛之中的文字，及其所反映出来的内容，对于主人而言所具备的重要性、真实性

① 此神龛系我们在小沙江镇中药材贸易街袁五家抄录，原文均用繁体汉字写成。我们在这里所抄录的部分是上神龛。其中，可以看到，在"地主"的条目下，写上了"瑶老阴师"与"奉君三郎"，这二人都是花瑶人关于其始祖的传说中曾提及的花瑶祖先的名字。

与神圣性等特征，也是不容怀疑的。迁居瑶山的汉族人恰恰就在自家神龛的文字中，体现出了对花瑶人最初开垦并拥有这片土地所付出的努力的尊重与感激之情。

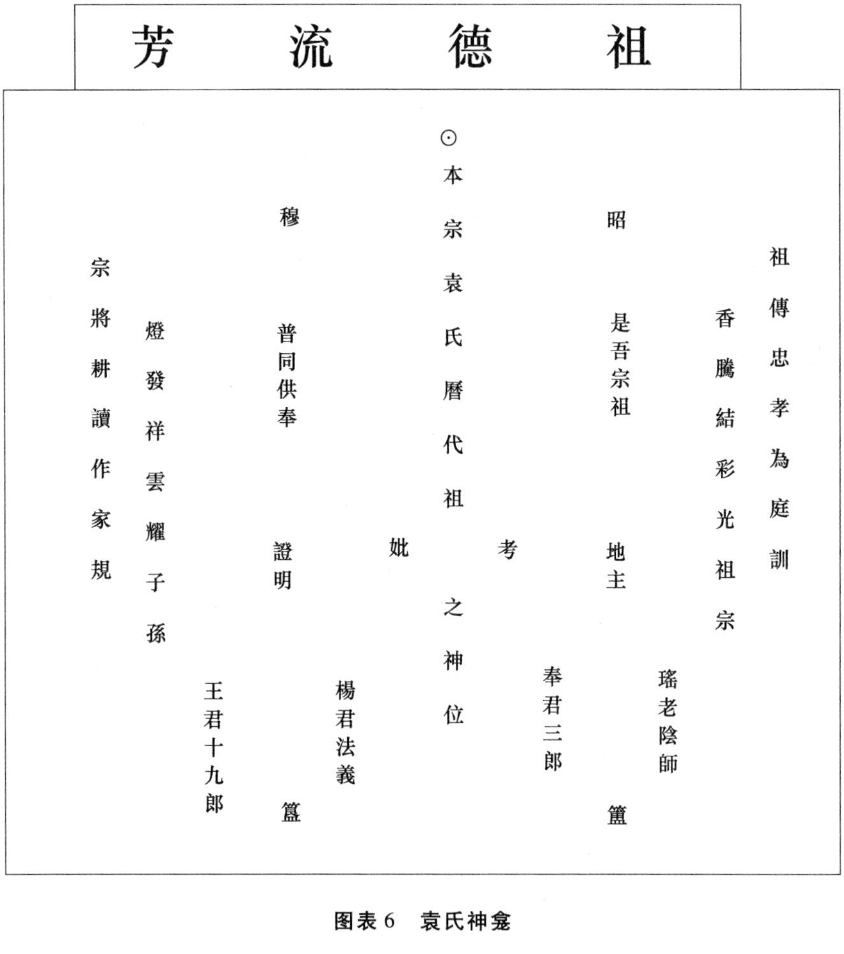

祖德流芳

祖傳忠孝為庭訓
香騰結彩光祖宗
瑤老陰師
昭 是吾宗祖 地主 篁
奉君三郎
考
⊙本宗袁氏曆代祖之神位
妣
楊君法義
穆 普同供奉 證明 篁
王君十九郎
燈發祥雲耀子孫
宗將耕讀作家規

图表6　袁氏神龛

我们从当地汉族人家的神龛中可以看到，在神龛右下角的文字中，直至今日，仍然写着“地主：瑶老阴师、奉君三郎”的字样。

事实上，瑶老阴师与奉君三郎都是花瑶人的先祖，汉族人在神龛上写下他们的名字，其所表达的最初也最为准确的信息，就是他们承认这块土地最初的拥有者是花瑶人。其中，“瑶老阴师”是花瑶人所共同尊奉的神祇，也是他们的先祖，如米莉在专门研究花瑶的巫术与宗教的论文中，就有如下说明：“瑶老阴师：一般指巴梅的第一个祖师，即‘丁丫乖沈丫未’。但有时候也赋予法力非常高强的已故巴梅这个称号。”① 如果我们从花瑶族群的宗教信仰与最初来源的角度来看，“瑶老阴师”无疑能够代表整个花瑶民族。而奉姓是花瑶人中的大姓，其人数占了将近一半，“奉君三郎”无疑是奉姓花瑶的祖先，也代表了绝大多数的花瑶人。换言之，当地汉族人神龛上的如上文字，非常直观且充分地说明了花瑶先人对大瑶山的开发与生产所做出的贡献，以及对这片土地的占有情况。这样的文字信息也充分表明，清末以来逐渐迁入大瑶山的汉族人，确确实实将花瑶人当成了这片土地最初的开垦者与所有者，而他们只是寄居于此的后来者与外来者。这一观感对花瑶人认为自己是这片土地最早的开拓者与拥有者的说法，无疑提供了一个极为有力且有效的补充。

到这里，我们其实可以对本章所探讨的问题进行简单的回应与总括，亦即：无论大瑶山最初的原住民是否是花瑶人，无论花瑶人是否是第一批迁入大瑶山的常住民，也无论这之前或是之后实际上发生过什么，类似的问题对于现在仍然生存于大瑶山的瑶汉二族而言，其实答案是极为清楚明确的，因为自明中期以来，花瑶人就是这片曾经罕有人迹的土地的最初开垦者，也是这片土地真正的所有者，而汉族人则是后来逐步迁入瑶山的“外来者”！我们只有在弄清楚了这样一种关系的基础上，方能对花瑶民族的族群认同的诸多特征与表现，及其对外族人的态度与心理有更为充分的了解。一旦我们明了清末汉族人迁徙进入大瑶山之前，花瑶人就是这片土地的开垦者与所有者的前提之下，我们对两族之间关于这片土地的不同的观感与归属感就会有尤为深刻的感触与认

---

① 米莉：《“钉铜”——“花瑶”民族的巫术与宗教》，载北京大学亚太教育中心与社会发展研究院主办《中国学术研究》第2卷总第6期。

知了。

大瑶山这片土地的归属问题，自清末开始，发生了多次巨变。相关土地所有权也从明清时代被划归为花瑶人所独有，到清末民国期间逐渐成为瑶汉二族所共有，再到新中国成立后经历了“土改”、“人民公社”等运动后，又被彻底收归国家与集体所有，不过，改革开放以后，国家的政策上又开始逐渐认可某些特殊的土地如宅基地、自留地、祖坟所在地等土地所具备的私有性质。可见，在短短一百多年的时间里，瑶山土地的归属权，却经历了如此剧烈的变迁历程，这也使得瑶汉两族在瑶山土地所有权的认知上，出现了诸多矛盾之处，而且在对某些土地所有权的指认上，也形成了诸多重合之处。这样一种关于土地所有权的重合与争议问题，导致在改革开放之后，尤其是70年代末至80年代末的时间里，瑶汉两族之间发生了多次较为激烈的冲突与对抗。

当然，在展开论述之前，我们将首先面对相关主题的设定本身所存在的问题，正如我们已经提及的，既然新中国建立以来，土地已经属于国家与集体，而不再属于个人，那么又怎会出现关于土地所有权之间的争议与冲突呢？在这里，改革开放无疑是一个重大的分水岭。

改革开放以前，国家通过在行政上加强对基层政权的强力控制，并通过在政治上不断展开大规模的各种运动，从而有效地渗透、控制并改造着乡村的社会结构与生活方式。在这样一种国家权力无所不在的时代背景中，无论是自家自留地上长出来的瓜还是自家母鸡下的蛋，都有可能被当作“资本主义尾巴”而受到没收甚至批斗的境遇下，人们根本不可能去关注到类似土地所有权归属之类的问题，在那个时代里，至少从表面话语与公共空间中，“公”就是“公”，国家之“公”就是人们生活中的绝对中心，尚没有个体、家族、地方之“私”得以存在的任何空间与可能。任何土地都是国家的，所以一旦国家需要修马路、修水坝、修良田，任何人都无法阻挡。在我们所获得的关于集体土地所有权的让渡与争议的相关事件中，最为有意思的案例就是，由于在集体化时代是吃大锅饭，因此，本集体究竟拥有多少土地似乎并没有太大意义，而且土地多了往往意味着本集体内的人要付出更多的劳动，却享受不到更好的待遇，在这样的情况下，甚至有村支书将原本属于本村集体所有的土地，强行让渡给邻近村。

这样一种当时看起来似乎没有问题甚至有些“聪明”的土地所有权的让渡，在后来分配到户的新的时代背景下，却引发了一系列争议与冲突。比如说，小沙江镇江边村麻坑组黄家院子的“水口”[①] 所在地的山林田地，本来都是属于麻坑组集体所有的，在吃大锅饭的时候，当时担任村支书的本组的人，想着既然可以吃大锅饭，而麻坑又面临着人多劳力少的现实困难，根本耕种不了那么多土地，于是就强压着邻近的青山坳接受了“水口”周边，以及其他一些地方的土地。等到改革开放之后，重新实施分产到户的政策时，本村的人想要也要不回来了。更为麻烦的是，由于在大山之中，人们对于“水口”所在地非常重视，能否守住水口所在地的树木与风水，就意味着能否守住当地的财气、人气与运气。然而，由于在让渡所有权的过程中，水口所在地两边峪口的土地，也被青山坳的人给占据了，并且开荒种庄稼。这就使得麻坑的水口所在之地变得光秃秃的，像缺了一个口一样。按当地人的说法，这会泄了当地的气运。因此，当地人一直想将这片土地争回来，两地之间也发生过多次对话与对峙，但至今仍未成功。由于黄家院子主要是汉族人，而青山坳则主要是花瑶人，所以两者之间的对抗，也带上了瑶汉间冲突的意味。这样事件的发生也意味着，在如今的瑶山之中，不仅仅个人与个人之间、家族与家族之间存在着诸多土地所有权的争议与纠纷，即使在集体与集体之间，也存在

---

① 在山区，村落聚居之地，往往是一个一个的小山坳，三面甚至四面环山，山间之小溪往往还会在村落中汇聚成一条小河，沿着山势流往偏低处，并最终在一个山与山相接处的峪口，流出村落，去往别处。在山地人的观念中，能否尽量持久、有效地将村落中的水与气聚集、留存于村庄之中，使之不外泄，就成为村庄风水与气运最为重要的事情之一。故而，在大瑶山之上，只要有“水口”之处，必有大树，即使没有古树，也会尽量保持植被，以留住水气与气运。由此也可以看出，“水口”土地之争对于当地人的重要性与不可让步性。麻坑水口本来有很多古树，后来本组的人当村支部书记，为了炼钢铁，以及为了修建村小，在20世纪60、70年代，被砍伐殆尽，按当地人的说法，是“败了”。

着类似的争议与冲突。

改革开放以来，在肯定并鼓励推进市场经济、私有制经济的发展与建设的大环境下，我们国家在农村土地所有制的问题上，也出现了两个重大的转变，一方面，逐步从以往集体所有、集体劳动的状况中脱离出来，实行家庭联产承包责任制，这就从法理与制度的层面上，完成了对土地所有权与使用权的有效分离。此外，由于在政策上不断强调拥有使用权的稳定性与持久性，设定了诸如“五十年不变”的时间界限，这就使得土地与土地使用者之间的联系再次变得紧密起来，不同承包者之间的土地界限与土地使用等问题，也随之被大家所关注、所捍卫，土地问题也成为了村民们利益分配的新的焦点所在。当然，关于拥有使用权的土地的争议中，尽管也有相互摩擦的趋势，但并不会真正导致激烈的冲突与对抗，因为大家都知道，无论如何，土地都是国家与集体的，而不是自家的，即使在土地的分配与使用上持有不同意见，终究能够通过集体调解的方式予以消解。另一方面，虽然在法理与制度上并没有进行明确的界定与体现，但是在现实中却已经成为了既成事实的关于某些特殊土地所有权的重新拥有问题，也逐渐凸显。严格而言，在国家法理与政策层面上，依然强调一切土地都是国家与集体所有，不是也不能是私有化的，不过，事实上，人们对于类似宅基地、自留地、祖坟所在地等较为特殊的土地的所有权的归属问题的认知上，与对待其他的集体土地的所有权时，是有着极大区别的，因为这些特殊的土地在正常情况下，不仅不会再进入重新分配的范围与过程，而且从大家内心深处，往往都是认可占有者即为所有者这一既定事实。事实上，这样一种特殊土地的存在，也获得了政策的潜在支持。如 2006 年版《隆回县志》就称：“1984 年，隆回县实行土地换届承包。……承包合同规定，土地集体所有，承包农户不得在承包的土地上建房、葬坟，不得擅自转让承包土地。”① 换言之，已经修建了房屋、埋葬了先人的土地，不属于这一规定的承包体系之内，也就不属于严格意义上的“集体所有”。因而，即

① 杨第美等主编：《隆回县志》，团结出版社 2006 年版，第 248 页。

使在进行了土地的重新分配之后的新时代里，由于这些特殊土地的存在，也导致了关于土地所有权的新的争议与冲突。

具体而言，现今土地所有权的争议仍然来自三个方面：个人、宗族与集体。个人之间或者家庭之间关于土地问题的纠纷，虽然在乡村之中依然很普遍，但并不属于本文所讨论的范畴。我们在这里将主要从宗族的祖坟以及集体的土地界限两个角度出发，对这一问题进行简单的叙述与探讨，并以此反观生存于大瑶山之中的人们对于这片土地的基本态度、情感与立场。具体而言，关于祖坟之地的争议与争端，是所有这些事件中最为典型的。

在"破四旧"、"文化大革命"、"火葬"等政治性运动中，"坟山"尤其是较为久远的祖宗们的坟山，曾经一度淡出了人们的视野，对于处于国家生产计划、生产指标的重压之下，且自身又面临着物资极度匮乏、一度处于饥饿线上的人们而言，开垦所有能够开垦的土地，播种所有能够播种的地方，成为那个时代的行政指令与自我意识所在。在这样的状况之下，根本没有人对推平那些时代久远的墓地，并在新的土地上种上粮食的做法与行为产生过有效的异议。更为重要的是，当这些时代久远的墓地所在地的土地，已经被国家与集体划归于一个个互不相干的生产队、生产组、人民公社等新的行政组织之后，原本以家庭或是家族为基础的对于时代久远的墓地的捍卫力量，根本不具备抗拒这种新的以国家强制力为后盾的行政区划下的各级政府与相关村部人员的可能性。可以想见，在追求产量、数量，以及进步、革命的年代里，无数无人强势认领与护卫的祖坟与墓地，被一一推平，改为旱地与水田。

如果一直保持着改革开放前的集体化状态，或许这些被推平的祖坟与墓地，也就不会再引起人们的关注，而且随着时间的推移，将逐渐淡出人们的视野，成为真正意义上的被遗忘的历史。然而，随着改革开放进程的开始与延续，中国人又重新经历了一次回归传统、延续血脉的新过程，生存于大瑶山之中的人们，再一次开始从国家的强力控制之中逐渐摆脱出来，重构了此前祖祖辈辈延续下来的以血缘、族源、地域等所组成的社会网络与生存意境，纯粹行政意义上的划分方式，从政治领域与公共生活之中，固然依然存在且无可撼动，但是，行政区划的界限开始被人们的私人交往与情感维系所模糊、淡化，家族与家族之间、族群与族群之间的关系，被日益强化。这样的行为也获得了国家层面的认可与支持，比如说，在改革开放之前，人们根本不会认为祖坟之地是属于自己的，需要进行保护与捍卫，但是，改革开放之后，政府开始制定文件，明确规定祖坟所在地的新界限：在墓地上下一丈五、左右一丈的范围之内，都属于不能被侵犯的具备私有性质的土地。① 以此为契机，大瑶山上的人们，无论瑶汉，都开始了一场“寻祖问宗”、“追根溯源”的新运动，人们开始重新寻找并重修自家的祖坟、墓地，镌刻碑文。曾经被称之为“封建迷信”的、遭到打击与压制的祖宗崇拜与鬼神祭祀等行为，迅速回到了本就具备巫术传统、神鬼崇拜、自然崇拜等传统的大瑶山之中。在此过程中，为了争夺在集体化时代消失的祖坟与墓地，在20世纪80年代，瑶汉之间曾经发生过多次冲突与对抗。

小沙江镇金竹山村，原为瑶山十六峒之一的鹅梨树峒所在地，曾经是花瑶人的聚居地之一，但是，现在这里已经只有该村“水口”所在地的三瓣组还有几户奉姓花瑶居住了。至于其他花瑶人究竟是何时由于何种原因离开了此处之类的问题，我们并没有足够的资料与证据能够讲述清楚。无论如何，现如今居住在这里的主要是自清末以降，逐步迁入瑶山地界的汉族人。在新中国成立后的土改、大跃进、人民公社等政治—经济运动中，为了响应大炼钢铁、开荒种粮等号召，不仅砍光了山头上的古树，而且也将一些本是山林荒野之地，开垦成为了能够种植粮食的旱地与水田，其中就包括了原本有花瑶人的祖坟存在的山林。这样的举动在改革开放之后，带来了一系列麻烦。

如今居住在原瑶山十六峒之一的桐木峒现归属虎形山瑶族乡崇木凼村管辖的沈姓花瑶人，开始自我发动起来，在扫墓时，去往金竹山村等地，重新寻找、修葺自己的祖坟与墓地。虽然对于当时的瑶汉二族人而言，重新修葺祖坟，祭奠先人的做法已经获得了大多数人的支持与理

① 这一规定的内容源于母亲的记忆与叙述。

解，事实上，汉族人同样在四处寻找、修葺、祭奠自己的祖坟。问题是，由于花瑶人在新中国成立之前就已经举族离开了被新中国成立后划归为小沙江镇金竹山村所管辖的这片地界。在新中国成立之前，或许这一行政意义上的界限划分并不会直接影响到血缘、宗族等人际关系的延续与传承，而且当时土地私有的状况也可以确保拥有某片山林的花瑶人在离开该地之后，继续保住其祖坟所在地的产权与安全。但是，新中国成立后，政府一方面推行了土地国有化政策，另一方面又进一步根据新的硬性的行政区划来重新分配、使用土地，这一系列做法，就使得即使当时确实存在花瑶祖坟的土地，也成为了另外一个行政镇的行政村所管辖的集体土地，而与外人无关了。更为重要的是，经过几十年的开垦、种植之后，很多时候已经很难找出更为有效的证据来证明花瑶人的说法。当然，客观而言，正如我们前面已经论述到的，崇木凼村的花瑶人坚持自己在金竹山村的地界之中存在祖坟与墓地的说法，无疑是有着充分理由的，因为在汉族人进入大瑶山之前，花瑶先辈们就已经在这里生存了三百多年的时间，且金竹山村本就是花瑶聚居地所在，因此，在周边山间林地，葬有花瑶先祖，是完全可能的。事实上，在金竹山村至今仍有许多瑶汉都认可的花瑶祖坟的存在。问题是，对于那些已经被推平的祖坟之地的指认，却存在着诸多问题与困难。既然已经很难找到确实的证据来证明花瑶人的观点，而且花瑶人又必须跨过新的行政区划进入另外一个集体的土地去指认祖坟，剥夺对方的土地所有与使用权，这本身就已经是一件很困难的事情了。而且，由于缺乏有效的文字、地图等资料的记载与佐证，也导致许多时候花瑶人往往是根据自己的模糊记忆与直观感觉做出判断，其宣称的地点或许不一定就是曾经的祖坟所在地，这也会让当地汉族人认为是无理取闹，从而不予理睬。

按照当地汉族人的说法，当时的花瑶人很有些蛮不讲理，他们常常走到某处他们认为是自己祖坟的旱地，就地垒起来一个坟堆，并将上下一丈五、左右一丈之地范围内的庄稼全数扫平，然后宣称说这就是他们的祖坟所在地，应当归他们所有，别的人不能再动土。当地那些或许并不熟悉几百年前大瑶山的状态的汉族人，往往会觉得很奇怪，怎么花瑶人的祖坟到处都是，一点也没有规则可循。在这样一种说不清、道不明的困境之中，当地汉族人从内心里觉得花瑶人这种随意地指认祖坟的行为是不可理喻的，故而对他们的行为也是很排斥与敌视。不过，对于花瑶人而言，既然自古以来，这个地方本来就有许多花瑶祖坟与墓地存在，现在有些已经被当地的汉族人推平了、破坏了不说，当他们重新回来试图寻宗问祖，修葺祖坟时，还要受到当地人的排挤与敌视，内心之中也充满了愤怒与敌意。花瑶人或许是延续了集体狩猎的传统，在这些对外事件的处理中，往往能够集体行动，协调一致。每次前往相关地方指认祖坟的时候，都是全族的男子一起行动，人多势众，有的还携带猎枪等器物，气势很足。花瑶人的这种群体性的行为自然也会激起当地汉族人的类似举动，他们也常全村人一起出动，阻挡或是围住花瑶人进行理论与对峙。当言语之间有所不和时，很容易导致激烈的肢体冲突与群体性对抗。据知情人介绍，二族之间有一次差点发生较大规模的群体性冲突事件，当时，在此前进行了几次交涉之后，崇木凼村的沈姓花瑶再次携带猎枪、仪仗等器物去往金竹山扫墓，而金竹山的汉族人也有着充分的准备，很多人家甚至将自家老人、小孩、牛等进行了转移，准备应付大规模冲突，当沈姓花瑶人进入村庄之后，有人敲响了一面大锣，全村人一起出动，将前来的花瑶人团团围住，围了近两天的时间，差一点就酿成大事件。后来，闻讯赶来的当地政府与公安人员，出面维持秩序，进行调解，最终得以和平解决。此后，当地政府发布政府公文对类似事件予以严令禁止，关于坟山的争议，方才得以逐一平息。

在金竹山村发生的这一系列事件，是典型的关于祖坟之地归属权的争议所产生的瑶汉间的冲突。然而，关于金竹山村所发生的这些事件，我们并没有采访到直接当事人，只是在麻坑调研时，从当地瑶汉居民的讲述记录里，无意中获得了相关信息，故无法完全复原相关事件的详细情节。不过，类似的关于祖坟争议的事件在我自己的家族历史之中，也曾发生过，对相关事件的发生、发展的全过程，我的父母还有着非常清晰的记忆。

五 “麻坑”之地：土地归属权争议中的瑶汉关系

麻坑位于隆回县与溆浦县的交界处，又是隆回县小沙江镇与虎形山瑶族自治乡的交界处。历史上，这里就是花瑶人的聚居之地，原为瑶山十六峒之一的麻坑峒所在地，在明代花瑶所建立起来的“八大寨”中，这里是贵州寨所在地。正因为一直是花瑶人的地盘，故曾经还被称之为：“瑶人坳”①、“蛮坑”②。现如今，这片土地被划归小沙江镇江边村麻坑组管辖，下辖两个花瑶院落，一个汉族院落。花瑶院落是：奉家院子、葵花子冲，居民都是奉姓花瑶；汉族院落就是黄家院子，居民以黄姓汉族为主。

麻坑的三个院落依照自然山势排布，相互之间也被当地的山势水文极为自然地分割在几个相对较为平坦的山坳坳里，院落与院落之间隔着并不高的小山脉，人声相闻，炊烟互见，却无法直接看到对方的房屋、人畜。以自然隔绝两族地理空间的小山脉为地理界限，瑶汉之间在心理、文化、情感等方面，存在着明显的界限，平日里，双方之间的往来与沟通也相对较少，很有点老子所谓“鸡犬相闻，老死不相往来”的味道。不过，这种状况只是一种表象，既然两族历代以来，就生存于这样一个极为封闭且有限的空间之中，相互之间常有交往，一直存在着诸多理不清、剪不断的关系。

黄家院子所在的汉族聚居地，是一个非常典型的“少数”汉族人被“多数”花瑶人所包围的状况，这与我们平常所理解的大汉族与少数民族之间的关系有很大的不同。黄家院子周边几里地内，都是瑶寨，往江边村方向，要经过奉家院子、葵花子冲两个花瑶院落，再往前，一直是山地，少有人烟，再经过一个花瑶院落禾梨树的上方，才能到达位

① 2004年10月，崇木凼村的花瑶人沈诗昌提供了这一说法。

② 这是黄姓族人一直口耳相传的一个说法，而且大瑶山老一辈的人都知道这一名字。关于这一名字的来历，我们还将在后文中提到。

于四里地之外的江边村村部所在地；往虎形山瑶族乡方向，青山坳、梓树坪、茅坳等，基本上都是花瑶人聚居之地；往溆浦方向，是一片无人居住区，这里崇山峻岭、悬崖峭壁、林木繁密、了无人烟，自古以来，就是当地人“躲壮丁”①、“躲日本”② 的所在地。在这样一种相对局限的密闭空间之内，与奉姓花瑶人之间的交往与联系，就成为黄家院子的汉族人日常生活中极为重要的一个方面。

事实上，黄家祖上有两处祖坟之地与一山之隔的奉姓花瑶有直接关系，一处是最早迁居瑶山的始祖孝成公的墓地，一处是我的奶奶张氏的墓地。这两次与花瑶人相关的墓地所引出的一系列事件，也非常典型地反映了清末与20世纪70年代末这两个时段里，瑶山之中汉族人与花瑶人之间相互关系的典型写照，故予以详细记述、分析如下。

根据清道光年间编修的《黄氏族谱》记载，隆回黄氏一族，系明

---

① 1941年，我奶奶就曾带着一家老小逃往这一归属溆浦县管辖的高公界“躲壮丁”，在那里生下了我的父亲，因此，小时候父亲就常被亲人们戏称为“溆浦佬”。同一年，已经20岁的大伯黄家谦觉得每次这样子躲来躲去，还得给当地的甲长、保长等缴纳一定钱粮予以买通，长此以往，也不是个办法，所以决定参军，外出打仗去了。大伯在衡阳一带参加过抗日，后来随部起义投奔解放军，参加过解放战争，打过孟良崮战役、枣庄战役等。有意思的是，当年大伯当兵时，父亲刚出生，在怀中送大伯离开，待到父亲20岁时，当时早已退役，任小沙江区武装部部长的大伯，又送父亲参军，大伯言：“20年前你送我，如今我送你。”不同的是，大伯所处的时代是带有悲情色彩的“抓壮丁”，而父亲所处的时代已经是“光荣入伍”了。

② 日军曾于1945年入侵今隆回县境，应当没有进入大瑶山地界，不过当地人同样有诸多关于“躲日本”的故事与传说，据说这一带大山中有一个山洞，可以隔音，当有日军飞机飞过时，根本不可能发现里边躲有人。此外，还有故事强调，在雪峰山作战时，日军的“三八大盖”射程远，在平原地带非常有用，但是在山地作战时却发挥不了优势，反而是花瑶人的一种被当地人称为“嗅嗅枪”的用大树杆做成的土枪，开口大，射杀面广，内置碎磁器、铁钉等物，裹上盐巴，一枪出去，能够将一个山弯弯处的人全部打伤，并不会直接致命，但伤口又多又痒，会导致伤者轻则丧失战斗力，重则感染伤寒而亡，据说这样的武器让日本人很是恐惧与害怕。官修史志中，也有关于日军在隆回县境内所犯下的罪行的记载，如1994年版《隆回县志》“大事记”中，对日军入侵有如下记述：“民国三十四年（1945）4月10日起，日军入侵，境内激战不断，至6月2日，日本侵略军退出隆回全境止。今属隆回的原邵阳八乡一镇，被日军杀害致死2144人，逃难受害者16315人，烧毁房屋5252栋，残杀耕牛8058头，粮食衣物财产损失无法计算。”（隆回县志编纂委员会编：《隆回县志》，中国城市出版社1994年版，第15页。）

朝初年由江西迁徙而来。[1] 我房始祖为谨兴公，传至第十三世祖孝成公时，方才于清末迁徙进入原瑶山十六峒之一的麻坑峒所在地，现归属小沙江镇江边村管辖。在2010年新修的《黄氏族谱》中，对迁入瑶山的孝成公的生平有如下记载："孝成，字应律，号后灵，生道光四年癸未七月二十八日丑时，殁光绪甲申三月二十八日卯时。清末从石桥铺徙麻坑，葬麻坑大鹏展翅未山丑向。"[2] 族谱中并没有迁徙进入麻坑的详细时间，但是，根据黄姓族人的口述史，黄公孝成刚从司门前石桥铺迁徙进入麻坑时，已经有三个年幼的儿子同行，他挑着一担箩筐，一边坐着大儿子，另一边坐着老二与老三，可知此时的孝成应当在30岁上下，进入大瑶山的时间应当是咸丰年间。

根据黄姓族人的一次讲述，我们得知，在黄孝成徙居麻坑后，与当时的一位奉姓先祖奉成美相识。因为孝成懂得风水，曾帮成美在今葵花子冲选了一个极好的屋场。成美的新房子建成后，家业发达，后来二人相互认对方做"伙计"（类似于异姓兄弟）。本来成美是独子，自从住进新建的房子后，奉成美生了六个儿子，而且产业也越来越大，成为当地有名的大地主。成美也因此而特别感激孝成，某日，成美对孝成言："伙计，伙计，你帮我选了这么好的一个屋场，我一定要好好报答你。"孝成答："我们是伙计，你说报答就太过严重了，我倒是看中了你在岩鹰石那里的一块地，你卖给我算了。"成美当时很是爽快地答应了。事实上，孝成看中的那块旱地处于半山腰，两旁皆有巨石，本就不是很好的耕种之地，孝成之所以看中，就在于其所具备的风水地势。后来，这块地很自然地成为了这位最早迁居瑶山的黄姓始祖的墓地，也就是《黄氏族谱》中所记述的"大鹏展翅"之所在。从现今黄家院子的田垄

---

① 在黄坤坦撰写的"谨兴公房编修序"中称："我祖祥发江西，派分湖南宝庆邵北乡黄家坊。"此外，在黄世戴、黄祖楼所撰写的"珂公房编修叙"中也有详细的记述："自前明应穆公第四子兴珂公由新化永宁都迁居邵北隆回，实为我房此地始祖，迄于今越时三百余年，历世十有四代。"可知现今居住在隆回县的黄姓族人大体是明代初期从江西等地迁徙而来。（具体记载见于（清）黄甲第总修《黄氏族谱》，清道光六年刻本。）

② 黄一良主修：《黄氏族谱》，2010年刻本。

里，远观墓地所在，两旁各有高高隆起的石壁山岗，状如雄鹰展开之翅，中间一带山脊，如雄鹰之正脸，而黄姓始祖所葬之地，恰为鹰眼之中心地带，故其地被称之为“大鹏展翅”。我们这些后代子孙在言及这位祖先时，往往会采用讳语，称其为：“岩鹰老公公”，意即葬在岩鹰之地的那位祖宗。

事实上，这一关于“奉成美”的信息让我很是兴奋与惊异，因为在此之前，我们已经对清咸丰元年主编《奉氏族谱》的奉成美之名，极为熟悉。当听到这一讲述时，第一反应也是想当然地将黄姓族人所提及的“奉成美”当成了编修族谱的奉成美。后来，为了比对黄孝成与奉成美二人的出生年月与年龄，以期确定二人相遇的大致时间，方才发现在奉成美自己编修、其长子奉德芳手书的《奉氏族谱》中，对奉成美有如下记述：“成美，邑庠生，排难解纷，乡里倚其直谅，嘉庆八年闰二月初十寅时生，同治十年正月初日申时没，葬水洞坪老山水口。……子三：长德芳、次德藻、三德芹。”[①] 其实，从年龄上算起来，孝成比成美小了20来岁，似乎认定他们二人就是故事中的两伙计，也没有太大的问题。但是，我对族谱中所记载的“葬水洞坪老山水口”，以及“子三：长德芳、次德藻、三德芹”等信息，却是相当之疑惑，第一，按照常理，既然是在麻坑修建了房子，其人应当生存于麻坑，去世后也当葬在麻坑，怎会葬在了水洞坪？当然，对这一问题，我们还可以强行解释，这是由于他在那里发现了一块好墓地。但是，对于另一个问题，却无法解释了，我清楚地记得在麻坑葵花子冲采访麻坑的奉成美的孙子奉泽都时，他告诉我，奉成美生有六个儿子，大儿子奉德金曾任当地的保长、三儿子奉德堂则任当地的甲长，这与族谱所载完全不同。于是，我回过头去查看我们用数码相机拍下的奉泽都自己所保存的手写的简易家谱，发现根据这一家谱的记载，麻坑的这位奉成美生于光绪十五年二月十八日。此时方才彻底弄明白，原来两位奉成美只是同名而已。

考据到这里的时候，我们还弄清楚了另外一个问题，根据黄孝成与

---

① （清）奉成美主修、奉德芳书：《奉氏族谱》，清咸丰元年撰本。

麻坑奉成美的生卒年月计算，二人根本就不可能相识。孝成殁于光绪甲申年（光绪九年），而奉成美出生于光绪十五年。由此可知，黄姓族人关于黄孝成与奉成美是“伙计”的记忆是不准确的。

但是，孝成认识奉姓族人的某位先祖，且为这位奉姓族人挑选了一个好屋场，最后也为自己谋得了一块好墓地的故事，却得到了黄、奉两姓族人讲述的支持。因此，我们只能推断，孝成并不是与成美是伙计，而是与成美的祖辈是伙计。由于在奉泽都所提供的简易家谱中，其中所追溯到的最早的先祖就是奉成美的父亲奉连陞，有如下信息：“连陞，生于咸丰三年十月初六，殁于宣统三年十二月二十三日。”这样我开始怀疑是否连陞与孝成是“伙计”。尽管从年龄上而言，连陞比孝成小了29岁，但是，当连陞进入成家立业年龄之时，请孝成为其选择屋场，是极有可能的事情，而且，此时的孝成应当50多岁，正是考虑墓地的年龄，换言之，两人在屋场与墓地上出现故事中的互通有无的状况，也是情理之中的事情。然而，即使如此，我还是存有一丝疑问，既然黄孝成徙居麻坑之时，奉连陞应当还是个小孩子，比孝成差不多小了一辈。因此，我们有充分的理由推断，孝成理应认识连陞的父亲，而且极有可能与其父亲是“伙计”。问题的关键是连陞的父亲与孝成在年龄上究竟有多大差距。

由于奉泽都的简易家谱中并没有关于奉连陞的父亲的任何记述，因此，我希望能够从《奉氏族谱》中找到相关的线索，根据这本族谱记载，在奉氏始祖马世公之妻于明代中期带着两个儿子徙居水洞坪等地后，其第四代传人正辅公“居麻坑，葬麻坑贵州寨”，可知大概在明代晚期的时候，奉姓花瑶人就已经迁徙进入麻坑地界了。现今麻坑的奉姓花瑶人，主要是这一支系的子孙，然而，我们却一直无法在族谱的相关支系中找到与“奉连陞”相关的记载。在反复看了多次后，方才找到了一条与他相关的线索，但所记述的人的名字并不是奉连陞，而是奉连举，“连举，开琦公第六子，咸丰三年十月初六日生”。不过，虽然两个名字并不一样，但是他们的出生年月日却是完全吻合的，且“陞”者，本就有“举”之意，或许是同一个人不同的名字写法。此外，当奉连举被记载进入族谱时，应当还很年轻，族谱中并没有关于他的妻、子等相关记录，而麻坑奉姓族人所保存的另一份《奉氏族谱》又在一次火灾中被烧毁了，因此，也存在着麻坑的奉连陛改了名字，却没有进一步在水洞坪的奉姓族人所保存的族谱中进行更改与登记的可能性。所有这些证据，都让我最终认定族谱中的连举就是家谱中的连陛。至此，我们终于找到了奉连陛的父亲奉开琦的相关资料，“开琦，也公次子，嘉庆十四年巳己八月初一亥时生。”按年龄算，奉开琦只比黄孝成大15岁，当属于一代人，二人“认伙计”的可能性无疑是最大的，而且，我的这一推断也获得了其他黄姓族人的认可与支持。[①]

在这里，无论奉黄两族之间的辈分问题究竟如何，总之在奉开琦搬入新屋之后，奉姓人家的家业确实是相当发达的。到光绪年间的奉成美时，已经不仅是当地的大地主，[②] 而且也获得了“秀才”的功名，有着极大的影响与威信。因此，虽然黄奉两姓族人关于徙居此地的始祖与奉姓族人的先祖之间交往的记忆中，存在着诸多问题与错误，但是，关于

① 一开始，由于奉泽都与我父亲一直以兄弟相称，故而我便认定黄孝成是与奉连陛“认伙计”。因为，如果从孝成这一辈开始算，黄姓族人到我这一辈总共经历了五辈人的传承，即辈分诗中的“孝、友、一、家、正”，再往下有了“修、齐”两辈。与黄姓辈分传承大体相当的是，奉姓族人如果从连陛往下，到与我同辈的曾经还是小学同学的奉泽都的小儿子奉锡浮这里，同样经历了“连、成、德、泽、锡”五辈，往下也到了“祚、兆”两辈。可见二族之间的辈分也确实能够对应得上。当然，黄姓族人对这一辈分对应之说也存在着异议，2011年11月，我的堂兄、二伯家大儿子黄克明就在与我聊天的过程中提到：“原来奉家的‘泽’字辈与我们黄家的‘正’字辈是一辈人，后来因为奉泽都是爷爷（黄武魁，‘一’字辈）的寄子，所以辈分上就比我们高了一辈。”这一说法似乎更有道理，毕竟黄孝成最初就比奉连陛大了近30岁，可以算得上是高了一辈，而只比奉开琦小了15岁，当以同辈论。此外，奉泽都也确实是我的爷爷、奶奶的寄子，他也一直惦记着他们对他的好。而2012年8月，我的堂兄、大伯家儿子、江边村支部书记黄宇民在讨论这一问题时，第一反应就是：“孝成公应当与奉家‘开’字辈的人是伙计，至于叫什么名字，我也忘记了。”不过，不管双方辈分究竟怎样，两姓族人之间一直维持着较好的关系，却是不容置疑的。

② 奉泽都就曾告诉我们，本来自己的爷爷（奉成美）手上有很多钱，有十几亩地，是当地的大地主。后来，自己的父亲（奉德满）喜欢打牌赌博，就把家产都输光了，只能到处欠米、欠钱度日，日子差点都快过不下去了，恰好赶上了新中国成立，政府开始打地主分田地，于是，家里分了些田地，取消了债务，生活方才有所改变。因此，奉泽都觉得毛主席很了不起，很伟大。

屋场与墓地的故事与传说的真实性，却是能够经得起考验的。

从黄公孝成墓地的如上故事与传说中，可以看出，在清末汉族人迁入瑶山之后，土地其实分属瑶汉人家私人所有。奉开琦作为当地的大户，拥有很多土地，他人要想获得土地，必须征得他的同意，方能以购买的方式获得。类似的情况我们还可以从清末重臣、两江总督、湘军统帅魏光涛（当地人称之为魏午庄）为了给其小妾在今虎形山乡的虎口之地谋取一块墓地的故事中看出来。为了获得这块地，魏光涛甚至利用自己手中的权力，直接任命当时拥有这片地的花瑶人奉学傲为“秀才”。据沈诗永老人讲，在当时，所谓“秀才”拥有很大的权力，既可以有效处理本族事务，而且一旦政府有事，也会首先找秀才，从而具备了管理地方事务的权力，因此常常被人看作是当时的“瑶王”。换言之，在清末土地所有权的严格界限之下，即使是魏光涛这样的朝廷重臣，也必须通过交易的方式，方能获得瑶山的土地。在奉学傲死后，秀才一职由其子奉成安继承，奉成安之后，又由其侄子、民国年间在当地非常有名的保长奉才禄所继承。花瑶人关于“秀才”这一头衔与花瑶地区政治权力的构成与转移方式的如上记忆与讲述，大致是可信的。不过，与奉学傲是通过一种交易被封“秀才”不同，花瑶人中间还有一种真正通过自己的努力获得“秀才”功名的人——邑庠生。《奉氏族谱》中，对奉成美本人就有如下记述：“成美，邑庠生，排难解纷，乡里倚其直谅。”① 可知他也是具备了管理地方事务、维持地方秩序的人物，至于奉成美的后代是否继承了他的秀才头衔，我们知之不多，但印象中，好像没有特别有影响力的，这也得到了其后代子孙关于祖先不宜合葬②的如下说法的印证：“花瑶人一般不合葬，认为如果合葬就会导致老两口只会自己说悄悄话而不顾后代的结果。如奉成美（曾任族长）夫妇死后合葬，所以他们的后代就不好，有一人曾是科长，但很快就退

① （清）奉成美主修、奉德芳书：《奉氏族谱》，清咸丰元年撰本。

② 事实上，我们也曾于2004年10月，到过奉成美夫妇的坟前进行实地考察，坟墓修得很气派，单从这一点也能看出奉成美生前所具备的影响与地位。

了。还有一人是大学生，但水平很低（很平庸）。”[①] 尽管奉成美的后代究竟怎样，我们尚不明了。但是，我们还在《奉氏族谱》中看到如下信息，记载第一个徙居麻坑的奉正辅的子嗣中有这样一段话：“内有一房系麻坑峒瑶官正望子，邑庠生，开科之派，俱未详。”[②] 可知，在麻坑的奉姓家族中，同样曾经出过一名秀才（邑庠生），且被称为“瑶官”。无论此头衔是否为光绪年间的奉成美所继承，但是，到奉成美时，他同样获得了秀才功名，拥有治理地方的能力与声望。在奉成美去世后，其名分也获得了进一步的传承，大儿子奉德金后来就成为了当地的保长，而三儿子奉德堂则是甲长。

从黄孝成与奉开琦的故事与传说中，我们还可以看到，作为仅一山之隔的邻居，黄姓汉族与奉姓花瑶之间的关系从一开始就处于一种相当不错的状态中，二族之间不仅以兄弟相称，而且遇事也能够互通有无，互相帮扶。直到现在，如果在遇到诸如建新房、办红白喜事等特殊事件时，两姓族人之间还会相互帮工，而且不要工钱。不过，黄奉两姓之间所形成的这种极为融洽且友好的关系，在 20 世纪 70 年代末，却由于我奶奶的墓地，遭遇到了极大的危机与挑战。2010 年新修的《黄氏族谱》中，对我奶奶的生平有如下记载：“张氏，生于光绪二十八年壬寅三月十六日亥时，殁一九七四年甲寅七月初七辰时。葬麻坑垅蛇形下排右二冢。生子四，家谦、家吉、家和、家水，生女三，池姑适李传华，桂贞适邹代运，美贞适罗光炳。”[③]

现如今，奶奶墓地所在处，有一排四个祖坟。正如族谱所载，奶奶葬在了右边第二个。据父母讲，在奶奶下葬之前，这片墓地就已经葬有两位奉姓祖先了，不过，这两位奉姓祖坟之间，相隔一丈多，中间恰好留出了一片空地。由于奶奶在世时，一直待人和善，广结善缘，因此，某位受到过奶奶帮助的、懂得风水的人，有一次悄悄告诉奶奶：“您家

① 水洞坪村的奉族良在 2008 年 10 月接受我们的访谈时，就进行了这样的解释与说明。
② （清）奉成美主修、奉德芳书：《奉氏族谱》，清咸丰元年撰本。
③ 黄一良主修：《黄氏族谱》，2010 年刻本。

对面这个地方是一个真正的风水宝地，已经下葬的那两处祖坟都没有真正葬到位置上，恰好给中间留出了一个正位，您可以在百年之后选择那里。这个事您先不要告诉任何人，心里有数就行。”后来，家人又专门请了一位看风水的地仙来认真看了，确实是个好地方，于是打了一根木桩下去作为记号，等到奶奶 1974 年去世时，就葬在了这里。当时，整个国家正处于“文化大革命”期间，过着集体化的生活，对于风水、祖宗崇拜之类的事情，又往往视为封建迷信，更为重要的是，那个时代的土地并不属于个人，也不可能有关于祖坟之地周边有多少空地作为界限的规定与说法，再加之奶奶在生前对奉姓花瑶都特别的好，[①] 所以奶奶下葬之时并没有引起太多的关注，也没有人提出异议。但是，到了 70 年代末，由于同一地方又葬下了黄姓的另一位老人，形成了现在这样同一个墓地有四座祖坟以一瑶一汉相隔并排排列的格局，又恰好赶上人们逐渐苏醒的对于祖坟之地的保护意识，使得这片墓地一度成为了两姓族人相互冲突的焦点所在。事实上，咸丰元年的《奉氏族谱》中，关于麻坑奉姓族系墓地的详细记载，只到奉开琦之父奉也公这一辈，往下都是当时还在世的人，故而根本就没有墓地的记载。在那些已有的墓地记载中，最初徙居麻坑的几辈人都葬在了“麻坑贵州寨”[②]，但是，并没有从族谱中看到有葬于奶奶墓地“麻坑垅蛇形”的信息。至于奉泽都所提供的简易家谱之中，只记述了奉连陞一个人的墓地信息：“穴葬之地名麻坑，小名猪屎冲，山名黄狗利科。”更为麻烦的是，花瑶人并没有给每个墓地立碑的习惯与传统，我们也未曾看到那两位奉姓先祖

① 从黄家院子出发，走四五分钟田埂小路，再转过一个小山丘，就能见到一户奉姓花瑶人家。主人就是奉泽都，现年 72 岁，他们家族与我们家族有着深厚的渊源，而他本人就是我奶奶的“寄子”，亦即古时农村人为了孩子好养，要找一个好人家过继一下。2011 年 11 月 30 日，我专程去他家采访时，他就告诉我，我奶奶人特别好，不论有什么问题，都能处理好，是这个村里第一好人，非常有威信。只要看到别人家无钱无米，都会给些东西救济。作为寄子，奉泽都每年都会去给爷爷奶奶拜年，奶奶都会回送些衣物。奶奶对他这个寄子看得非常重，每次在奶奶家吃饭，奶奶都会在碗底放上很多肉，上面盖上米饭，本来以为就是一碗饭，结果吃着吃着才知道是一大碗肉。

② （清）奉成美主修、奉德芳书：《奉氏族谱》，清咸丰元年撰本。

的碑文。因此，我们根本无法从现有的文字资料中推断出与奶奶同处一个墓地的其他两位奉姓先祖的姓名与生平，也无法知晓这两位先祖是何年何月何日葬入此处的。

奉黄两姓关于这一祖坟之地的争议，究竟发生在 1976 年还是 1978 年，父母两人意见相左，都不是很确定。总之是那年春天扫墓的时候，奉姓花瑶开始过来找麻烦，说奶奶和另一位黄姓老人的坟都是“重棺”[①]，亦即在奶奶的棺木之下，早就已经葬有奉姓祖先的棺木，这从风水与禁忌的角度来讲，是非常严重的事情，会对他们家族的后代极为不利，而且奉姓族人更是从民族政策的角度出发，强调这是汉族人欺压瑶族人的行为，因此，强烈要求黄家族人将奶奶她们另外迁址再葬，如果不迁址另葬，则要求挖开新墓，检验下面是否有“黑土”（这是当地人用来检验是否为“重棺”的最直接的办法，如果是黄土，意味着此前并未葬有先人，如果是黑土，则意味着此前已经葬有先人）。黄家族人当然不可能同意动奶奶的墓地，且坚持说这不可能是“重棺”，一来在奶奶下葬之前，这里只是平地，从未见有奉姓子孙祭奠的痕迹，二来如果早有墓地，风水先生肯定会看出来，就不会选址于此，此外，还强调根本不存在所谓欺压瑶族的情况，因为下葬之地本就是瑶汉共有，择地而葬，也完全符合国家的土地与民族政策，故而坚决不让步。一时之间，黄奉两族人各有坚持，且互不相让，局势一度变得极为紧张。奉姓花瑶从对面山岗上向这边不断逼近，举着扫墓时用的旗子，枪炮齐鸣，气势很凶。黄姓族人也毫不示弱，一起聚集在奶奶的墓前，坚决予以捍卫。如果单从人数而言，其实当时被分成奉家院子与葵花子冲两个生产队的奉姓族人，远比只有

① “重棺”的意思就是“棺上有棺”，新的棺材葬在了更为久远的老棺材之上，这是很忌讳的事情。除此之外，还有一个说法是“天棺”，意思是在老坟所处的龙脉的上端，再挖土葬新坟，意味着占据了老坟的龙脉上头，坏了风水，这也会引发坟山争端与纠纷。一般而言，在同一条龙脉上，后来者只能顺着脉象，往下埋葬。

黄家院子一个生产队的黄姓族人多。[①] 但是，黄姓族人在当时有着更为广泛的政府关系与人脉，我大伯家谦本是战斗英雄，自民国三十年(1941) 被抓壮丁参军之后，打过日本人，后来又随部队起义，投奔解放军，在山东打过孟良崮战役，打过枣庄战役，曾多处负伤，九死一生，复原后，在小沙江区担任过武装部部长、人民公社社长、区医院院长等职，此时已经离休在家。父亲佳水也在解放后当过九年兵，复原后在小沙江区信用社工作。他们二人在当地都有极高的影响力与威信，且不想直接与奉家人发生冲突，于是就商量好请政府的相关人员出面调解。由于大伯的腿脚在战场上受伤，行动不利索，主要是父亲负责从小沙江区政府请来调解的工作人员，先是请了现任隆回县公安局副局长、当时负责小沙江区治安的吴传虎赶来现场，一看对方架势很大，怕他一个人应付不来，所以两人商量后又立即步行十几里地，赶往小沙江区派出所，请了一队公安人员来，让他们先在一个山脊上待命，如果局势失控，这边会发出信号，他们就会立刻赶下来维持秩序。[②]

奉姓族人一看，既然政府、公安的人员都来了，也知道事情不能闹大了，免得不好收场，于是按兵不动，且有了退意。正在此时，黄家族人选了一位平日里很有威信的长者，过去与他们谈判，他们依旧很不服气，但是不再提“重棺”的事情了，只是说奶奶的坟头高过了两边奉家祖坟的坟头，有欺压他们的意思。事实上，由于这两座奉姓祖坟的年代已经很久远了，新中国成立后，又进行了“破四旧”、“文化大革命”等运动，后人们也不怎么祭扫，所以当时只有一个很小的土堆了，与奶

---

① 关于江边村的花瑶人口问题，我在 2012 年 8 月访问了江边村的村支部书记，也是我的堂兄、大伯家的独子黄宇民，他告诉我，现在的奉家院子与葵花子冲分别有 160 多口人，总共 320 多口，都是花瑶人，黄家院子是 130 多口人，都是汉族人，除了黄姓族人之外，还有其他姓氏的汉族人居住。此外，江边村禾梨树组还有几十口人，总共这个村的花瑶人数超过了 400 人。

② 在这个事件中，还有一个很值得注意的特殊因素，与奉姓花瑶人非常齐心的状况不同的是，在黄家院子这边，还有非本宗本族的汉族人一直在这件事上与奉姓族人互通消息，而且还从中作梗，企图激化二族之间的矛盾，也正是这人将公安人员进入邻近地界的事情第一时间告诉了奉姓族人。

奶的坟头比起来，确实相差很多。黄姓长者一听，当场就保证将尽快处理好这一问题。他迅速赶回来告知族人问题的症结所在。于是，黄家族人立马动手，很快就将那两位奉姓祖先的坟头加高加宽加大，使之与奶奶的一般高大，呈现出“平起平坐”的样式。奉姓族人们也因之找到了极好的台阶，有了足够的面子，也就不再坚持迁址另葬的事情了。就这样，双方握手言和，当场由吴传虎起草了一份协议，奉黄二姓族人共同划定了双方祖坟的界限与位置，并强调要和睦相处，互不侵犯。在此过程中，父亲一再与平日里关系很好的奉姓族人强调：“我们奉黄两姓，从老祖宗开始就是兄弟，我们这些后代也都是以兄弟相称，不要在这件事上伤了和气。”最终，双方都在协议上签了字。据父亲说，这份协议如果没有在后来几度搬家的过程中遗失掉的话，应该还保存在大伯家，不过我尚未看到原件。就这样，此次一触即发的冲突以和平的方式解决，两族之间也恢复了以往的平静与友谊，至今相安无事。

在我们进行实地调研的过程中也得知，其实在20世纪80年代，关于祖坟之地的争议与冲突遍布整个大瑶山，到处都有发生。而瑶汉两族之间的冲突尤其多，而且强烈，这也充分显示出大瑶山的传统与特征，原本是花瑶人聚居之地，后来逐渐迁入汉族人，又后来进行集体化，等到改革开放后开始重新重视时，要么已经说不清楚了，要么就是瑶汉之间都拥有同一片土地，从而产生了如此之多的冲突与对抗。

清末以来，大瑶山的所有权已经几经变迁，且随之发生了诸多冲突与对抗，但是，无论这些冲突与对抗因何而起，又因何而结束，有一点却是可以肯定的，那就是，直到20世纪80年代，瑶汉间发生冲突与对抗的根源都在于大瑶山土地本身，而冲突与对抗的双方也都是生存于大瑶山界限之中的人们，可以说，这些冲突与对抗，无论从人员还是领地，都较为严格地被限定在了大瑶山的时空背景与人事范围之内。换言之，冲突与对抗的双方，对这片土地都很熟悉，也对生存于这片土地的基本状况都很了解。然而，时至今日，随着交通的便利、经济的发展与旅游开发等新的外部浪潮的不断侵袭与冲击之下，这片土地的归属问题，正在接受全新的考验。随着资本力量的介入，更使得这种全新的考验开始脱离于大瑶山自我的界限之外而出现与存在，甚至比以往更为强烈地影响着大瑶山之中的自然风貌，以及进一步改变着生存于大瑶山内部的人们之间长久以来所形成的约定俗成的关系状况与生存格局。

在本章的最后，我将简单描述近年来发生在瑶山的两个事件，既作为本章的结束之语，更期望引起人们对大瑶山在将来的发展中将面临的新的挑战与冲击有更为充分的警醒与认识。

第一个事件依旧与祖坟之地相关，但是完全变换了以往大瑶山所发生的祖坟之地的冲突与对抗的旧格局与旧模样。2003 年，为了在虎形山乡街道所在地推进旅游开发，政府招商引资，找到了相关开发商，想要在虎形山街道上建一个民族风俗园。于是，政府与当时的开发商范国进①一道，第一步拆迁了奉姓花瑶聚居之地的小院落，搬迁了 20 几户人家，尽管从保护传统的角度而言，这中间由于拆迁了奉姓的祖屋而显得有些可惜，但是，这一拆迁举动还是获得了当事人较多的支持，因为拆迁时每家每户都有一笔可观的拆迁款（一般的每户有 2—3 万元，多的达到 5—6 万元），而且政府还在街道两旁帮他们解决了修建新房子的地基问题，地皮是乡政府征收的原供销社的房屋占地，政府共投资 11.8 万元，然后再将成本 9800 元一个门面的地基，以 2.6 万元卖给拆迁户，由于当时只有被拆迁的花瑶人才能购买沿街的门面，所以后来房屋陆续建好后，周边的汉族人都来租赁他们的门面做生意，因此，这也有效地改善了很多奉姓人家的居住条件与经济条件。在完成了居民区的拆迁之后，第二步就需要拆迁位于风俗园旁边与对面的奉家祖坟，可以想见，这一拆迁祖坟的决定无疑激起了奉姓族人的坚决反对与抵制，事情闹得很大。当时我正在与县政府沟通花瑶文化研究的事情，也了解到了相关情况，我还对钟义凡县长提出，其实从传统文化与民俗风情两个角度上，可以考虑保留奉姓祖坟的原样，并将其修葺之后，作为一个真

① 2006 年版《隆回县志》“人物·名人录”中也有范国进的传记，还特别提到了他注册公司推进旅游开发的事情：“范国进，1960 年生，桃洪镇人。湖南隆回万和置业有限公司董事长兼总经理。……注册 1168 万元成立湖南省虎形山旅游开发有限公司，规划建设虎形山花瑶民俗风情园旅游项目。”（杨第美等主编：《隆回县志》，团结出版社 2006 年版，第 490 页。）

正意义上的传统样本来展示，但是，很显然，政府尤其是开发商并不期望这一格局的出现。由于奉姓花瑶的激烈反对，使得这一拆迁最后拖到2004年，由县政府出面，下定决心予以执行。县政府一方面在强拆之前，通过行政命令与行政高压的方式，压制住在各级政府机关与部门中工作的奉姓花瑶人，明确表示，如果不支持拆迁，就会被开除或调职；另一方面，在拆迁当天，还动用了大量武警、公安、政府人员，将墓地团团围住，进行了强制性拆迁。据当时围观者称，被强迁的祖坟中，有两座坟茔都是用大石板进行防护与封闭的，可能是当时的“瑶王”的坟墓。可以看到，在这次祖坟纠纷与争议中，奉姓花瑶必须面对以往从未面对过的政府与开发商的联手行动。这样一种瑶山居民面对政府与开发商联手行动的情况，或许是大瑶山历史上所出现的第一次具备大规模与大影响的案例。

当我们在2004年前往大瑶山进行实地调研时，奉姓祖坟已经被拆迁，而准备用来建设风俗园的那块大空地的当街之处，也正在修建一栋看起来很是莫名其妙的用来作门房用的徽式建筑，似乎政府与开发商推进当地旅游开发的计划正在顺利且迅速地展开。然而，当我们此后于2005年、2006年、2008年、2011年、2012年间，因各种事由，数度进入虎形山乡进行旅游、考察，或是回访时却发现，这一地带的旅游开发与民俗风情园的建设并没有任何起色。事实上，在2005年前后，当时的开发商范国进由于对旅游开发不抱太大的希望，进度也很慢，这让县政府有所不满，最终，通过县政府搭线，联系上了香港荣氏集团的荣根宝，试图说服对方接手这一项目。① 此后，该项目由荣氏集团接手，成立湖南花瑶旅游开发有限公司，由申爱君任董事长，负责具体的运营。关于该公司的具体运作情况我们并不很了解，不过，在隆回县党史地方志办公室关于“县委县政府工作纪实·2008年6月”条目下，有

① 2004年10月份，当时刚刚结束实地调研回到县城的我，在钟义凡县长的引荐下，与荣根宝先生共进早餐，向其介绍大瑶山与花瑶的基本情况，及其进行旅游开发的优势与前景，以期说服他接手这一项目。当时的气氛很融洽，或许也起到了点作用，按照钟县长的说法就是：“黄博士（其实我当时只是硕士，被其尊称为博士）的话更有说服力些。”

如下记述："湖南花瑶旅游开发有限公司与湖南魏源故里旅游开发有限公司在县旅游局签订了托管开发协议书。花瑶旅游开发有限公司同意投资开发花瑶景区旅游，由魏源故里旅游开发有限公司托管开发经营管理。"① 可见，该公司应当在此时已经正式投资运营了。

本来以为换了开发商后，花瑶的旅游开发进度会有所提升，然而，直到 2012 年 6 月我们进行回访时，仍然可以看到，尽管沿街那栋看起来有些莫名其妙的用来作门房用的徽式建筑已经建设完成，却一直闲置在那里，显得有些破败的样子。至于当时花如此巨大的代价，予以拆迁后留下的那片空地，仍然还是一片空地，成为了赶集时的临时停车场以及一个布满垃圾的空地。严格而言，这一结果的出现并不是开发商单方面的问题，② 但是，最终出现这样的格局，无疑让当地人与奉姓花瑶人很是不解与郁闷，奉姓族人固然多有怨恨情绪，就连当地汉人都会觉得这样子的状况，显得奉姓族人有些窝囊，有人就曾在 2011 年底的时候向我们表示："像这样大规模地强制拆迁 50 多座祖坟，我觉得也只有到了国家重点项目这样的级别，才可能搞成这个样子，怎么可能县里边的旅游开发就全部强拆了。而且，拆完之后，到如今也已经十来年了，却还不见任何旅游开发的动静与效果，感觉这些祖坟都被白拆了。要是

---

① 资料来源：隆回县党史地方志办公室网站。

② 虎形山乡街道所在的这片空地的建设停滞下来，有多方面的原因：1. 据说在 2003 年最初规划民俗风情园时，是以一种房地产开发的模式运作的，开发商希望能够通过在空地上建房子，然后卖房挣钱，收回投资，但是，这样做显然不可能获得政府与花瑶的认可，故该地皮一直空在那里；2. 虎形山乡的旅游开发，主要集中在两个点：崇木凼村的花瑶古寨与大托的石瀑、大峡谷，自 2009 年获批为国家级风景名胜区后，现在正在崇木凼古寨门口修建花瑶民俗风情的建筑，故这一地皮依旧空在那里；3. 由于我们 2004 年在小沙江镇回家湾发现了旺溪瀑布群，那里成为了县政府推进旅游开发的新的促进剂，在县政府的督促下，申爱君已经在那里投资了一百多万，完成了景区内的观光道路、桥梁等的建设工作，投资方向有所转移、分散，也使得那片地皮只能继续空在那里；4. 隆回县花瑶景区被评定为国家级风景名胜区后，国家财政每年有一笔数额巨大的拨款，本来崇木凼古寨、旺溪瀑布群两个景区的基础建设计划在 2012 年总体完工，但是，由于自 2012 年 4 月隆回县县长周卫臣涉嫌违纪，被立案调查之后，5 月，副县长、花瑶人沈德友以及虎形山花瑶旅游景区管理处"副处级"处长陈长虎也被立案调查，由于这几个人在职之时，其职权范围与花瑶旅游开发的各项建设工作直接相关，因此，2012 年 5 月以来，所有与花瑶景区相关的建设项目都处于停滞状态，其卷宗也正在接受专案组的封存、调查、审计。

我，早就上访去了。”

另一个事件则与当地自然资源的开采相关。大瑶山到处都是石壁、石山，很多都是质量上乘的花岗岩。因此，近年来开始有外地大理石厂进入大瑶山进行开采。印象中大瑶山最早开始出现采石场开采大理石的是在今麻塘山乡的尖山村，20 世纪 90 年代，由福建来的投资者在尖山上开了两个采石场，后因经营不善，就废弃了，留下了两个大石坑。自 2009 年始，麻坑组的黄家院子、葵花子冲，有福建投资者前后开了三个采石场，其中葵花子冲的采石场就在黄家先祖“大鹏展翅”的右翅膀上。尽管每次在大瑶山开采石材之前，都会有人从诸如风水、环境、资源等角度，提出质疑与反对。[①] 而麻坑这三处石材场，也遭到了当地部分人以要进行旅游开发为由，极力阻拦。支持开采的人甚至一度找到我，希望我能向县政府反映，解决这一问题。不过，还没等到我找到合适的机会反映，事情就已经摆平了。想想也是，资本的力量就是资本的力量，有钱谁不想挣呢？

2012 年 8 月，我的堂兄、江边村支部书记黄宇民有事来长沙，见面聊天时，非常详细地向我讲述了开采石矿所带来的直接经济利益：根据 2008 年签订的协议，让外来资本开发石矿的话，山林、旱地、水田等都能够每年获得一笔相应的补偿款，具体而言，让渡荒山每亩每年补偿 250 元，旱地 300 元，水田 400 元，矿山租金每年 12800 元，30% 交归集体，其余的分归土地使用者，保持 30 年不变，如果开采者在今年还想增加开采用地的话，新增土地将会重新签订协议，补偿价也会分别涨到荒山 300 元、旱地 400 元、水田 600 元。此外，被损坏的林业、经济作物等进行估价后，给予一次性补偿。更为重要的是，当地的道路修

① 父亲在与我聊天时还提及，在 2010 年，有一次与时任副县长的花瑶人沈德友一起吃宴席，坐在了一起，沈德友还特别提出了质问：“麻坑采石场的开发事情，究竟是谁做的主？你是否同意？”父亲则回答：“我现在跟着子女常年在外，不管老家的事了。再说了，那几块石头自古以来都没有给当地人带来任何效益，现在就这么几块石头还能挣钱，又何乐而不为呢？”沈德友变得沉默。从中也可以看出，其实他是反对石场开采的。事实上，在虎形山瑶族自治乡草原村，同样有几处石场在开采石头。

建与维修也由矿山开采者负责，麻坑这两个矿山投资者共投资了近90万元，用来硬化从江边村到麻坑组的道路，[①] 还投资了30多万元用以加宽、强化小沙江镇到江边村的道路，以后，只要在开采期间，每年的道路养护费用也由他们负责。不仅如此，采石场的存在，还能给当地人提供几个就业的机会，去年在采石场负责“敲板”的人的工资，每月2000元左右，今年涨到了每月保底工资3500元。换言之，石矿的开采，对于当地百姓而言，确实带来了较大的利益与好处。

在这样的情况下，每个人都会很清晰地进行理性的算计：当别人已经同意，而自己坚决不同意的情况下，即使留下那点土地，也没有什么益处。这样想的人的最大顾虑就在于：搞不好哪天国家又改变政策，再次将土地收归集体所有，并进行重新分配，那样的话，那些不同意让渡土地的人，自己不仅拿不到补偿款，而且自己所留下的这片土地，还得重新分配给那些已经拿了钱且没有了土地的人，没有任何好处与利益可言，那坚持又有什么意思呢！更何况，对于由于子女都在外面工作，老人也随着常住城市的家庭而言，更是如此，他们既不可能有效使用土地，也不可能时刻关注农村土地的变化情况，因此，与其成天琢磨着什么时候回去查看一下土地的界限，宣示一下土地的使用权，还不如趁着这个机会将土地让渡给开采者，每年拿点钱。

可以看到，现如今大瑶山所存在着的土地所有权与使用权相分离的状态，也导致人们对于土地本身的态度与情感发生了极大的变迁，没有人会真正觉得土地是属于自己的，进而需要为了自己与子孙后代的长远利益考虑，对土地进行坚决的捍卫与维持。在这样的背景下，为了获得眼前的经济利益，大瑶山上的采石场已经四处开花。如果不是当地政府予以适当控制的话，可能会更多。

此外，大瑶山的石材开采，也引发了诸多关于土地问题的争议，此处单举一例。我们在2011年12月了解到，在这一年的7月，有20几

---

① 这段路的总投资是110多万元，后来在政府立项，财政补贴了20万元，剩下的90多万元，全部由两个石场开采者承担。

个虎形山瑶族乡青山坳的花瑶小伙子，被人挑拨，前来黄家院子的采石场闹事，矛头主要是针对石场开采者的。他们的理由是采石场流出的污水向下流入了他们的土地，污染了他们的水源。他们来了之后，一声没吭，就用农具将石场工房的门砸开，不仅砸烂了里面的东西，而且吃掉了里面的食物。后来黄家院子的人闻讯组织起来，男女老少一起上手，拿着锄头、棍棒，将石场团团围住，不许他们离开房间半步，就这样僵持了整整一天。在此过程中，双方都只是对峙、僵持，并没有真正发生肢体与暴力冲突。后来闻讯赶来了小沙江镇、虎形山瑶族乡的政府人员、公安人员、本村的村长、来搞破坏的花瑶人那边的村长等，进行调解与平息。由于这个事情弄得很大，最后只能把四个领头闹事、搞破坏的人全部抓了，方才得到平息。事后，当时也参与了这件事的一位黄姓族人说："其实茅坳那边的人说采石场排出的水污染了他们的水源，可能也是存在的，但是，我们之所以出面围住来闹事的人的真正原因，就在于这帮人实在太过分，也太不讲道理了，既没有事先与石场的人进行商量、抗议，一来了就搞破坏。尤为关键的是，他们跑到我们的地盘上来闹事，事先连招呼都不打一声，也太不把我们放在眼里了，我们无论如何也要争回这口气，要不以后还不常被人欺负呀。"此处所谓"争口气"的说法，其实非常明确地描述了中国农村之中所发生的诸多冲突与对抗的真实状况，无论是内部纷争，还是对外的政治抗争，"气"都是一个重要的因素。[①] 更为重要的是，黄家院子与青山坳之间，本就因为前面所谈及到的"水口"处的土地问题，有过诸多的过节、争议与纠纷，内心之中很有些不满，因此，黄家院子的人认为这次是青山坳的人借着石矿开采的事由，前来闹事，故而绝不让步。不过，自从这件事平息之后，直到 2012 年 8 月为止，两地居民之间一直保持着稳定的状态，没有任何新的摩擦与冲突的出现。

---

① 在中国，以"气"为内核所导致的乡村政治抗争事件非常多，具体内容也可以参见学者应星的相关调研、论述与探讨。（应星：《"气"与抗争政治：当地中国乡村社会稳定问题研究》，社会科学文献出版社 2011 年版。）

换言之，即使像采石场这样的更为单纯的经济行为，也会因为大瑶山居民之间的新旧过节与纠纷的存在，从而成为相互之间发生冲突与对抗的新的导火索。事实上，我们在小沙江镇、虎形山瑶族乡都看到了不断增加的采石场，而且后来者还会继续寻找机会，源源不断地来到这里寻找、开发自然资源。可以想见，这样的状况不仅正在大规模地改变大瑶山本身的面貌，而且也正在大规模地改变着生存于大瑶山的人们的日常生活与思想观念。

从最近关于土地问题的争议与纠纷中可以看出，随着通往大瑶山道路的不断修通、硬化，以及旅游开发、经济开发的脚步不断加速，大瑶山正在面临着全新的格局。如果说历史上大瑶山之外的人，往往是通过更为强势与外在的军事力量、政治力量、行政力量、文化力量等，实现逐步压缩、改变、影响大瑶山内部的生存状况与社会格局的话，那么，现如今来自外面的力量已经换成了一个全新的概念：资本！外来资本的不断入侵、不断渗透、不断挤压，将成为一种真正能够从整体上彻底改变大瑶山的、甚至是带有某种无法逆转的新趋势的真实力量，就如近现代以来的西方通过商业与资本的力量，最终得以席卷全球一样。对于更为强势的外在力量的压迫与冲击，大瑶山中的人们还能通过同样强势的力量予以回击，但是，在资本的力量下，大瑶山内部的人们与大瑶山外部的人们之间，已经看不见真正的交锋点与阵线所在了，大家都是为了赚钱，获得更好的生存方式与生存条件，那么，一旦外来资本对大瑶山本身的传统产生重大冲击时，已经无人能够知道究竟问题出在哪里，也不知道应当如何反抗，反抗什么了。毕竟，与资本作对，就是与自己的钱包作对，这是任何一个符合所谓“理性经济人假设”的人，所无法接受的。

在当前中国的现代化、市场化、资本化、全球化等趋势日渐得以逐步展开的宏大背景之下，已经无法再像古时候那样保持“悬绝之地”的状态，因此，大瑶山无疑还将面临着更大、更多、更全面、也更复杂的诸多改变，而自古以来就生存于大瑶山的人们，也将面临着由古时的

“化外之民”彻底转向如今的“地球村村民”的新变迁之中。[①] 未来究竟会怎样，或许无法、也无必要予以预言，需要我们不断予以关注，予以跟进，并对这一进程进行不断的质疑、探究，以期能够寻找到更为适合大瑶山的历史、现状的发展方式与发展模式。

---

① 关于大瑶山的居民成为“地球村”的一部分，一方面可以从不断慕名前来的外国游客的增长中看出来，另一方面，还可以从当地最主要的经济作物金银花的价格变迁中看出来，在2003年“SARS”（“非典”）疫情全球性爆发后，由于中国的专家们所开出的应对“SARS”的中医药方中有金银花，使得金银花的价格飞涨，此后，全球性的“禽流感”、“猪流感”等疫情的不断爆发，也使得金银花的价格在这几年里直线飙升，当地人也因此挣了大钱。近年来，由于全球性金融危机、经济增长放缓等因素，使得金银花的价格一度暴跌，由两年前的30元左右一斤，跌到现如今8元左右一斤。据说这一价格变迁，将让小沙江等地每年损失近2亿元的收入。

第二章

迁徙者的境遇:称谓变迁中的族群心理考察

在正式迁徙进入并定居于大瑶山之前，花瑶人关于自我祖先们的历史记忆中，存在着太多与举族迁徙相关的记述。这样一种不断地举族迁徙，寻找新的生存土地的历程，也深刻地塑造了花瑶民族的历史、文化与习俗。更为重要的是，迁徙不仅仅意味着故土的流逝，更意味着曾经积累起来的生存经验的流逝，而且，很多的迁徙，并不是花瑶先人们自愿的选择，而是在面对诸如战争、冲突、饥荒等恶劣环境之下，不得不为之的举动，因此，在迁徙之前、之中与之后所经历的种种苦难与艰辛，也从整体上影响到了花瑶人的生存境遇与生存态度，这样一种历史经验，也通过一代一代人的传承，最终融入到了花瑶人的族群心理与族群认同之中，成为花瑶人之所以称之为花瑶人的那些具备独特性与唯一性的内在品质与自我特征所在。从这个意义上，我们可以说，花瑶确实是“世界唯一”、“独一无二”的少数民族群体。

为了纪念与述说自身族群中历史上所遭遇到的迁徙之苦，花瑶人中自古流传着一首与之相关的古瑶歌（意思就是用古老的瑶语演唱的，现在已经没有多少人懂这种古瑶歌了）。在调研的过程中，小沙江镇旺溪村回家湾组回云省老人曾为我们演唱了这种古瑶歌，其歌词大意如下：

天底下，汉朝有十八个皇帝。
下一朝代也有十八个皇帝。
只有我们这个地方，

龙潭、溆浦、宝庆还有新化城，
就在这些山坳坳里。
唉！只有我们这些人，
眼泪不常在，两耳不能听。
我们怎么如此无用。
不能去龙潭、溆浦、宝庆、新化城这些地方，
只能住在山坳坳里。
不知是哪个年代，有父子九人，
并女儿十个人。
只有这些人眼睛、耳朵都好，
还有谋略眼光，来到瑶山上住。
就在我们这里有个吉安，
那有个地方叫虹口。
他们就在那儿住，开田种地，累得要命。
唉！我们九父子，开这片地，怎么种得好，累得要命。
可惜我们那时候，
没有好亲家（否则有人来帮忙），
九兄弟、十父子，气得要命，
大声喊叫：
"为什么没有好亲家，
要是有人来帮忙，要舒服得多。
十房门下，无论什么，
只要是表亲，有些亲戚关系，都应来帮忙。"
山水相隔的人都听见十父子又叫又喊。
山水相隔的人听见，想想也是，
便忙去喊人来帮忙，
便把十父子的亲戚都叫来。
邻居叫到了十父子的亲戚，
说"你是上房，是最亲的，一定要帮忙，

十父子实在忙不过来”。
上房的姑妈、嫂子、妹妹，全被叫来了，每人拿把刀去帮忙。
十父子看见后说“啊！今天怎么来这么多人，
他们要去干什么啊？
唉！我认真看一看，仔细听一听，
哦！是自家人来帮忙。”真是欢喜！
开这块地，这些姑、嫂、叔、妹、舅，
十个山头，九个冲冲①，
十条龙脉，九个顶顶。
唉！你们这些人开地太累了。
确实太累了，
实在想睡觉了。
要收工了，
在那里就睡着了，什么都不知道了。
唉！这里正好休息，
睡的连陪酒的人都不知道，
打着呼噜，十夜九天，好好安歇。
（全歌如上）

在这首歌中出现的数字如“十八个皇帝”、“九兄弟”、“十父子”等应为虚指，为很多的意思。从歌词大意来看，此歌描述了花瑶人通过四处迁徙（如歌词中出现的龙潭、溆浦、宝庆、新化城等地，均是花瑶人聚居过的地方）之后，最早定居于此的花瑶先民们在生活上的艰辛。以及他们在与世隔绝的深山里开荒种田、辛勤劳作的场面。这首古瑶歌的内容完全可以说明迁居于此的花瑶人生存环境的恶劣程度。

花瑶人在历史上不断迁徙的经历，也塑造了花瑶人极为独特的民族心理、民族习惯与民族文化。关于这一点，我们从关于花瑶民族的诸多

① “冲冲”是本地汉话，意思就是山坳坳。

称谓的来历、演变，及其所承载的历史记忆与文化基因中，无疑可以看到作为“性喜迁徙”的花瑶人在不断迁徙的过程中，其自我以及与周边汉族之间所发生的诸多故事，以及所形成的独特的生存状态。

一 迁徙者的称谓:花瑶族群心理的集中体现

古人在命名少数民族时，常常以其外在的生存地名（如过山瑶、平地瑶）、服饰（如蓝靛瑶、白头瑶）等状况，或是其内在的民族心理、文化（如盘瑶、布努瑶）等状况为依据。由于花瑶人在历史上不断迁徙，其族群外在的生存之地固然常有变化，即使其族群内在之心理状态与文明程度，也往往随之而改变，因此，不断迁徙的花瑶，必然会拥有不同的生存地、民族心理、民族文化等。基于此，自古以来有关花瑶民族的称谓非常之多，而且随着时间的推移与社会关系的变迁而有所不同。在各种称呼的背后，均隐藏着一些不为人知的历史故事与神话传说。这些随着称谓而来的种种状况，也在深深地影响并塑造着他们的民族心理与民族文化。事实上，每个与花瑶民族相关的命名方式，都受到了花瑶民族自身内在的心理因素与外在的环境因素的双重影响，因此，有关花瑶民族称谓的变迁与来源，在许多方面都体现出了极强的象征意义，也就是说，即使是作为外来者，我们也完全可以从有关花瑶的各种称谓的内容与故事中得到许多与花瑶民族的形象与心态密切相关的事情。我们甚至可以从最为外在化的称谓问题中得到种种最为直观、感性的感受与认识，从称谓所体现出来的东西，往往就是花瑶人在实际的生活中所表现出来的最为真实也最为确切的生存状态。因此，关于花瑶称谓问题的考察，对于认识并了解花瑶民族而言，有着非同一般的意义。在实地调研过程中，我们不仅对这一问题极为关注，而且在这一问题上遭受了严峻的考验。所有的这一切都要从一场并不太糟的“译名风波”谈起。

我们在2004年展开实地调研的最初阶段，就对花瑶这支少数民族关于自己的“自称”，以及当地汉族人对他们的“他称”产生了浓厚的兴趣，并在调研过程中对这一问题进行了专门的考察。结果显示：在隆回县花瑶民族聚居地——原小沙江地区（含小沙江镇、虎形山瑶族乡、麻塘山乡）的原住民中，是没有人熟悉“花瑶”这一称谓的，在他们的日常生活中，很少有人会以这样的名称来称呼这支民族。根据实地调研所收集到的各种文字、口述资料来看，“花瑶”这一名称如果不是近几年才出现的话，也是近几年才开始为人们所知晓的。而且，这一称谓的来源也颇耐人寻味。不过，在直接进入这一名称的分析之前，我们将首先介绍并分析与花瑶人居住在同一块土地上的那些原住民（包括花瑶人自己）对这支民族的各种称呼，以及与这些称呼相关的各种故事、传说，或者是它们所揭示出来的政治、社会的变迁历程，甚至是隐藏于民族心理之中的各种内在含义与象征意义。花瑶人作为一个独立存在的整体，他们一直以来都有着自己的称呼（他们自称“唔奈”）；另一方面，当地汉人对他们却有一些独特的他称（如民族、瑶族同胞、“当鼓佬”等等），根据我们的观察，外族人对花瑶人的每一个称呼都能反映出时代的特点，以及政治、社会环境的变迁，另外，还能让任何外来者了解到他们的生存环境与文化氛围。基于如上功能，我们将会在下面的文章中对这些称呼的来源与意义一一予以介绍、分析。

虽然有很多种称谓，但是，我们在查阅与这支民族相关的文字资料时，却发现“唔奈”一词才是根据花瑶人的话语音译过来的在各种书面资料中使用较为普遍的名称，而且这个名称也是近年来研究瑶族文化的学术界最为通行的译法，[①] 除此之外，还有一些不是特别成熟的译法，如“模岚”，田伏隆在其主编的《湖南瑶族百年》第 2 页中称：“居住在隆回、溆浦等县的部分瑶族自称‘唔奈’”，但是，在同书中，奉锡联、沈玲玫在《雪峰花瑶妇女服饰》一文中却认为花瑶自称“模

① 详情可参见如下书籍：徐祖祥著《瑶族文化史》（云南民族出版社 2001 年版，第 5 页）中称：“唔奈方言集团自称唔奈”；张有隽著《瑶族历史与文化》（广西民族出版社 2001 年版，第 15 页）中称：“此外，还有部分人的语言介乎苗瑶语之间，自称‘唔奈’”；田伏隆主编《湖南瑶族百年》（岳麓书社 1995 年版，第 2 页）中称：“居住在隆回、溆浦等县的部分瑶族自称‘唔奈’”。

岚"[①];"烘奈",张有隽在他的《瑶族历史与文化》[②] 一书的第17页中认为花瑶的自称为"唔奈",但是,在同书的第27页,他却认为花瑶自称"烘奈";以及2004年《隆回县志·民族篇》(送审稿)中称为"门男"[③] 等等。在面对花瑶同一自称的汉语译名中所出现的这样一种混乱局面,也正好反映了当前学术界对于"花瑶"这一人数不多的少数民族的研究现状。基于前人的研究太散,太缺乏系统性与参照性,而且基本上都是各自为政,这才导致上述同一书中对同一称谓采用了不同译法的关键所在。因此,我们在调研的初期,为了统一用语,也为了有效借用前人的研究成果,另外,更是基于沿用学术惯例的考虑,在相关的论文中使用了"唔奈"这一名称。也就是说,我们在自己的文章中使用"唔奈"这一名称是有着充分的理由的。此外,我们在实地调研完成后回到北京进行进一步的资料收集与文字处理时,收集到了据说是应时任隆回县人大副主任的花瑶人沈德友[④]的邀请,曾于2003年7月在虎形山瑶族自治乡进行过长时间田野调研的中南民族大学民族学教授董珞于2005年发表的《湖南虎形山花瑶探源》一文,在这篇文章中,她同样使用了"唔奈"这一名称,并用括号注明"当地语音为'瓮奈'",[⑤] 这也进一步加深了我们在相关成果中使用这一名称的必要性。然而,令我们备感意外的是,花瑶人自己对这一译法却极为不满,甚至认为任何使用这一名字的人,都存在着欺负、侮辱他们的成分。后来,通过各种渠道的沟通与了解,我们才得知,在花瑶人看来,这两个字在

① 参见田伏隆主编《湖南瑶族百年》,岳麓书社1995年版,第2、381页。

② 张有隽:《瑶族历史与文化》,广西民族出版社2001年版,第17、27页。

③ 马道明、谢元华编:《隆回县志·民族篇》(送审稿),2004年,第7页。

④ 沈德友,花瑶人,1956年1月出生,1979年9月参加工作,1982年9月入党,大专文化。历任茅坳瑶族乡计育专干、乡党委书记、小沙江区区长、小沙江镇党委书记、隆回县委统战部副部长、隆回县民族事务委员会主任、民族宗教事务局局长、人大常委会副主任、副县长等职(资料来源:隆回县人民政府门户网站)。事实上,沈德友是花瑶人中非常有影响力的人物,甚至被人们视为现代意义上的"瑶王"。2012年5月,由于涉嫌严重违纪,被中共邵阳市纪律检查委员会立案调查,并被实施"双规"措施(资料来源:邵阳廉政网)。

⑤ 董珞:《湖南虎形山花瑶探源》,载《中南民族大学学报》(人文社会科学版)2005年第1期。

当地汉人的方言中，其读音与“无赖”两字极为相近，也就是说，如果我们告知当地的花瑶人他们的这一称谓时，他们就会认为我们把他们当成了“无赖”而直接对我们提出强烈抗议，甚而会对我们采取敌视态度。事实上，这一问题也确实给我们带来了极大的麻烦，并让我们在事情的发展过程中一步一步地深入感受到了问题的严重性。

整个事件的大致经过如下：当我们于2004年10月份再次进入大瑶山进行第二次回访调研时，出于对花瑶同胞的尊重，同时也希望能够校正自己的写作方向与写作内容，我们将一些前期调研时所获得的文字资料以及撰写的相关论文交给他们阅读，并期望他们能对相关问题予以指正。我们的行为本来是一片善意，而且也期望他们会同样以善意对待我们。但是，我们没有想到的是，在看完我们的文章后，许多参与阅读的花瑶人，上自就职于政府的花瑶精英们，下至我们借宿处的花瑶老乡，均因为这一称谓问题与我们进行了严正的交涉，希望我们能够将这一带有侮辱性质的名称改过来，否则，他们将会组织民众去县里边上访、请愿，并会督促政府追究相关人员的政治责任。对于我们而言，仅仅是在沿用学术惯例这一意义上使用这一称谓的，并非有意冒犯他们，而且，既然这么多学人，包括花瑶人中间有名的知识分子如奉泽芝①等人在相

① 奉泽芝，花瑶人中间极为有名的文化人。现在我们所能收集到的由花瑶人自己整理、撰写的文字资料中，大部分与他有关。如手抄本的《雪峰瑶族诏文》，以及在《湖南瑶族百年》（岳麓书社1995年版）中的一些文章等。2006年版《隆回县志》（团结出版社2006年版，第482页）第二十篇“人物”，第一章“人物传略”中，他是唯一一个被立传的花瑶人：“奉泽芝，瑶族，1916年出生于虎形山瑶族乡。幼时为孤儿，由法国传教士送十里山福音堂读书，该校停办后又由女教士万能贞资助到邵阳德华小学读书，后毕业于宝邵联立中学，从事基督教工作。1952年，在邵阳第一街小学（现西直街小学）任教，1957年调邵阳师范附小工作。1979年退休，回到花瑶古寨的虎形山老家，致力于花瑶民族历史资料的收集整理工作，从而结束了花瑶迁居小沙江山区后无文字记载的历史。撰写的《雪峰山上的花瑶》1985年在《广西民族研究参考资料》第五辑上发表。《隆回瑶族简介》1987年被收入《隆回文史资料》第二辑。《隆回瑶族》1988年编人《湖南文史》第三十辑。《隆回花瑶风俗习惯》1990年被收入《邵阳文史》第十四辑。《隆回瑶族》、《隆回瑶族风情录》2000年被收入湖南省政协文史资料文库《湖南瑶族百年》。所书《瑶族诏文》手抄本流传后人。”可见奉泽芝在花瑶人中的影响与地位。当然，这里存在着一个明显的错误，事实上，奉泽芝并不是第一个用文字记载花瑶历史的人，最早的应该是清末瑶秀才水洞坪村的奉成美，编修了《奉氏族谱》，清末的奉姓秀才还撰写了《雪峰瑶族诏文》，而奉泽芝只是抄录者。

关的文章与书籍中均使用了这一称谓，作为后来者的我们理当遵循之，而没有临时更改的必要与可能。因此，当他们对这一问题与我们进行如此严正的交涉时，所有参与调研的人都多少有些不理解，也有些委屈，要知道，在此前的调研中，我们一直与他们相处得很好，他们中的许多人也成为了我们的朋友，可是这次却因为一个译名的问题而有了诸多的不愉快。在反思了整个事件的始末后，我们相信，如果这一事件不能得到一个令人满意的处理结果的话，将会使我们处于花瑶全体民众的对立面上，也就是说，别说是进行实地调研，就是连朋友可能都没得做了。

另外，在进行实地调研之前，我们所接触到的种种事情也在表明这一问题的严重性与紧迫性。比如说，在我们进入大瑶山进行实地考察之前，由于时任县长的钟义凡的支持与倡议，县政府的各有关部门都被召集起来开了一个大规模的动员会。在动员会上，有两件事给我们所有考察团的成员留下了深刻的印象。一件事是由县政府的工作人员提出来的，据他们的介绍，就在我们准备进入大瑶山进行实地考察前的两个月，为了瑶山的旅游开发问题，县政府在花瑶人中召开了一个大型的现场动员会，参加此次动员会的人很多，除了政府人员与花瑶人外，还有省市各新闻媒体的介入。然而，令他们始料未及的事情却发生了，一个政府工作人员在发言中提到花瑶人在日常生活中有一些不良习惯，并由此而引起了轩然大波，在场的花瑶人立即全体起立抗议这一在他们看来带有明显的诬蔑与挑衅性质的行为，随即准备全体离席，终止这次会议的全部议程。花瑶同胞的这一激进举动使得当时组织此次活动的政府相关部门极为难堪，几乎下不了台。就在此关键时刻，在本文后面还将多次提到的花瑶人的老朋友——老后①，表现出作为老朋友的能量与影响，他当场极力劝阻花瑶人不要离场，并以多年来的感情说服、打动他们，使他们得以安静下来，确保了这次现场大会的如期进行。当县政府

① 老后，本名刘启后，隆回县人。现为中国民俗摄影协会执行委员、博学会士；中国老摄影记者联谊会理事；中国艺术摄影学会会员；湖南新闻摄影学会会员；湖南作家协会会员；隆回政府网站特邀艺术总监。他曾经在瑶山上待了二十多年，对瑶山的情况非常熟悉。

的工作人员向我们谈及此次事件时，其意图极为明确，就是害怕我们不了解花瑶的习俗，到时候犯了他们的禁忌给自己带来麻烦。因此，我们在实地调研时也处处注意自己的言行，绝不容许有任何不尊重花瑶人的感情与习俗的事件发生，而且我们也确实做到了这一点，与许许多多普通的花瑶百姓交上了朋友。另外一件事情，则直接与我们自己相关，当时，为了让在场的人都能理解我们的意图，我们给每一个人都发放了一个资料袋，其中的资料涉及方方面面的问题，包括我们的人员、日程、学术意图等等，在这些资料中，有一份涉及文化人类学的研究理路的介绍性文章，里面在论述原始民族的习俗时，使用了我们自己持批判态度的带有引号的“丑陋”一词，也引起了当时在场的花瑶干部的强烈不满，当场就给我们提出了不得再使用这类词语的强硬要求。这一要求也为我们所虚心接受，并对我们用词不当表示歉意，才使事情得以平息。

事实上，这种关于花瑶词汇的汉语表达引起各种误解与不满的情况，其实还有很多，比如说花瑶人自己称自己的巫术是“耶皈”，但是当地汉人称之为“钉铜”，对于花瑶人而言，“钉铜”是指“耶皈”中的“黑巫术”，专指害人的斗法，但是“耶皈”很多时候是“红巫术”，可以给人治病、消灾、超度等，此外，诸如花瑶人的三大节日“讨念拜”、“讨僚皈”，当地汉人称之为“赶苗”,[①] 带有“驱赶苗人”的意思。因此，尽管在当地汉人那里，“钉铜”、“赶苗”等名词，是一种指称花瑶文化与传统的基本共识与习惯性用语，但是，如果使用不当，或是带有挑衅意味，尤其是当外来者缺少相关背景与情境，导致误用上述词汇时，往往会引起花瑶人的强烈反感，增加不必要的麻烦。当我们发表的第一篇讨论花瑶巫术与信仰的文章中，就是使用了“钉铜”[②] 这个汉人通用的词汇，也引起了不必要的争议。因此，在此后的研究成果中，我们都尽量避免了类似词汇，而更多地以音译的“耶皈”、“巴梅”等称呼花瑶人的巫术与

① 溆浦县志编纂委员会：《溆浦县志》，社会科学文献出版社 1993 年版，第 618 页。

② 米莉：《“钉铜”——“花瑶”民族的巫术与宗教》，载自北京大学亚太教育中心与社会发展研究院主办《中国学术研究》第 2 卷总第 6 期。

巫师。基于这种源自文化差异、族群冲突等理由，使得此次调研过程中出现了诸多不曾料见的误解与不便。

此外，由于我们的调研是与县政府直接展开的合作，我们负责学术上的事宜，与我们对接的县文化局负责其他的事情。这一安排也引起了时任县人大副主任沈德友的不满，或许他觉得我们此次调研并没有事先征询他本人的意见，显得不够尊重他，因而内心之中存在着诸多情绪，此外，沈主任一直想要通过自己的途径找人展开对花瑶文化的研究，也将我们的调研视为这一计划的敌对者。在这样的情况下，他对虎形山瑶族自治乡政府中的一些人表达了这种情绪，以至于我们的调研根本无法顺畅地展开。直到我们向积极推进、促成此次调研的时任县长的钟义凡汇报，他又与时任乡长的奉锡样①进行沟通，方才有效地消解了相关问题，乡政府也非常客气且有限度地支持我们的工作，委派了文化站的奉雄心配合我们的调研。此后，尽管还有一些小的摩擦与不愉快，但是此次调研终究得以顺利地完成。

这几件事情的发生，让我们对这次实地调研有了更多的经验与更强的心理准备，也使我们真正体验到了“战战兢兢，如履薄冰”的内涵。因此，在得知译名事件的严重性后，我们决定将这一问题直接提交给县政府，由他们出面组织相关人员，敲定一个各方都可以接受的名称，以减少花瑶人与我们直接冲突的可能性。最终，我们都接受了隆回县政协常委、县文化局工作人员、花瑶人回楚佳②的建议，而他本人也是三位代表县政府直接参与我们调研的人员之一，③ 属于此次花瑶文化考察团的成员，对后期的调研情况十分了解，因此，他具备了“花瑶精英”

① 奉锡样，花瑶人，时任虎形山瑶族乡乡长，历任隆回县民族宗教事务局局长现任隆回县副县长。在我们进行调研期间，他表现得更为理性与开明，从建设性的角度出发与我们进行了多次对话，并为我们的考察提供了诸多帮助与方便。

② 回楚佳，隆回县大水田乡人，他是花瑶人中有名的笔杆子，在整个大瑶山很有影响力。我们调研所到之处，许多人尽管都没有见过他，但是基本上都能知道他的名字。因此，在他的陪同与协助下，我们的调研进展得极为顺利。

③ 另外参与并协助我们调研的两位人员是在考察前期参与调研的文化局工作人员廖耀华与谭克松。

与“考察团成员”的双重身份，属于敲定这一称谓问题的合适的人选。回楚佳在综合考虑了各方面的意见之后，再加上自己对本民族的理解，认为他们的称谓应当译为“鵐灵”，意为四处漂泊的生灵和八方飞翔的小鸟。在他看来，这一称谓首先与花瑶语中的自称在音上相似，可以视为音译；其次，花瑶人的巫术极为盛行，对花瑶人的日常生活与文化心理均产生了重要的作用，所以在主体字上使用了带有“巫”的汉字；最后，由于花瑶人的祖先像鸟一样四处迁徙，漂泊不定，往来于大山丛林之中，故与“鸟”字相符。基于如上这些理由，他认为，“鵐灵”这一称谓，可谓形神兼备，实为他所能想到的最好的答案。当我们了解并接受了回楚佳的这些解释后，觉得我们应当在后来的研究成果中使用这一称谓，因为回楚佳关于汉译称谓的思考，确实涉及了这支民族自我族群认同的两个关键性概念：迁徙与信仰。迁徙意味着整个花瑶民族在历史上所经历的曲折与坎坷，自然成为塑造他们族群认同的关键性因素所在；信仰则意味着花瑶人在族群心理、族群文化与族群凝聚力等方面所具备的内在一致性与统一性。因此，以“鵐灵”作为音译的方式，其实揭示了这支民族自身所存在着的诸多内在特质与特征，也非常符合这支民族的族群状况。

本来以为到这里，有关花瑶民族自称的译名风波总算能够告一段落了。但是，到了2005年底在隆回县进行项目结项时，由于我们最终提交县政府的研究成果中采用了回楚佳所提供的这一称谓，出席结项会议的花瑶政治精英们就相关问题再次提出了严重的质疑，甚至从族群认同的角度将回楚佳视为本族的背叛者，口气之严厉，气氛之严肃，令人惊讶。最终，由这一称谓所引起的质疑范围被不断放大，从而直接影响到了对整个项目的评价与认可。不过，在听取了我们的解释与说明之后，原隆回县县长，时任湖南省民族宗教事务局巡视员的马昌忠①一锤定

① 马昌忠是回族干部，曾于1985年4月当选为隆回县人民政府县长，成为隆回县少数民族第一个担任县长职务的人。于1990年3月调湖南省民族事务委员会任财经处处长，以后任省民委副主任。（参见马道明、谢元华编《隆回县志·民族篇》（送审稿），2004年，第26页。）

音："不用变来变去的，就应当按照学术惯例，继续沿用'唔奈'这一称谓。"至此，关于译名的风波方告一段落。此后我们所发表的所有与花瑶研究相关的研究成果，都延续了"唔奈"这个名词。

在我们调研过程中所遭遇到的如上诸多事件表明，花瑶作为一个整体，处于一种相对分化的状态之中，从某种意义上说，花瑶精英与花瑶百姓之间已经极为不同，在对待自身族群问题以及对于外界力量的介入等问题的认识上，也出现了极大的分歧与鸿沟。事实上，我们多次去往大瑶山，并坚持与普通的花瑶人多接触，充分沟通、交流，当我们在普通的花瑶人家里进行调研时，往往吃、住、玩都与花瑶在一起，我们之间的交往、聊天也非常愉快，并有幸结交了一大批要好的花瑶朋友。在此过程中，普通花瑶百姓一般而言对我们所进行的考察与调研行动非常的认可，也非常的支持，甚至一再有花瑶老人家真诚地向我们表示感谢，认为我们的努力是对他们民族的尊重，也将为他们民族历史、文化与传统的保持与发展做出巨大的贡献；而且，花瑶百姓对于我们这些进行实地调研的考察团成员们也非常欣赏，认为我们尽管是来自名牌大学的高材生，但是待人和气，没有架子，没有官腔，在平日里，不怕苦、不怕累、不怕山高水深、也不怕环境艰苦，能够在长达数月的时间里，与他们同吃同住，同起同落①，这让他们很是感动，也很是佩服。与政府中的花瑶精英们充满顾虑、怀疑、甚至敌视的态度不同，在我们实地调研的过程中，花瑶百姓充分地体现出山地民族身上所具备的善良、淳朴、好客、热情等品质与特征，让我们深深感受到了他们的可爱、可亲、可敬，也让我们在如此长的时间里（自 2003 年始，至 2012 年丛书出版），在经历了如此多的风波曲折，以及在耽搁了如此多年的情况下，依然对自己从事的考察与研究工作所具备的价值与意义充满信心。我们也正是在这种对于花瑶民族的历史、文化、传统等的"同情地理解"的心理状态与个人情感中，进行并完成相关的调研与写作工作的。

在我们绕过这些人为制造的困难与麻烦，通过三个多月的田野调

① 当地土话，意思是我们之间没有太多隔阂，什么都能够很融洽地在一起完成。

查，收集到了大量第一手资料，并最终完成了近百万字的研究成果之后，却在2005年年底所召开的结项会议中，再次遭到了更为明显的抵触与对立情绪。最终，虽然我们的成果获得了同行专家们的高度认可，成功地完成了本次研究的结项工作，但由于县政府考虑到花瑶精英们的态度与影响等问题，使得我们当时所提交的项目成果一直未曾出版。[①]花瑶政治精英们的决定，现在看来导致了一系列极为消极的连锁反应。由于我们的研究成果未能如期出版，学术界对这一民族历史、心理、文化、社会状况等主题的研究，一直处于严重的停滞状态。但是，与此相对的是，这几年里花瑶地区的旅游开发与现代化进程却得以不断展开，从广度与深度上都对花瑶文化与传统产生了重大冲击。在此过程中，外来文化与外来势力的影响也日益严重，花瑶人为了捍卫自己的传统与习俗，不断与之发生冲突与抗争，对抗的程度也不断升级，变得越来越难以调和。此外，由于学术研究的严重滞后，政府、开发商、社会人士对于花瑶民族的文化、传统与习俗的保护并没有引起足够的重视，而且也不知道究竟该如何保护、保护些什么，为了实现旅游开发的目的，很多时候甚至违背花瑶传统以创造噱头。此外，在旅游开发过程中，研究花瑶文化的学者参与政策咨询与决策论证的缺席，一方面导致关于花瑶文化与传统的保护与创新，未曾出现总体性的规划与共识；另一方面也使得处于弱势的花瑶人在自我传统被改变时，由于缺乏更为中立的研究者的保驾护航，从而不得不直接面对有权的政府与有钱的开发商，虽然偶

① 直到2009年底，在一次与时任县委书记的钟义凡聊天的过程中，谈及我们共同关心的花瑶文化研究与花瑶旅游开发的问题，方才了解到，在2005年底成功阻止县政府出版我们的研究成果的基础上，沈德友自己组织了一个班子，正在编修自己民族的《民族志》，但是一直没有看到最终成果的公开出版。当我们于2011年11月在崇木凼采访沈诗永老人的儿子沈书勇时，他也告诉我们，这几年里，隆回县副县长沈德友、民宗局局长奉锡样等人，也曾专门组织人手，去了江西吉安、广西龙胜、贵州、湖南洪江、龙潭等地，试图彻底弄清楚花瑶的族源与历史上迁徙的全过程，但是现在还没有看到结论。此外，沈书勇还很感叹地说："这几年，常常有人来考察花瑶，但一般也就是走走过场就结束了，没有像你们这样子，能够在花瑶老百姓家中待这么久的时间，如此详细地了解普通花瑶人的生活习惯、礼仪风俗、传统文化的。"

尔通过非常激烈的抵制与冲突手段暂时延缓外界的某些侵犯行为,[①] 但从总体上一直处于节节后退、不断放弃的状态之中。最终,当我于2011年底再次带队前往该地区进行重访时发现,当前许多的矛盾与问题已经变得极为激烈而深刻。这几年的经济发展与社会变迁,已经破坏了大量的自然地貌与人文传统,许多破坏已经难以再次复原了。

从上述称谓所引发出来的译名风波中,我们可以看出,花瑶人对外界的各种与自己直接相关的看法、意见极端重视与敏感。如果我们进一步去分析他们的民族心理,有一点是可以肯定的,基于在历史上长时间地处于汉文化与汉族人的重重包围与压制之中,花瑶民族的心理极其脆弱,并且显得非常无助,他们只有通过自己的努力与抗争,才有可能为自己的一切不同于汉文化的传统与习俗赢得尊重与生存的空间。可以想象,作为花瑶民族的后裔,所有的花瑶人一直都希望能从自己独特的文化、习俗、传统中获得足够的自尊与自信,因此,他们对于自己传统中任何与汉民族不同的东西都会高度重视,并会不惜代价地予以保存、捍卫;但是,另一方面,作为与其他民族世代相处,并常常需要打交道的花瑶人而言,他们也极其希望获得其他民族(特别是在经济、文化等领域明显高于自己的汉族人)的尊重与认可,因此,一旦汉人(或者是任何外来者)对他们传统中的特别的习俗、行为、观点予以否定或嘲弄时,他们那脆弱而无助的民族自尊与自信将会感觉到莫大的伤痛与耻辱,从而会将这些貌似平常的事情上升到激烈冲突的境地,并以激进的方式来捍卫、持守自己的民族传统与民族习俗。历史上,他们也是以此来抵制外族人与外来者的伤害的,也正因如此,战争与冲突才会一直

① 当我们于2011年底再次去往虎形山乡进行实地调研时,当地瑶汉居民都曾多次向我们提及,2009年8月,时任副县长的沈德友因与前来拍摄花瑶最传统的“接亲”场景的中央电视台的记者在言语、观念上不和,便指使一瑶族村民攻击这名记者,记者以手中的摄影器材还击,还打伤了这名村民,此后,许多人围住中央电视台的车辆与人员,不准他们离开。双方僵持了很久,最后是县政府出面,赔偿了央视记者很多钱方才摆平了这件事。由于这件事情闹得很大,瑶山上的人基本都知道,我们从完全不同的几个信息源中,尽管故事的版本有所不同,但都非常明确地确认了这一事件的发生。从中,我们也可以看出花瑶人在现代化进程中所遭受到的压力与所付出的努力。

陪伴着这支民族的过去。

当花瑶人为了捍卫自己的传统与习俗，不惜与外界力量进行对抗与冲突时，作为当地的汉族人，对这支族群的习惯与作风，无疑有着深刻的体会。因此，当地的汉人对他们的称呼，以及他们对这些称呼的反应，也能从一个侧面表现出花瑶人的民族心理与民族气质来。

一般情况下，当地汉人除了称呼花瑶人为“瑶族”或“瑶族同胞”这样多少带有官方口径的正式名称之外，他们还会称花瑶人为“民族”或是“瑶人”。第一个称谓无疑是新中国成立后国家民族政策下的产物，在当地，这一称谓基本上属于中性词汇，如果要显得亲切一些的话，会称之为“民族兄弟”；而第二个称谓，一直以来都是当地不太友好的汉族人对花瑶人的称谓，这一称谓也历来被花瑶人认为是汉人轻视、诬蔑他们的代名词，为他们所极端反感。我们在进入大瑶山进行田野调查之前，一再有人告诫我们，在与他们的交往中一定不能使用这一称谓，否则会给自己带来足够的麻烦，而他们的这一告诫也一直为我们所遵守。但是，在调查过程中，我们却发现，在当地汉人中间还普遍存在着歧视、轻视花瑶人的情况。比如说，在得知我们调研的对象是花瑶时，有些汉人会很不屑地对我们说：“我就不明白你们这些读书的是怎么想的，几个瑶人有什么好研究的！”同时，他们还会说，这几年就是因为你们这些文人吹的，花瑶才有这样的影响力，要不是你们，谁会知道这些瑶人。在一些情况下，有的人还会说花瑶人懒、生产生活没有计划、不讲卫生，等等。从这些言语中，我们就可以看出花瑶人在民族文化与民族心理上的艰难处境了。在一个完全异己的环境中生存，而且还得不到应有的重视与尊重，这样的生存境况对于一个群体而言无疑是极为不利的。因此，从这个意义上，我们在后文中还会论述到有关花瑶人的“刺猬型”的防御性格（也就是只要外界一有刺激，不论好坏程度，他们都会先竖起全身的刺，迅速采取防御姿态以免受到伤害）的形成也就理所当然了。不过，当地的汉人们的话虽是这么说，但是瑶汉两族的关系从整体上来说还是极为友善的。可以想象，基于长时间地生活在同一块土地上，面对着相同的地理环境与生产、生活条件，瑶汉同胞之间表现出了紧密而有效率的合作与互助关系。因此，在日常的生产、生活中，他们往往能够互帮互助、共同努力解决所遇到的种种困难与障碍。我们还发现，一旦我们到达某一个瑶寨，周边的汉族人往往都会前来玩耍、聊天，而他们之间所表现出来的情形也是相当融洽的。因此，在访谈中许多的花瑶老人都向我们感慨，现在的瑶汉关系比起过去而言已经好很多了。

在新中国成立以前，瑶汉关系一直都很紧张，这直接导致了花瑶人对于周边汉人的恐惧与担忧。我们在采访过程中，还有许多花瑶女子与花瑶小孩明显地表现出害怕汉人与外来者的形态。例如我们在小沙江镇江边村奉家院子采访时，这里的花瑶人向我们介绍，有一个当时就在场的从虎形山乡嫁过来已经好几年的小媳妇，至今还不敢单独到离家只有几十步之遥的汉人村落里的杂货铺去买日常用品。他们的解释很简单，在花瑶人还很小的时候，长辈们就会讲述很多汉人如何欺负、迫害花瑶人的事情，并且在长大以后与“狡诈”（有时是相对而言更有生意头脑）的汉人打交道时，又会明显地受他们的欺负，这些事情一步一步地在花瑶人的脑海中加深了“汉人都是坏的”这样的观念。因此，花瑶人中的小孩包括一些一直不与汉人接触的女子，都会对汉人有一种来自内心深处的恐惧感。对于这样的情况，我们从如下的另一个有关花瑶人的称谓的故事中，也许能得到一种鲜活的、立体的、直接的观感。

在当地的汉人中，除了上述几个比较常见的称谓之外，还有一个称谓非常有情境感，而且蕴涵着深刻的历史底蕴，这个称谓就是带有调侃性质的所谓“当鼓佬”。在经过了漫长的岁月之后，这一称谓在现在已经不为人们所熟知了，甚至很少被人再提起。而我们也是在回家湾进行调研时，与我们相处甚欢的花瑶老人回云龙在一次聊天中把这个称谓当作一个故事讲给我们听的。在讲述的过程中，老人一直以一种自嘲、调侃的语气向我们述说了很久以前的这段往事。

这是一段饱含着血泪、辛酸、屈辱的往事：在明末清初时期，花瑶人还居住在大瑶山下的湖南省龙潭、溆浦一带，合族而居，人数众多，但是不知道因为什么原因导致了他们与当地汉人之间的激烈冲突，最终被当地的汉人政府与官兵持续追杀、围剿，于是只能集体逃入今天的大瑶山。在逃亡过程中，族人之间都走散了，有一支队伍在一个首领的带领下向着大瑶山进军，在不断的行进中，他们没有了武器，也没有了粮食，所有的人都饥饿难耐，无力行走，特别是队伍中间的妇女、儿童在连日的奔波劳顿之后，更是难以支撑。正在这时，他们进入了一个汉人的村子，这里的汉人们并不知道他们是因为什么原因来到这里的，因此没有为难他们。于是，他们向当地人乞讨得来了一些食物，但还远远不够所有人的需要，更不用说补充接下来长途行军所需的储备了。自冲突开始以来，他们在经过了数次剧烈的战斗之后，又经过了如此长时间的跋涉，身上已经没有任何值钱的东西可以与当地人交换食物了。唯一可以用来交换的就是首领一直拼了命带在身边的祖传战鼓，虽然这支战鼓也并不能值多少钱，但是，至少可以将它当作信物抵押于此，讲好日后有钱了再回来赎回。在获得足够的食物后，首领痛心地将这只战鼓交给了当地的百姓，并约好了回来赎鼓的时间。然而，当他们长途跋涉来到大瑶山后却发现，在这片原始森林里，没有土地、没有人烟、没有种种生活必需品，他们只能通过自己的努力，才能得以继续生存下去。这里的生产与生活条件极其低下，一切都需要自己去创造、开垦，因此，全族人的生存都极为艰难，整日忙碌也仅仅能够提供生存所需的基本物资，根本无法获得积蓄。因此，在首领在世的日子里，他们一直没有腾出手来处理战鼓的事情。而在首领去世后，人们便日益淡忘了这一事情，最终也没有从那些汉人手中赎回战鼓。于是，在后来的岁月里，这些汉人便称花瑶人为“当鼓佬”，以示嘲弄。

论述到这里，我们对花瑶人艰难的生存状况与被动的文化环境应当有了一个大概的印象了。我们可以说，如果我们带着这样的印象去考察“花瑶”这一称谓的来源与意义的话，无疑就已经极为接近花瑶民族本身的生存意境与文化底蕴了。无论是历史上还是在现实生活中，他们作为一个独立于汉民族之外的少数民族部落，一直都处在文化的劣势与生存环境的狭小之中。在这样的情形下，为了保持住自己种族血缘的纯洁性与民族文化的独特性，他们不得不使用许多在外人看来甚至是不可思议的激进手段与强硬方式对待在任何领域里侵犯自己的人。而通过上文中的论述，我们完全可以在有关他们的称谓以及他们对这些称谓的强烈反应中，对这样一种独特的心态与境遇有极为清楚的了解。与这种生存环境以及民族心态直接相关的是，“花瑶”这一现今使用率极高的称谓同样来源于艰辛与困苦之中。为了说明这种状况，我们在论述完花瑶的“自称”与“他称”之后，将主要对“花瑶”这一称谓本身进行细致、深入的论述。通过这些论述，我们将进一步加深对花瑶民族的了解与解读。

二 “花瑶”：迁徙者的族群归属及其困惑

无论关于花瑶人自称的汉译名称招致了多少麻烦，也无论当地汉族人对他们的种种称呼涵盖了怎样的艰辛与苦楚，不过，现在当人们讨论起这支少数民族时，往往使用着一个诗一般唯美的较为正式的称谓：花瑶。这一称谓从无到有，从陌生到熟悉，从无人知晓到充满感染力，这其中的演变史，恰恰揭示了花瑶人近年来所经历的现代性变迁所带来的种种困境与麻烦，及其自我调适的全过程。事实上，直到我们进行实地调研的2004年，一般的当地人，无论瑶汉，都不怎么知道“花瑶”这一称谓，就算知道的，也并不清楚这一称谓的来历与意义。这样的事实无疑可以证明如下一点：“花瑶”这一称谓对当地人来说是一个真正意义上的“外来”词汇，而且这一称谓本身并没有非常广泛地影响到当地人（不论是瑶族还是汉族）。于是，这一称谓来自何处、有何意义，就成为了我们考察花瑶民族的族群归属与变迁的一个关键问题所在了。有关“花瑶”这一称谓的来源，我们听到的有四种说法：

一种认为这是建国之后，在国家民委划分民族成分的时候就有了，许多花瑶人就持这种观点。当我们于2004年在麻塘山乡老树下村调研时，一位生于民国二十年（现已73岁）的名叫奉应花的花瑶老人说：“洞口、龙潭、隆回的瑶族都叫‘花瑶’，但不知道名字从哪里来的了。”老人的这一说法，代表了大多数瑶民的立场。而且，根据老人的言语表达方式以及当地情况，我们甚至可以认为，老人可能把“花瑶”等同于“瑶族”了。当我们在另外一个花瑶聚居的村落（小沙江镇江边村奉家院子组）问同样的问题时，就得到了如下说法：“‘瑶族’（‘花瑶’）是你们汉人的叫法，我们，还有溆浦、洞口的人，都叫自己为‘唔奈’。解放后，中央政府在划分民族成分时，才把我们归入瑶族的，我们并不同意，我们还是叫自己为‘唔奈’。我们与其他的瑶族不一样。”——后一种直接质疑民族成分划分的做法当时非常普遍，在所有正式与非正式场合，隆回县的官员和民间人士中的许多人，都宣称隆回县的瑶族是“独一无二”、“世界唯一”的。不过，这样的说法似乎是将“花瑶”与“瑶族”两个词汇混淆在了一起，因为建国之初划分民族成分时，肯定不会有“花瑶”的概念，而且，我们也无法找到任何能够证明这一观点的资料。

另一种认为，这是在瑶山采风达20年之久，并大力宣传“花瑶”的老后第一个提出来的，但提供这种说法的人也没有能够拿出确凿的证据来，在我们所收集到的老后写于2000年的文章中，确实提到了“花瑶”这一称谓，“说其是瑶，其实他们的语言、服饰、节日、信仰及其他所有习俗，与‘瑶族’这个大家庭几乎没有雷同之处。大抵因了寨子里的姑娘分外爱美，个个着装艳丽绝伦……于是，人们便称其为‘花瑶’了”[①]。这种认为当地的花瑶与普通意义上的瑶族不同的观点近年来十分盛行。由于这一问题直接涉及到了对于花瑶人族群归属的质疑与挑战，因而也引起了许多人的关注，人们也为此做过很多考据、研究性的工作，老后也确实通过自己的图片、文字与宣传，将花瑶的风情民俗进行了广泛的推广。不过，老后使用“花瑶”称谓的时间，远远晚于花瑶人奉泽芝，早在1985年，奉泽芝就已经在文章《雪峰山上的花瑶》[②]一文中，明确提出了“花瑶”的概念，这也说明这一称谓出现的

① 刘启后：《瑶寨采风》，载于中国人民政治协商会议湖南省隆回县委员会学习文史委员会编辑《隆回文史》第九辑（内部资料），2000年12月版，第297页。

② 相关资料见于2006年版《隆回县志》“人物·人物传略·奉泽芝”。（参见杨第美等主编《隆回县志》，团结出版社2006年版，第482页。）

时间应该远早于老后关注花瑶之前，可知老后并不是这一概念的原创者。

第三种说法则强调“花瑶”的名称就来自于这位较早收集、梳理、研究花瑶历史与文化的奉泽芝，奉泽芝是当时花瑶人中最有文化的人，不仅在邵阳任教多年，而且于1979年退休后回到大瑶山，对花瑶的历史、文化、语言等传统进行了全面的了解，他认为需要给自己的民族赋予一个较贴切的名字，便根据花瑶女子的服饰命名为“花瑶”。这是我们于2002年10月访谈虎形山水洞坪村奉族良时获得的信息，奉族良不仅确定奉泽芝是在1979年左右提出这一称谓的，而且还表达了自己对这一称谓的异议，认为这一名称并不妥当，因为花瑶男子的衣服并不花。这一说法可以得到我们目前所收集到的主要文献资料的支撑，因为奉泽芝不仅在1985年发表的文章中就已经使用了“花瑶”的称谓，而且还在其他多篇文章中使用这一称谓，应该说，“花瑶”称谓逐渐获得学界的认可与使用，与奉泽芝有着直接的关系。不过，这一称谓是否就是奉泽芝原创的，我们暂时还找不到证据予以支撑。

最后一种说法则可以追溯到民国时期，当时还没有成立隆回县，大瑶山归属邵阳县管辖。1946年农历11月，时任邵阳县长的徐君虎①得知小沙江瑶民生活困难，便亲自筹款、筹粮送到瑶山，还专门到瑶山体察民情，成为第一个到大瑶山考察的县长。之后，他还特意带了几个聪明伶俐的花瑶姑娘进城做客，以展示花瑶的风采，这也是花瑶人第一次通过正规的途径向外界展示自己的风采。由于当时并没有独特的称谓，不好宣传，于是，徐君虎便以花瑶人的服饰艳丽为由，起名为“花瑶”。2004年，采访奉泽课、回云省等花瑶人时，他们都持此观点。此

① 徐君虎在任期间，十分关心花瑶人，也深受花瑶人的爱戴，故花瑶人称之为“老虎爷”、“徐青天”。有关徐君虎的事迹，在隆回县的内部刊物《隆回文史》第七辑中，有一篇由陈杨桂所写的专门的纪念性文章：《瑶山洒泪忆徐公》，用以纪念于1995年5月26日去世的民革中央监察委员会常委、湖南省政协顾问、民革湖南省名誉主席徐君虎。（参见内部资料：中国人民政治协商会议湖南省隆回县委员会学习文史委员会编辑《隆回文史》第七辑，1998年12月版，第190—193页。）

事虽已不能证实，但属于这一名称一个最早的来源，而且非常具有说服力。只是，如果徐君虎时代就已经有了“花瑶”的称谓，那么，作为曾经在大瑶山如此有影响力的人，他所提出的这一称谓却并没有在瑶山之中获得更为广泛的认可与记忆，却是一件让人费解的事情。

在探究“花瑶”称谓最初来源的过程中，我们发现，不仅“花瑶”称谓的来源这一问题，我们一时之间还无法完全确定，而且，有关花瑶的族源问题，似乎也出现了诸多疑点，成为一个需要予以澄清与消解的新问题。进入新世纪以来，在不断融入现代化进程之中的努力下，花瑶人开始更为关注自己民族的历史与族源。因此，为了弄清楚本民族的族源问题，花瑶人中的一些文化人试图通过自己或者是别的专家学者的努力，获得一种不同于传统民族成分划分的证据，但是，这一努力并没有取得实质性的进展与结论。[①] 而在我们的调研过程中，也同样没有得到更为有力的证据，以确定这支少数民族的族源不是瑶族。或许这支瑶族与“犬崇拜”意义下的瑶族正宗支系“盘瑶”有着巨大的差异，其族源也不是同一支，但是，花瑶毫无疑问来源于宽泛意义上的“瑶族”族系。[②] 这一族群系统的划分，其实不仅仅是在1949年建国后形成的，即使在建国之前，花瑶人就已经被归属于“瑶”的族群范畴。

在考察期间，我们于当地百姓手上抄写（复印）到一本花瑶人内部以手抄本方式流行于世的记载着他们的历史事件的文献《雪峰瑶族诏文》，在这部文稿的标题上，编者使用的是“瑶族”而不是“花瑶”。而在这份资料的打印件的最后，明确写有如下内容：“此文件于一九八四年十月二十日奉泽芝照原件抄录。抄录件杨福生收藏，奉锡联搜

---

① 我们在调研过程中，就一再有人提到，在2003年，就有中南民族学院的一个教授带着几个学生在大瑶山进行过为期一个月的调研，花瑶人就希望他们能提供这方面的依据与论证，但是最终也没有得到任何结论性的东西。我们在了解之后才知道，他们的调研只是根据国家民委的要求考察当地少数民族的经济、人口等状况，而不是花瑶人所认为的族性问题。

② 徐祖祥也曾提及：“宋人把盘瑶视为瑶的正宗，其他诸如雷、蓝、黎等姓呼为莫瑶，后看成赝瑶。饶宗颐先生认为此乃宋人认为盘姓人口较多，又与盘古名字相等，于是视为嫡系之故。这是当时人们的认识之误，实并无真瑶、赝瑶之区别。”（参见徐祖祥《瑶族文化史》，云南民族出版社2001年版，第3页。）

集。——一九九八年十一月二日于□城。”也就是说，至少在1984年时，“花瑶”这一名称还不常用，以至于他们内部记录自己历史的文件使用的只是“瑶族”这一较为正统的称谓。这份资料的手抄本时间则更早：“公元一九六五年元月兆春笔”。根据手抄本的提供者奉族良自己的说法，这个手抄本是由一个叫奉飞龙的人照原件抄录的。不同的人在不同的时候抄录基本上吻合的内容，无疑可以论证这份资料的真实性与可信度。尽管这两份资料中都没有提到这份文件的最初作者是谁，但是，一般认为这是清末一位奉姓“瑶秀才”的手笔。遗憾的是，到现在为止，我们还不能确定这份资料的详细写作时间，提供者也都没有予以明确的答复，按资料中明确出现的年代，主要有如下几个年代：“万历元年”、“天启元年”、“崇祯六、九年”、“顺治登基、六、八年”、“雍正元年”、“康熙十八年”、“乾隆八年”，从中我们可以看出，资料中的事件基本上发生于明、清两代。因此，在这份资料中出现的用词无疑反映了瑶族同胞们对自己的历史定位，以及对自身称谓的认可。我们可以从开篇之语：“民之生林，林者多种类也，革瑶民是金木水火土……”的描述中看出，总体而言，在这个文本出现的时代里，无论是花瑶人自己还是汉族人对于他们的正式称谓，主要是“我瑶”、“瑶民”，而不是“花瑶”。

不过，令人不解的是，在这份文件的最后一段里，忽然出现了如下与“花瑶”这一称谓直接相关的信息：“瑶民十分懦弱，惟有好花瑶永起不动，查瑶民有十六峒之山地……”这是我们所看到过的最为久远的“花瑶”一词的出处，似乎为“花瑶”称谓的来源问题提供了新的线索与答案。

问题是，此处所出现的“花瑶”一词，却着实让人费解，且捉摸不透。从句式、语法的角度，由于“花瑶”前面的一个字在两个版本中并不一样，而且无论是“好”或是“为”都难以解释清楚，因此，我们可以将这一个字视为笔误，如果将其改为“我”字，这句话就成为“惟有我花瑶永起不动”，则能够解释清楚，而且这样的句式在《奉氏族谱》中也出现过，即所谓“独我瑶于此典而阙如”[①]，因此也符合当时作者的写作习惯。此外，从“我花瑶”这一词汇的指称对象而言，既然这句话的前后主语都是“瑶民”，那么文中以“惟有”的方式，将“我花瑶”单独提出，似乎想要说明一种不同于普通“瑶民”的状况，但是，《诏文》通篇之中，唯有此处出现“花瑶”，因而我们无法判断在普通瑶民之外，还存在着这种需要用“我花瑶”来予以特别标识的状况。因此，更为简单的理解方式，就是这一词汇的出现，只是一种笔误。严格而言，基于这两份文件都不是原件，经过了后人的几次抄录，我们收集到的两份文献之间就存在着诸多出入，而且这份文件本身也是通过汉字将花瑶人口耳相传的历史予以整理、叙述，在时代背景与事件过程等方面，都出现过诸多问题与错误，基于此，我们或许将这一词汇的出现当成一种原作者或是抄录者的笔误更为合适。当然，由于我们所收集到的两份文本中，都出现了同样的话语信息，这也使得我们无法简单地将其视为笔误，弃之不顾，毕竟这是“花瑶”称谓最早出现的状况。然而，既然《诏文》通篇使用的都是我瑶、瑶民，那么，即使“花瑶”这一说法确实是原作者所为，也并不能将这一概念当成我们此处所讨论的“花瑶”这一称谓来理解，或许作者另有所指，而我们由于缺乏更为详尽的资料，所以一时无法予以解释。

值得注意的是，此处让人难以理解的“花瑶”一词的出现，倒是让我们对前文所提及的奉泽芝在1979年前后最初提出“花瑶”这一称谓的说法有了新的认识与补充，由于手抄本《诏文》中明确提出“此文件于一九八四年十月二十日奉泽芝照原件抄录”，那么，这里存在着两种可能性，一种是奉泽芝自己在抄写时，写成了“花瑶”的字样，并被另一份手抄本的抄录者所沿袭；另一种是原文中确实存在“花瑶”一词，而奉泽芝使用“花瑶”的词汇来指称这一族群的做法，就是来源于此。

无论“花瑶”称谓是否来源于《诏文》，但是在这一文献写成的时代里，花瑶人的族群归属于“瑶”的事实，却没有太大的疑问。基于

① （清）奉成美主修、奉德芳书：《奉氏族谱》，清咸丰元年撰本。

以上两份文件都是建国后由花瑶人重新抄录、誊写的，我们并没有看到最原始的版本。因此，按照政府的规定，两份文件中都使用了“瑶”字。但是，在水洞坪的奉成美所编撰并传承下来的《奉氏族谱》的文字记载中，对于自我族群的认知与自我归属的判断就是：“猺”，族谱的序言中就有“独我猺于此典而阙如，诚憾事也”① 一语，这里所使用的是更为传统的“猺”字。从“猺”到“瑶”的改变，所说明的恰恰是不同时期的中央政权对花瑶人以及整个瑶族族群的不同观感。当人们普遍使用“猺”字时，一方面是延续了瑶族（尤其是盘瑶）的祖先盘王是一条神犬，以及由此衍生的犬崇拜的传统；但是，这一称谓也体现出统治者与汉民族对瑶族人的轻视与藐视，将其视为与犬类为伍的化外之民。正是在意识到后一种情绪在当时的统治者与汉族人中逐渐占据了关键地位的基础上，新中国成立后，为了体现民族平等、民族团结与民族尊重的立场与价值，中央政府决定使用从字形上更加具备中立性与积极性意味的“瑶”字，统称这一古老的族群。事实上，关于瑶族族群称谓的使用，在历史上经历了极大的变迁与演进，如徐祖祥就在其《瑶族文化史》一书中，论述到了瑶族称谓的如下变迁：“自宋以后‘徭’字一直沿用，但是随着不同历史时期的政治趋向和民族关系的张弛变化，‘徭’字的偏旁被频繁易用，反复出现徭—傜—猺—瑶—傜—瑶—猺—瑶—傜—瑶—猺—傜—瑶的变化，其中从清代《粤西丛载》到整个民国时期使用带侮辱性的‘猺’字的时间最长。中华人民共和国成立后，根据瑶族人民的意愿，统一称为‘瑶’。”② 无论从建国后进行了明确的民族划分之后的文献中，还是从建国前传承下来的历史文献中，甚至从花瑶人自己的历史记述中，这一族群支系的归属其实一直很是明确，他们属于广义上的“瑶”族体系。因此，在本文中我们将继续在传统的意义上使用以往的民族划分方式与划分标准。

从这种由外在的官方权威所敲定的族群归属与族群名称的变迁之中，

---

① （清）奉成美主修、奉德芳书：《奉氏族谱》，清咸丰元年撰本。

② 徐祖祥：《瑶族文化史》，云南民族出版社 2001 年版，第 3 页。

已经说明了花瑶人历代以来在政治上所处的从属地位，以及在文化上、生活上受制于外界权威的被动处境。有一点是可以肯定的，那就是不论他们如何强调他们只是“唔奈”，而不是其他的外族人给予的种种称谓下的种族，但是外来者的眼光并不会因为他们的反对与强硬态度就更改自己的观点与看法。尤其是当花瑶人自己并没有文字，因而只能通过外族人的文字去表达、标识自身时，更是如此。于是，在无法掌控、更改外族人的观点与意见时，对于花瑶人而言，最好的维持自己的立场与尊严的办法就是对那些自己不满意的言行进行激烈的抗议，或者是采取不合作、甚至是冲突的办法让对方予以重视并最终改变！这大概也是文中我们一再论及花瑶人“好斗”与“刺猬性格”的一个关键性因素了。从花瑶人所经历的历次战争来看，这样的努力并没有达到他们所预期的目标，而只有在中华人民共和国成立后所制定的民族政策与民族法律的框架下，他们的各种带有政治意味的抗议才会发挥其和平时期的震慑力与威慑力，从而使各级政府及外来者尊重并遵守他们的习俗与禁忌。

至此，大致可以看出，如果说“瑶”的称谓对花瑶人而言是一种“外来”词汇的话，那么，“花瑶”的称谓对于花瑶人而言，更是一个既陌生且全新的尚未获得他们的广泛认可与接受的“外来”词汇而已。事实上，在我们充分梳理、研究所收集到的与花瑶人相关的各种文字资料之后，进一步发现，“花瑶”这一称谓受到外界的关注与使用的时间也非常晚，在各种研究性甚至介绍性的文章与书籍中，“花瑶”这一称谓只在近几年内才开始被大量使用，并逐渐为人们所接受与认可。

在1994年版的《隆回县志》中，我们并未发现这一称谓的存在，当时的作者使用的是“瑶族”而不是“花瑶”。[①] 更令人不解的是，当花瑶文化与花瑶旅游已经获得了政府与社会的广泛关注，并在各种场合强调花瑶的独特性与唯一性的新背景下，2004年的《隆回县志》（送审稿）“民族篇”中，基本上还是使用“瑶族”一词，唯一出现“花瑶”这一称谓的，是在“语言与服饰”一节中：“瑶族少女和成年妇女服饰

① 隆回县志编委会编著：《隆回县志》，中国城市出版社1994年版。

从头至脚都有花饰，且色彩艳丽，故称花瑶”，其余所有论及与花瑶相关的文字资料中，都在继续使用“瑶族”一词。[①] 诚然，如果我们从民族定性的角度出发，送审稿志作者的这一做法无疑是具备正统性与正当性的，但是，如果从“花瑶”本身以及他们的特色、个性出发来说，特别是从人们所强调的“独一无二”、“世界唯一”的特性来说，县志中对一些有关花瑶人的生活习惯、传统习俗，甚至历史族源等方面的介绍上，使用“花瑶”一词，无疑显得更为合适，也更具特色。这两版《隆回县志》（1994 年版、2004 年“送审稿”）中，在面对与“花瑶”相关的问题的撰写上，其选择的“瑶族”而不是“花瑶”的做法，也充分说明了如下问题：“花瑶”这一称谓的出现，应当相当晚，而且并不具备正统性与正当性。当时我们在提交给县政府的一份报告中，就提出了这一问题，认为新版的《隆回县志》理应对“花瑶”这一称谓进行较为官方与权威的介绍与阐释。

最令人意外的事情是，到了最新版的《隆回县志》（2006 年版）中，或许是县政府采纳了我们当时的观点，又或是由于编者过于想给“花瑶”这个名字进行词源与词义上的定论，新版县志中确实明确地提到了“花瑶”称谓的最初来源。问题是，在关于“花瑶”称谓来源的引证与论述中却出现了非常低级的错误，新版县志第十九篇“社会”第二章“民族”第二节“民族源流”中的“瑶族”条目中，编者写道：“奉氏家谱序言记载：‘……独我花瑶于此典而阙如，诚憾事也。’故隆回瑶族又称花瑶。”[②] 事实上，这是一个极为明显且低级的错误。根据我们实地调研期间所拍摄的照片整理出来的文稿中，可以得知《奉氏族谱》的原文是“独我猺于此典而阙如，诚憾事也”，按照新中国关于统一少数民族称谓的指示，新版县志的编者将原文中的“我猺”改为“我瑶”无疑是符合国家的规定的，但是，编者更进一步地加入了一个“花”字，使之变成了“我花瑶”，则实在是一个让人百思不得

① 参见马道明、谢元华《隆回县志・民族篇》（送审稿），2004 年。

② 杨第美等主编：《隆回县志》，团结出版社 2006 年版，第 462 页。

其解的荒谬事情。一方面，这份《奉氏族谱》还存有唯一的一份原始文本，至2004年时尚保存于虎形山乡水洞坪村老山组的奉泽坤老人那里，我们当时不仅有手抄本，而且还存有这份族谱全本的原始图片，因此，任何严谨的看到过原本的人，都不大可能犯下这样低级的错误。另一方面，即使编者在我所不知道的什么地方看到过他所写下的版本，这也是完全说不通的，要知道，这份《奉氏族谱》的主修是在花瑶人中享有极高威望的水洞坪的奉成美，编修的时间又早在“大清咸丰元年春月”就完成了，因此，如果此时就有“我花瑶”的说法，那么，“花瑶”这一称谓应当是花瑶人人尽皆知的事情，又何以在田野调查时，花瑶人无一人能够知道这一称谓的来龙去脉呢？可见，无论从哪个角度上，编者都是主观地犯下了这个低级错误。作为一份官修县志，居然出现如此硬伤，实在是让人难以理解、更无法接受。究其原因，或许是执笔者也不知道“花瑶”这一称谓出自哪里，而当这一称谓在当前的旅游开发与文化宣传中变得如此普及与重要时，就通过篡改文献的方式，给这个称谓一个渊源上的定论吧。

此外，新版《隆回县志》“人物·人物传略”中，关于唯一一位花瑶人奉泽芝的传记中，提及了如下观点：“（奉泽芝）1979年退休，回到花瑶古寨的虎形山老家，致力于花瑶民族历史资料的收集整理工作，从而结束了花瑶迁居小沙江山区后无文字记载的历史……所书《瑶族诏文》手抄本留传后人。”① 这里存在着一个明显的错误，事实上，奉泽芝并不是第一个用文字记载花瑶历史的人，最早从事这一工作的人应该是清末奉姓瑶族秀才，如县志中提到的《瑶族诏文》就是其所作，而奉泽芝只是抄录者，这一点在我们所收集到的《雪峰瑶族诏文》中也有明确的表述：“此文件于一九八四年十月二十日奉泽芝照原件抄录。抄录件杨福生收藏，奉锡联搜集。”此外，清嘉庆年间生的水洞坪的奉成美还编撰了《奉氏族谱》，而清光绪年间生的麻坑的奉成美则撰写了关于花瑶巫术的《教法案例》等文字资料，于清末就已经弥补了

① 杨第美等主编：《隆回县志》，团结出版社2006年版，第482页。

所谓“花瑶迁居小沙江山区后无文字记载的历史”。同一版本的县志中既然已经提到了奉成美的《奉氏族谱》，此处又强调奉泽芝所起到的弥补空白的地位，无疑也显示出县志编撰者们对于花瑶传统、文化与历史等方面所存在的缺陷与不足。

在我们看来，花瑶这一称谓一直没有被官方旧版的县志所使用，且在最新版的使用过程中又出现了这种低级错误。这种状况得以出现的原因，或许存在着如下两种可能性：第一，“花瑶”这一称谓是最近才有的“外来”词汇，因而，“花瑶”这一称谓并不为人们所了解，因此，在上述三版《隆回县志》中，要么没有明确使用“花瑶”这一词汇，要么是牵强附会地使用；第二，还存在如下一种可能性，那就是“花瑶”这一称谓早已有之，但基于以往人们对这样一支只有几千人的部落的遗忘与忽视，一直以来都没有引起人们的足够注意，因而，“花瑶”这一称谓也就不为人所知，且无法完成关于这一称谓的追本溯源的工作。

如前所述，在我们所查阅的其他学术性资料中，出现“花瑶”这一独立称谓的文字，最早出现在1985年奉泽芝的《雪峰山上的花瑶》一文之中，至于奉泽芝是如何获取并使用这一称谓的，则不得而知。这一称谓在1995年左右获得了更多学者的支持与使用，如黎树杞在1995年版的《湖南瑶族百年》一书的“综述”中，提及“讲‘拉珈’语的，称为‘花瑶’”，以及同书中，奉泽芝的《隆回瑶族》一文中同样有“隆回瑶族也称‘花瑶’”的提法；[①] 此后，1997年版的《邵阳市志》中，也有“隆回小沙江、虎形山等地瑶族，……人称花瑶”[②] 的论述。不过，这一称谓最终为学界所广泛使用，则是2001年左右。在学术专著中，花瑶逐渐成为这支族群的称谓，如：国家民委民族问题研究中心编的《中国民族》（2001年版）中，就正式提到了“花瑶”这一称谓，[③] 此外，张有隽在《瑶族历史与文化》

① 田伏隆主编：《湖南瑶族百年》，岳麓书社1995年版，第2、87页。

② 邵阳市地方志编纂委员会编著：《邵阳市志》，湖南出版社1997年版，第561页。

③ 国家民委民族问题研究中心编：《中国民族》，中央民族大学出版社2001年版，第217页。

(2001 年版）中，几次提到“花瑶”[①]，值得注意的是，在徐祖祥的《瑶族文化史》（2001 年版）一书中，虽然出现了“唔奈”这一“花瑶”的自称，却没有进一步提出“花瑶”这一名称。[②] 也就是说，上述这些有关“花瑶”的资料，集中出现在 2001 年版的书籍中，在我们看来，其中最主要的原因就是因为近年来人们对花瑶族群的关注与研究日益升温，且政府加大了宣传的力度，让更多的人开始了解到与这一族群相关的基本资料。而在各种学术期刊上，有关“花瑶”的资料也相当少。在我们于 2004 年所完成的资料收集、查阅过程中，只发现了如下几篇专门介绍花瑶的文章，如：铁鹰在《民主与科学》1997 年第 1 期中，发表过有关“花瑶”的文章《梅山文化区的一幅原始生活画卷——湖南隆回花瑶婚俗点滴》[③]；而来自溆浦县的奉锡联与隆回县的沈玲玫（二人均为瑶族）于 1999 年在《广西民族学院学报》（哲学社会科学版）上发表了《湖南雪峰花瑶服饰刍议》[④] 一文；老后 2001 年在《民族论坛》上发表了《撩人心扉的花瑶婚俗》[⑤] 一文；杨民贵于 2002 年在《旅游》上发表了《花瑶婚俗》[⑥] 一文。从这几篇文章的内容与主题上可以看出，作者们（除了花瑶本族的作者以外）的写作意图，并不是研究性的，更多的是以一种外来者的猎奇眼光，关注“花瑶”生活中最有特色、与外界最不相同的方面如：“婚俗”。另外，在我们全面结束了实地调研而转向专题写作时，收集到了一篇由学者在 2005 年 1 月份发表的学术文章：《湖南虎形山花瑶探源》[⑦]，此文的作者就是中南民族大学民族学教授董珞，她曾于 2003 年 7 月份带着几个研究生在湖南隆回县的虎形山瑶族乡进行了一段时间的文化人类学的田野工作，在这次调研获得的资料

---

① 张有隽：《瑶族历史与文化》，广西民族出版社 2001 年版，第 13、17、27 页。

② 徐祖祥：《瑶族文化史》，云南民族出版社 2001 年版，第 5 页。

③ 铁鹰：《梅山文化区的一幅原始生活画卷——湖南隆回花瑶婚俗点滴》，《民主与科学》1997 年第 1 期。

④ 奉锡联、沈玲玫：《湖南雪峰花瑶服饰刍议》，《广西民族学院学报》（哲学社会科学版）1999 年第 1 期。

⑤ 老后：《撩人心扉的花瑶婚俗》，《民族论坛》2001 年第 6 期。

⑥ 杨民贵：《花瑶婚俗》，《旅游》2002 年第 9 期。

⑦ 董珞：《湖南虎形山花瑶探源》，《中南民族大学学报》（人文社会科学版）2005 年 1 月。

基础上，她对这支民族的族源与历史迁徙等情况进行了探悉。至于相关媒体对“花瑶”的报道，则是更晚的事情了,[①] 且多与大瑶山的旅游开发联系到了一起。

综上所述，我们虽然还不能确定“花瑶”这一名称究竟始于何时，但有几点是可以肯定的：（1）这一名称起源较晚，最早应是民国年间，且并不普及；（2）一般的花瑶人与当地汉人均不清楚这一名称的来历与意义；（3）一般花瑶人并不十分认同这一称谓；（4）这一名称正在得到官方及学术界的认可与使用。尽管“花瑶”这一称谓还存在着许多没有弄清楚的问题，但是，对“花瑶”这支民族而言，不论这一名称来自何处，有一个问题无疑是至关重要的，那就是：这一名称与花瑶服饰之间所存在的直接关系。

在所有提及“花瑶”这一名称的著作与文章中，作者们都一致认为，这一名称来源于其服饰。事实上，在瑶族各支系中，以服饰特征为称呼的也非常多，如“青衣瑶”、“花篮瑶”、“红头瑶”等，而每一种以服饰作为称谓的基点的背后都是一个族群精神与气质的象征与体现，可以说，独特的服饰带给他们的不仅仅是遮体之物，或者是艺术之物，而且是一种外化于物体之上的民族精神与民族气质。因此，在这里，我们还将继续关注花瑶的服饰有什么样的特征，以及这种服饰对于花瑶这支民族而言在文化与心理上意味着什么、象征着什么。

三　挑花裙:花瑶民族生存状况的一个镜像

有关花瑶的服饰问题，在1997年版的《邵阳市志》中所存在的如下描述，无疑具有典型的意义：“隆回小沙江、虎形山等地瑶族，妇女喜绣花服饰，人称花瑶。……花瑶女子发结辫盘于头，用丈余长的红、

① 参见罗海波《瑶族佳丽大赛照片》,《湖南日报》2001年9月3日第1版；老后《花瑶妹子今更俏》,《民族画报》2002年第4期；袁进田文、张光图《花瑶盛事“讨僚皈”》,《邵阳晚报》2003年8月15日第4版。

黄等亮色毛线编织成的结发带系扎，层层缠绕，成大圆盘，直径宽大尺余，外覆青白色交织的方格布为头巾，并系以缨须、银铃等饰品，五彩缤纷，耀人眼目。花瑶女子普着素色衣、刺花裙，脚系绑腿带，身缚花腰带。上衣对襟无领，开口于胸，里衣长盖鳖，外衣长近踝骨，袖口与衣下摆均刺上彩色花边或以花布滚边。衣扣以红、蓝布结成，里衣每边6个，外衣每边10个，每两个缀一起，纯为装饰。腰带以8节以上圆筒形彩布连缀而成。圆筒裙最讲究花色，裙以粗纱白布为料，前幅以细股彩色毛线或彩线挑刺成菱形、三角形、梯形、矩形等几何图案，裙中、后幅以素色纱线挑刺花、鸟、走兽图纹，裙脚亦以花布滚边。绑腿带以白布为底，边沿刺花，绑时由下而上，形成节节彩纹。"① 正是因为花瑶女人们所身着的色彩斑斓且艳丽无比的服饰，行于大山之中，无时无处不显得抢眼、明亮，犹如"花儿"一般，故而称之为"花瑶"。② 可以说，就其服饰特征而言，将这一民族称之为"花瑶"是十分恰当的，但是，就如我们在前文中所表明的那样，"花瑶"这一名称对这支民族自身而言，只是一种"他称"。那么，如果我们将这一称谓与其他瑶族分支的称谓相比较又会如何呢？

---

① 邵阳市地方志编纂委员会编著：《邵阳市志》，湖南出版社1997年版，第561页。

② 有关"花瑶"的描绘，亦可参见笔者在有关花瑶文化研究的可行性论证书中的相关描写。原文节选如下：自小沙江镇向西行三、四里，就能看到几座山头，山上全是百年的古树，其间古柏森森、芳草萋萋，林木郁郁葱葱，令人有古意盎然之感！偶有衣着绚丽的女子行于其中，走近看时，即是瑶家女子。其服饰之模样，实难以言表，勉为其难，则头上所戴之物，为手指宽、以红黄二色毛线编织而成的带状物，一圈圈地缠绕，盘成一个倒戴着的斗笠模样，脑后掉着几束毛线，随风而动，其头发，也被一圈圈地盘在其中；上衣颜色多为天蓝色，近年以来，夏季年轻女子则为白色，式样如马褂，无领，衣扣均以布缝成，无汉人所用之扣子，上衣在扣与不扣之间，腰间一圈圈地缠有布带，其色泽为红、黄两色，布带之中可做钱包，亦可做小型背包，更大的包袱往往缠于腰间，置于背后，其包袱形状如古人，为淡黄色；再往下，则是花瑶服饰中最精彩之处，也是费时最久之处，做裙子模样、像一块布，抄于前面，其前覆另一块，裙子上之图案，系她们手工精心缝制而成，俗称"挑花"，堪称唯美，主体色泽为白色，图案为黑色，脚边一大红色布料，中间所覆之布为黑、黄、红三色搭配；所穿之鞋多为胶鞋（亦即所谓"解放鞋"）。以此种服饰行于青山绿水之间，极为醒目、艳丽。——此小镇即是小沙江镇，此古木群集之处即为瑶寨：崇木凼。

徐祖祥在《瑶族文化史》一书中提到:“我国瑶族支系较多,其称谓之多在中国各民族中是少见的。瑶族称谓分自称和他称两种,据统计,其自称有63种,他称自‘莫徭’之名出现,到中华人民共和国成立前夕有390种之多。又有人据20世纪50年代所进行的全国瑶族语言普查所获资料,提出瑶族自称只有28种。”在这些称谓之中,“瑶族的他称……是其他民族根据自己的认识和理解,对瑶族的政治经济生活、宗教信仰、居住地域和服饰等表现出的不同特点而给出的称呼”①。如果“390种之多”的论断是可信的话,那么,作为只有几千人的花瑶而言,被世人所长时间地遗忘与忽视,也是情理之中的事情。而与瑶族各支系名称相关的具体问题,张有隽在《瑶族历史与文化》一书中说得更为详细:“由于种种原因,瑶族被冠以许多不同的他称。有因宗教信仰(崇拜盘王)被称为‘盘瑶’或‘盘古瑶’;……有因服饰而得名的‘大板瑶’、‘小板瑶’、‘顶板瑶’、‘负板瑶’、‘狗头瑶’、‘尖头瑶’、‘平头瑶’、‘独角瑶’、‘箭杆瑶’、‘红头瑶’、‘红瑶’、‘白裤瑶’、‘黑裤瑶’、‘长衫瑶’、‘青衣瑶’、‘花瑶’、‘花篮瑶’、‘花脚瑶’等……”② 到这里,我们可以进一步明了,“花瑶”这一称谓被相关使用者明确定性为“因服饰”而得名。

既然花瑶这一称谓来自于其服饰,可以想见,花瑶服饰对于花瑶人而言,当有着非常重要与独特的意义,通过对服饰的探究,无疑可以进一步对花瑶人内在的精神、气质与心理状态有更为清晰的认知与观感。

据花瑶老人的记忆,③ 在很久以前,他们的服饰还不是现在的样子,那时候,男人还有着与汉人不一样的服饰,全是青衣青裤,衣裤的边上裹有绣花的布带,头上也还缠着头巾,而到现在,他们的服饰已经

① 徐祖祥:《瑶族文化史》,云南民族出版社2001年版,第4、5页。

② 张有隽:《瑶族历史与文化》,广西民族出版社2001年版,第13页。

③ 此资料来源于我们的实地调研。时间:2004年7月29日,地点:隆回县麻塘山老树下村;人物:村支部奉笔书(瑶族)。他还补充说:据他所听说的,洞口县瑶族的一支,就不穿裙子,男女都是长衣长裤,仅在裤口、袖口绣上花边。

与汉人基本相同了。[1] 至于女性的服饰，起初也不是裙子的模样，而是短衣短裤（或者是长衣长裤），后来由于他们的先祖生活在为崇山峻岭所包围的峡谷之中，常有猛兽出入，生活艰辛，获取食物极为不易，而且衣不覆体，就只好用树叶围成草裙遮羞。为了纪念当年祖先以树叶裹体的苦难历史，现在“花瑶”女性的挑花裙就做成了“裹裙”的样式（裹裙的穿法大致与草裙同，都是从两边向前面一抄，再以腰带绑住，就可以了）。再后来，为了审美，绣上了图案，就成了现在的“挑花裙”的样式。

如果我们再配上“花绿岩”的故事，[2] 大概就可以让人们对“花瑶”的服饰有一个更清楚明了的印象了。

花绿岩在隆回县虎形山乡铜钱坪村。传说清康熙年间，“花瑶”奉姓一部分人来到这里生活，没有屋住，就住岩洞，没有饭吃，就靠挖蕨根、寻野菜、打猎度日，生活极其艰辛。这里绿树成荫，古木参天，山间岩壁纵横，溪流直泻，岩壁下有一洞，人们常常到这里休息。有一天，阳光灿烂，风和日暖，人们忽见岩壁上有两个美丽的姑娘在挑花刺绣，待“花瑶”的妇女们走上去看时，那两个姑娘早已消失得无影无踪，只见岩壁上到处是岩石花（瑶语称“干杯约”），色彩鲜艳，绚丽夺目，圆圆的花盘如十五的月亮，花纹就像葵花向阳。大家看后，都兴高采烈，翩翩起舞。后来她们中间有人说，要是将这些花纹绣在自己的衣裙上，该有多么美丽呀！于是，“花瑶”妇女们仿效那岩石花的模样，将图案刺绣在自己的衣裙上，为自己的服饰增添了新的色彩——而“花瑶”服饰中最具特色的“挑花艺术”，就是从这里开始形成、发展的。

在我们实地考察期间，还专门去铜钱坪村观察过“花绿岩”，岩石上的花纹经过几百年的风雨洗刷，已经有些模糊不清了，但上面这个有

① 与花瑶男子的服饰有关的论述，可以参见奉泽芝的《隆回瑶族风情录》一文中的描绘：“男子服装较女子简单。其特点是从头至脚都着青色。如包头巾、大襟长衫或短衫、腰带、裤子、绑腿、鞋、袜等都是青色。近代因受到周围汉族的影响，男子服装逐渐被汉化。”（参见田伏隆主编《湖南瑶族百年》，岳麓书社 1995 年版，第 235、236 页。）

② 参见熊知方编著《隆回名胜》，国际文化出版公司 1997 年版，第 199 页。

关“花绿岩”的故事，却代代相传，广为流传。而我们在瑶民家里看到的挑花裙中，一些年代比较久远的或是仿老式而成的裙子上的那些图案中，有许多依稀还能看出当年“岩石花纹”的样子。

上面这两个与“花瑶”服饰有关的传说，让我们对“花瑶”的服饰，甚至对他们的历史、生存条件、生活状态等，都有了一个初步而直观的认识。“花瑶”女性穿裙子，是为了纪念先族穿草裙的历史；而裙子上的挑花，则来源于“花绿岩”的启示。这样的传说与历史表明，在“花瑶”这支少数民族的历史中，充满了苦难与哀伤。然而，任何一种生存状态，都有其独特且唯美的一面，就如有关“花绿岩”的传说中所展示出来的一样。①

但是，另外一个传说，就带上了悲情的色彩。当我们于 2004 年 8 月 14 日在隆回县虎形山瑶族乡岩儿堂村采访时，有一位叫杨兴旺（72 岁）的老人给我们讲述了这样一个故事：以前，在“花瑶”的家庭中，是女主外、男主内的。因此，女子在家庭事务中，居于主导地位，并有谚为证：“男闲女不闲，男子在家带小孩，女子出门去耕田。”“男子无妻家无主，女子无夫无靠处。”意思就是说，女子管家产，男子管交往。这时候，男子、女子的服饰都是具有民族特色的，但是后来不知是哪朝哪代，政府强迫瑶民剪辫子，同时强迫他们改变服饰，“留头不留发”，男子都投降了，改了服饰，但女子却拒不投降，即使有许多人被杀了头也还是如此，后来政府就放弃了改变她们的努力。从那以后，男子的服饰变化了，但女子还是有力地保证了民族服饰的长久存在——这一个有关“男降女不降”的故事，在我们于当地百姓手上抄写（复印）

---

① 在花绿岩的岩壁下，有一个石洞，至今还流传着一个令人神往的神话故事。据传：洞内常有喧哗声和吹奏声，时而笛声、琴声，时而锣声、鼓声。人们常去那里听音乐、避风雨。说来也奇怪，这洞还能够帮助穷人解决现实困难，如果你需要借衣服碗筷、锣鼓、乐器，只要你在洞口讲一声，第二天清晨去洞口取就行了。遗憾的是，后来有人借去了不还，久了就失灵了（参见熊知方编著《隆回名胜》，国际文化出版公司 1997 年版，第 199、200 页）。这样的故事不仅仅是在“花绿岩”这里才有，在笔者的老家（也是从前的“瑶山三十六峒”之一）就同样有在某个山洞中借碗筷的故事。据笔者的父母说，在他们小时候，这样的事情还发生过。

到的一本“花瑶”人们内部以手抄本方式流传于世的记载着他们历史的文献《雪峰瑶族诏文》中也得到了印证：在《诏文》中，有“汉降[①]瑶不降，男降女不降，生降死不降”的语句，按瑶民自己的说法，就是瑶民（特别是“女子”）坚持了气节，坚决不投降。此一说法无疑与上面花瑶女性服饰得以传承的故事相吻合。

到这里，我们可以明白，“花瑶”的服饰，对于他们这支部族而言，已经远远超出了遮羞、御寒的范围，服饰已经不仅仅是一种物体，更是一种民族精神、一种民族意志。也就是说，花瑶在长期迁徙的过程中，挑花裙已经成为了他们族群的标志，是花瑶用以界定与他们不同的文化群体的文化符号。在不断受到官府的压迫和追杀的黑暗年代，花瑶人的服饰作为一种民族符号，可以使花瑶人民增强凝聚力，通过它的感召使人们团结在一起。通过前面的论述，我们会发现，这样的现象并不是个别民族的表现，只要是根据服饰进行族群分辨的所有民族都会体现出这样的样式来。花瑶人有关服饰的抗争故事，很容易让我们想起“明末清初”时期汉族所遭遇的悲惨历史。在那段“留发不留头”的黑暗年代里，汉人的先人们，为了自己的“汉服”，同样付出过沉重的代价。有关这一问题，我们在后文中还会有详细的论述。

在建国之后，“花瑶”男子的服饰日益趋同于汉人的服饰，现在的瑶寨中，基本上没有了穿民族服装的男子。这一问题，上文已经有所表述了。而女子服饰变化最大的，莫过于她们头顶的发盘了。1997 年版的《邵阳市志》有关花瑶服饰的描述中，有如下内容：“花瑶女子发结辫盘于头，用丈余长的红、黄等亮色毛线编织成的结发带系扎，层层缠绕，成大圆盘，直径宽大尺余，外覆青白色交织的方格布为头巾，并系以缨须、银铃等饰品，五彩缤纷，耀人眼目。”[②] 但是，由于这个大包头裹起来又麻烦又笨重，而且容易散落，往往影响了人们日常的生活。

---

① 原文为“赏”字，但提供者均认为本来是“降”字，才与他们的历史相吻合。故而，我们在这里采用他们口头表述的意思，用“降”字。

② 邵阳市地方志编纂委员会编著：《邵阳市志》，湖南出版社 1997 年版，第 561 页。

花瑶人盘头发的行为，是我小时候关于她们的记忆中，最为经典的图像。在小沙江的集市上，随时都可以看到“花瑶”女子坐在墙角、屋檐下，一圈一圈地裹头巾，绝对可称得上是集市一景。在我们这些外来者看来，这样的生活方式充满了不一样的情趣。到了1993年，隆回县茅坳瑶族乡（现已并入虎形山瑶族乡）的妇女主任奉雪妹对这个包头进行了改革：“底层用竹篾编成模型。中层用布或泡沫做垫。上层用编织而成的红、黄线或丝线带一圈圈地缀在垫上。看起来美观大方，与原始无异，使用起来省时省力。”①

我们在当地的采访与观察中，还发现了如下现象：在许多地方的花瑶女子们中间，中老年人基本上都还穿传统服装，而年轻女子往往都是穿普通的便装（汉服）。在我们问及原因时，她们的解释是：便装“凉快，干活时方便”。当被问及是不是觉得便装（汉服）比传统服装漂亮时，她们基本上还是会说自己的传统服饰更漂亮一些。最近，由于旅游开发的需要，为了宣传“花瑶”的传统，或者为了展示他们的原始生态，在虎形山瑶族乡，往往由政府出面，设计、定做传统服装，并大量发给当地的瑶族百姓，力图使“花瑶”男子们重新穿上传统的、带有民族风情的服装。从我们在当地的观感来看，在少数几个旅游景点，这种服装正在导游、招待及相关的政府工作人员中间普及开来。而当地（旅游点）的普通百姓，到了游人多或者自己的节日的时候，也会穿上这种由政府发的服装，但平时还是穿普通的汉化后的服装。

四　政府之热与民众之冷：旅游开发中花瑶服饰面临的新困境

如果我们进入到现代化的进程这一现在看起来似乎已经成为“不可逆”的历史演进逻辑之中时，将会发现，人数不多的花瑶民族自古

① 参见奉锡联、沈玲玫合写的《雪峰花瑶妇女服饰》，载于田伏隆主编《湖南瑶族百年》，岳麓书社1995年版，第381页。

以来就如同汉民族汪洋包围之中的一片孤岛，随时都有可能被汉文明所吸收、同化掉。当然，如果我们进入到花瑶人自我的世界之中，从他们自身的族群认同、族群文化、族群心理的角度去理解的话，仍然可以肯定，这样一种在许多方面明显异于汉文化的文化形态，在历史的漫长演进过程中塑造出了自身的生存能力与持久的生命力。问题是，花瑶文化在汉文化与西方文化的双重渗透与冲击下，还能坚持多久，能坚持住哪些文化内核？这样的问题不仅仅是对于花瑶民族有着重大的意义，甚至对于与之相对应的汉民族也有着重大的意义。

如果说花瑶人在历史上能够在外族的强势文化与强大政治、军事实力的打压、迫害下，还能以生命为杠杆，支撑起种族的生存与文化的特性的话，在如今这样一个以货币、商品为主要手段的市场经济模式下，国家基于“多元化”的考虑对异己的文化与族群已经不再使用暴力，而是更多地使用和平的安抚政策的前提下，花瑶人那种基于“刺猬型”防御性格反应下所做出的以激烈对抗来维持自身的独立与特性的方式还能坚持多久，还会有多大的号召力，无疑已经成为一个问题。当花瑶的年轻女子们是因为方便而自动放弃传统服饰时，基于保障自由与人权的理念，坚持传统服饰的花瑶人又如何才能使她们自觉、自愿地时时刻刻穿着古老、繁琐、厚重的民族服装呢？

当然，我们也看到了，由县政府推动的大瑶山旅游开发无疑给了花瑶人一个重新寻回自信与希望的契机，通过保持自己的独特性以带来巨大的经济效益，当然是一个令人无法抗拒的巨大诱惑。就连早已放弃了的男子服饰都在开始回归，那么一直坚持至今的女性服饰，更加成为了花瑶人的骄傲与亮点所在了。更为重要的是，近年来，“花瑶挑花”与“花瑶呜哇山歌”进入了“国家级非物质文化遗产名录”，而花瑶地区也成为了“国家级风景名胜区”，这样一种新的荣耀与地位，更是让政府与百姓获得了新的动力。

事实上，政府对于花瑶服饰与花瑶风情的关注，早在2001年就已经开始了。当时，为了庆祝花瑶的“讨僚皈”节日（农历七月初二、初三、初四），在茅坳举行了盛大的“隆回县首届瑶族佳丽服饰风采大赛”①。当时回家探亲的笔者与女友（现在的夫人）米莉一起，有幸能够在现场躬逢其盛，观看了整个比赛的全过程，并拍摄了系列照片。严格而言，这样一场照搬外界“选美”、“走秀”等套路的所谓“风采大赛”，对当时正在北京读大三的我们而言，并没有太大吸引力，只是“既来之则安之”，既然已经到了现场，也就一直看完了。花瑶姑娘们在“T型台”上所进行的土洋结合且略带生硬的表演，无疑让熟悉她们的人们刮目相看。而在所有的表演者当中，令人印象最为深刻的是一位花瑶小姑娘，居然勇敢但并不成功地展示了自己的英语朗诵水平。由此，我们也可以看出西化、现代化、全球化等外来文化势力，对于花瑶社会的渗透力与冲击力是多么的强大。不过，对于由政府所举行、促进的类似活动，并没有获得花瑶人的广泛认可与支持。花瑶人不仅从内心之中对于类似行为有一种抵触情绪，而且也在各种场合有效地进行了表达，且产生了非常明确的效果。这一点我们也可以从参与并最终获得此次比赛冠军的人，在几年后的相关评价中看出来。

非常巧合的是，当我们于2004年8月在虎形山乡万贯冲庙山组调研时，恰好采访到了荣获“2001年隆回县首届瑶族佳丽服饰风采大赛”冠军的奉回香，当时就读于邵阳艺校幼师班。当我们问及普通花瑶人对这样的瑶族风采大赛的看法时，她强调，花瑶老人们对参与这样的比赛的人都有道德和人品上的评价，认为不淳朴，爱出风头，因此，现在她们组的花瑶人已经很少有人参加这种比赛了。她本人也认为现在的比赛，以及崇木凼的花瑶表演队的演出，都是“洋不洋，土不土”，很糟糕。此外，她还进一步强调，花瑶地区的旅游开发，只对大托、崇木凼等少数几个地方的花瑶人有意义，产生了一些经济上的成效，但是对他们这些人而言，并没有什么影响，他们这个地方的人对旅游开发、政府行为都很麻木。一方面是政府的工作不到位，

① 这一比赛过程也曾被多家媒体所报道，具体内容可参见2001年9月3日第1版的《湖南日报》；2002年第4期的《民族画报》；2001年8月27日的《邵阳广播电视报》等。

另一方面自己也不重视。换言之，我们从一个曾经获得由政府组织的大型活动的冠军头衔的花瑶姑娘这里，所看到的并不是对于政府类似活动的支持与肯定，而是一种尖锐的批评与远距离的淡漠。由此可知，政府与普通花瑶民众之间所存在着的心理隔阂与观念鸿沟。后来比较常规化的表演性活动是虎形山瑶族乡的花瑶表演队，其演出的节目大多是经过包装、改造之后的东西，与花瑶传统有很大的出入，诸如设置的拦门酒，以及将抢婚习俗融入节目等，也受到了花瑶人的诸多批评与质疑。

不过，无论普通的花瑶百姓的观感如何，政府一旦启动了旅游开发的进程之后，终究会一直延续、推进，并希望通过行政与经济手段，改变花瑶民族对待自己服饰的基本态度。基本上每年花瑶节日到来之际，都会有类似于“服饰比赛”、“挑花比赛”、“头饰比赛”等活动。其中，规模最大的发生于2011年8月8日，为庆祝花瑶“讨僚皈”节日，在隆回县虎形山瑶族乡花瑶古寨里，举行了“湖南省首届‘瑶族风采’服饰模特大赛”，来自郴州市、永州市、怀化市、邵阳市等4支代表队的32名瑶族选手参加了比赛，最终花瑶姑娘奉吻香获得一等奖。[①] 也可以看到近年来，花瑶服饰所具备的影响力与号召力。然而，类似的比赛与活动，究竟能够从多大程度上挽救花瑶服饰的现代命运，无疑是值得那些真正关注花瑶文化与花瑶服饰的人们予以反思与考虑的问题。

当我们在2004年与旅游开发工作开展得如火如荼的小沙江镇以及虎形山乡的相关干部的谈话中，甚至得知，为了能够确保花瑶姑娘们在平日里也坚持穿戴本民族的服饰，他们试图出台一些自治政策，比如说，如果有花瑶人常年不穿戴本民族的服饰，他们将面临着被取消作为少数民族的资格的风险，也就是说，他们将不再拥有少数民族所享受的一切政策、经济上的优惠。当然，这样的政策能否制定并通过都还是未知数，而且我们也一直在质疑，乡镇一级政府这样做出的决定是否违背

① 资料来源：湖南省人民政府网。

了国家的相关民族政策。尽管这种强制性的政策现在并没有出台，但是劝说性的文件与公开信却四处可见。每当重大节日来临，在虎形山乡乡政府的大门口，就会贴着一张红纸黑墨的告示，内容基本如下：（1）号召所有的花瑶同胞每天都穿上自己的民族服装；（2）为了保护旅游景点，严禁砍伐山地林木；（3）配合政府的各种活动，由村里组织节目；等等。总之，都与保持民族特性与配合旅游开发有关。然而，这种劝说性的告示或许能够对那些在旅游开发过程中获得好处的花瑶人产生较大的效果，但是对那些没有明显获利的花瑶人而言却没有太大的影响力，对于后者来说，只要他们自己认为必须穿的时候（如参加喜事宴会、庆祝民族节日等）自然会穿，而在并不是特别需要的日子里，自己不穿也无所谓。

然而，政府通过旅游开发的形式所展开的这样一场保卫花瑶传统习俗的努力，却由于其功利性的做法与目标，使得花瑶的传统与习俗越来越经不起时间的检验与历史的淡忘。功利化的解决方案自然会带来功利化的思维模式，出现功利化的行为逻辑。既然穿还是不穿民族服装这样一个曾经不可能在花瑶人中出现的问题，已然极为严重地摆在了花瑶人的面前，而政府解决这一问题的方式，又是通过外部行政命令与经济刺激，那么，对于那些本就期望放弃繁琐、厚重、麻烦的民族服饰束缚的年轻人而言，更是找到了一个在平日里不再穿民族服装的绝佳借口与心理安慰，如果说政府认为重要的时刻，她们就需要穿民族服装，而且可以带来直接的经济效益的话，那么，在政府认为不重要的时刻，穿或是不穿民族服装了，自然就显得无所谓了。

这样一种功利化倾向，严重地影响到了当前年轻的花瑶女性。当我们于 2011 年、2012 年两度回到大瑶山进行回访时，花瑶人尤其是花瑶年轻女性们对于传统服装的态度，也发生了更为深层次的变化。事实上，当我们在 2004 年采访虎形山乡岩儿堂村书记奉晓红时就得知，现在花瑶人中间，在平时也穿民族服饰的人比较少，主要原因在于两个方面，一是传统服饰过于繁琐，不方便干活；另一方面就是认为传统服饰也不太好看（有些土气），因此，只有在过节、走亲戚、办喜事时才穿。不过，这时对于穿或者不穿传统服饰的考量，还是从日常生活与审美意趣出发进行判断。但是，到了2011年时，穿或者不穿的问题，其中所蕴涵着的功利化考量的因素与程度得到了极大的体现，当我们在崇木凼访问沈书勇时，就获得了非常直观的了解。由于他是崇木凼旅游开发最早的参与者，年轻时参加了乡政府组织的花瑶表演队，现在又是乡政府的导游，在接受我们采访的过程中，他还接了一个电话，然后告诉我们明天一早就要去贵州的一个少数民族旅游景点考察，这是乡政府组织的，专门针对如何提升虎形山乡旅游开发的问题的。换言之，沈书勇对于花瑶旅游开发以及由此所带来的诸多改变与发展的状况极为了解。他就告诉我们，现在一般60岁以下的花瑶女性在平时都不再穿传统服饰了，只有政府要求时才穿，而且每穿一次政府就会补贴50—60元钱。这样的状况也让沈书勇很是担忧，认为无法继续延续本民族的服饰与习惯。他还认为，应该借鉴广西某地少数民族旅游开发的经验，为解决花瑶人所面临的这一问题提供了如下建议：（1）如果花瑶女性们坚持穿传统服饰，政府可以一年或是一个月补贴多少钱；（2）政府以高价收购挑花裙，建立博物馆与展销厅，创挑花品牌，形成经济效益。此外，他还认为，现在的挑花裙图案、花色都越来越简单，主要原因在于要方便拍照，传统挑花群的图案非常复杂，也非常有内涵，但是拍出来的照片很模糊，没有简单的拍出来的效果好。

事实上，当我们2011年在虎形山乡的集市上闲逛时，确实已经很少看到穿民族服饰的年轻女性了。而在虎形山瑶族乡访谈几位年轻的有工作（诸如教师、公务员、文化站工作人员等）的花瑶女性时，她们甚至提出，现在有些花瑶女孩子，不仅平时不再穿着民族服饰，而且即使在过“讨念拜”、“讨僚皈”这样盛大的民族节日，以及在参加婚宴、“打三朝”这样的家族盛事时，都不再穿着民族服饰。当时与我们交流的在虎形山乡民族团结学校任教的奉姓女教师很是明确地告诉我们她的感受：“女孩子们平时穿不穿民族服饰，我觉得还没有什么，毕竟汉族人的服饰在日常生活中更方便，更舒服些。我自己在平时也穿汉族服饰，但是一到节日、喜事等场合，都会穿着传统服饰。但是如果在参加民族节日，或者参加婚宴、寿宴等重大喜事时，还是不穿本民族服饰的话，那么，这些人的心理肯定有问题，可能会觉得穿本民族的衣服是一件不好意思、甚至是不上档次的事情。反正我是非常看不惯她们这种做法。”

到这里，花瑶人在服饰问题上是否能够坚持与持守，再一次被认为与本民族的族群认同与族群心态直接相关。花瑶女性是否穿着本民族的传统服饰，尤其是在重大节日与喜事的特殊条件下，能否如此坚持，就成为花瑶人是否还是花瑶人的一种底线与标杆所在。即使在受过高等教育、了解并接受了外面的生存方式与文明形态的这位年轻的花瑶女教师身上，即使她自己的言语之中由于少时的经历，在花瑶人中显得非常叛逆、非常个性、非常现代，但是，她在论及花瑶服饰问题时，态度却极为强烈与强硬：花瑶人在关键性的节日与喜事里，就应当穿着花瑶人传统的服饰！然而，与之相对的事实却是，在许多花瑶年轻姑娘的心态中，民族服饰不再是一种族群身份的象征，更不是一种值得捍卫与持守的民族传统，而是成为了一种负担，甚至是一种让人羞耻的不上档次的东西。这样让我想起清道光《重辑新宁县志》“卷十五·苗瑶”中的如下描述：“向之目为瑶者，群耻其号，人情风俗，悉与县同，所谓民瑶是也。”① 现如今花瑶人对待自身服饰的态度，正在日渐出现了与清中期的民瑶面对“瑶”的称谓一样的心理状态，开始以一种自我否定、自我鄙夷的情绪来面对自我族群的特征与符号。

另外，是否穿民族服饰，也日渐成为花瑶人确定事件、人物、日子的重要性的一种尺度。

当我们决定于 2012 年 6 月去往回家湾旺溪瀑布群进行回访时，当

---

① （清）安舒原辑，张德尊重辑：《新宁县志》，清道光三年刻本。

年与我们建立了深厚友谊的、刚参加完高考的花瑶小姑娘回丹[①]，虽然很是善意却也让我意外地发来短信："老大，你们来的时候我们需要穿自己的服装吗?"我当然很是大度地回复："没关系，你们怎么方便就怎么穿吧。"事实上，对于她们是否穿民族服饰，我个人并不是很在意。只是，这一短信式的对话，却让我对花瑶传统服饰的现状以及现今花瑶年轻姑娘们的态度产生了浓厚的兴趣，也激起了我内心之中对于花瑶女性服饰最唯美的记忆。

我们曾经在2004年10月再次前往回家湾进行回访，由于在此前8月份的调研过程中，已经与回家湾的人们结下了非同一般的友谊，这一次，他们不仅把我们当作尊贵的客人，而且也把我们当成了暂别几个月的亲人。因此，他们用了花瑶人最高规格的仪式来欢迎我们。不仅有花瑶姑娘步行数里山地迎接我们，而且进入寨门的时候，四周全是迎接我们的人，有隆重的拦门酒仪式，有传统的鼓乐队，甚至还有二十多条传统猎枪所组成的仪仗队、不醉不休的宴席、通宵达旦的对歌场面……让我们真正见识了花瑶人传统礼仪的阵势与恢弘。在所有这些令人极度震

① 2004年8月份，我们去往回家湾考察时，回丹还是个十岁的小姑娘，当时全村寨的男女老少上百号人一同陪着我们去往旺溪瀑布群考察、游玩，时值雨季，暴雨之中的山谷，显得格外秀美，而暴雨之下的瀑布，显得格外壮观。正当我们兴致很高地一路游来，在虎跳崖瀑布下的水潭中，借助简易的木排和水中的人力肩挑的方式渡过四周峭壁，根本没有路的水潭，正攀爬在峭壁之上时，忽然听到人声鼎沸，惊呼尖叫之声四起，让我们很是纳闷。很快，我们就知道了，原来在瀑布之上玩耍的回丹，由于脚下打滑，跌下了八十多米高的瀑布，并被大水夹裹着，连续冲下几个水潭。回丹的父亲时任村支书的回雄飞以及村里的几个年轻后生，飞奔而下，将她救起，并立即抄小路送往小沙江医院检查。当时玩得正处于亢奋状态之中的我们，一下子被这一事故打击得灰头土脸，心情郁闷而沮丧。不过，回丹小朋友真的是福大命大，除了几处轻微的擦伤之外，称得上是毫发无损。这件事情，也让我们与回家湾结下了生死一般的友谊。此后，我们将旺溪瀑布群向时任县长的钟义凡汇报，很快获得了县政府的重视，列入了旅游开发重点关照对象。当我们于2004年10月份，再次对回家湾进行回访时，一群年轻漂亮的穿着花瑶服饰的小姑娘们在一位大婶的带领下，在尚未修通马路的状况下，步行几里山地来迎接我们。进入寨门的时候，四周全是迎接我们的人，有隆重的拦门酒仪式，有传统的鼓乐队，甚至还有二十多条传统猎枪所组成的仪仗队……让我们真正见识了花瑶人传统礼仪的阵势与恢弘。现如今，回家湾的旺溪瀑布群已经成为了"国家级风景名胜区"的两个组成部分之一。而回丹掉下瀑布群且毫发无伤的传奇故事，也在大瑶山广为流传。

撼且记忆犹新的场景中，有一个特别的情节给我留下了近乎唯美的印象，那就是七八个年轻漂亮、穿着花瑶服饰的小姑娘们在一位大婶的带领下，步行几里山地来迎接我们的情形。那一天，她们打着小红伞，穿着亮丽而清新的本民族的夏日服饰，上衣为白衬衣，在领口、袖口、下摆等地配有颜色艳丽的花边与花纹，而挑花裙也以白色为主色调，挑上了复杂而极具创意的图案，围着以红、黄为主色调的腰带，再加上以红、黄为主色调且搭配了一条条镶有亮晶晶物件的吊坠的帽子。这样一套亮丽而清新的衣服，穿着在年轻、美丽而朴实的花瑶姑娘的身上，映衬于蓝天白云青山绿水之间，行走于山雾环绕的山间小道，穿过一座座古朴、厚重的石板桥，整个情形就犹如一幅达致了艳丽与纯真之间完美融合的古典油画，光影交错，却又厚重而朴实。就这样，花瑶服饰、花瑶姑娘、花瑶古寨、花瑶风情之间的完美结合，给我留下了一道深深印于脑海的、挥之不去的、美妙绝伦的风景线。

带着对于回家湾的穿着花瑶服饰的花瑶姑娘们的如上印记，留存着回丹小姑娘的短信带给我的深深困惑，我踏上了此次回访回家湾之旅。

当我们一早从隆回出发，在修路的路上堵住了，浪费了不少时间，并完成了对虎形山、崇木凼等地的简单考察之后，最终于晚上八点多到达了旺溪回家湾，早已做好晚饭等待着我们到来的回丹母女和其他花瑶女性们，都穿着印象中的夏日服饰在新木屋的家门口欢迎我们。晚上对歌时，年轻女性都着夏装，而年长的女性则穿着更为常见也更为典型的蓝色调的秋冬服饰。无疑，对于回家湾的人们而言，我们的到来是一件很重要的事情，就连年轻的回丹也穿上了花瑶服饰，现学现卖地用本民族的山歌与我们对歌。但是，更为显然的是，如果不是觉得重要，想来她们也会选择穿更为普通与舒适的T恤、牛仔裤，或是一条连衣裙，而不会穿上这套麻烦且复杂的民族服饰。

事实上，即使从日常生活与普通花瑶人的心理状态而言，尤其是他们中的女性，对于挑花裙本身还是有着浓厚感情与非常重视的心态的。诸如到达回家湾的第二天，回丹陪同我们开车去往大托石瀑游玩，当我们在大托很短的那条街上经过时，那些在两边休息、挑花的花瑶女性，都在指着回丹窃窃私语，我们似乎感觉到了她们正在讨论回丹的衣服。当我们向回丹核实时，她告诉我们，这些花瑶女性都在讨论她所穿的裙子的图案与花色非常漂亮，看来，挑花者的手艺与本领获得了这些异地花瑶女性们的赞赏与肯定。回丹说，裙子不是自己挑出来的，而是她妈妈的手艺。由此可见，现如今能够挑出一条高水准的挑花裙的话，还是能够获得同族人的高度认可与赏识的。

从花瑶人近年来对待自身传统服饰所表现出来的新的态度变迁中，我们可以看出，随着国家控制方式以及社会生产生活条件的剧烈变化，花瑶人对于自己的服饰的观点也发生了相应的变化，这种变化也终将使力图坚持民族服饰的花瑶人陷入到一个更为困难的处境之中。很久以来，花瑶人就在一个几乎与外界相隔离的环境中悠然自得地生存、繁衍，他们的服饰也在这样一种生存意境中获得了象征性的意义，然而，随着与外界交往的增多，生活节奏的加快，这样一种在孤立与缓慢中得以坚持的独特传统，也必将日益解体并融入到新的生活之中。我们可以看出，在各种力量都开始介入的情况下，有关花瑶人的服饰的最终走向，我们还需要一段时日才能看清楚，但是有一点却可以肯定，在当前的情势之下，这一传统正处于被坚持与被放弃这两极之间转化的紧要关头。而这一转变，也将最终改变花瑶的方方面面，甚至会使花瑶作为一个独立的整体消失其自古以来所具有的独特性，从而更快地走向民族融合的大趋势之中。基于这一问题本身所具备的宏大性与持久性，我们根本无法予以确定的解答。对于我们这样的观察者与研究者而言，或许也只能在往后的岁月里，尽可能地关注这一问题，从而进一步关注整个花瑶民族在新的时代背景与历史环境之下，所具备的内在心理上的自我动向与外在表征中的不断变迁。

第三章

汉化、瑶化与山地化：文明冲突中的大瑶山

“沅陵郡多杂蛮，左其与夏人杂居者，则与诸华不别。其僻处山居者，则言语不通，嗜好居处全异。”（《隋书·地理志》）史书中这句概括性的话语，无疑在向世人展示了中国历史上居于主流地位的汉族文明与各少数民族文明之间关系的基本状况。以与汉族文明之间的“不别”或是“全异”为标准，从而定性各少数民族的经济、文化的发展状况，是以往的汉族人处理类似问题时的一贯立场。这样一种文明冲突与文明互动的演变过程，也体现在整个中华民族大融合的历史潮流之中，各少数民族在大汉民族的强势文化与先进生产力的双重攻势与压力下，许多来源不尽相同的种族与族群经过漫长的演变之后，慢慢被汉化，从而融入了民族大融合的主旋律之中。但是，另一方面，避免被汉化也就成为了一个少数民族的文明与文化能够最终得以独立存在、发展的关键所在。这样一种汉化与抗拒汉化的趋势，无疑是中国历史上各个少数民族所面临的现实命运，同样也是花瑶民族所时刻面临的问题。有关汉族与其他少数民族之间的这种曲折、往复的相互关系，吕思勉在其《中国民族史》一书中有过如下论述：“一国之民族，不宜过杂，亦不宜过纯。过杂则统理为难，过纯则改进不易。惟我中华，合极错杂之族以成国。而其中汉族，人口最多，开明最早，文化最高，自然为立国之主体，而为他族所仰望。而汉族以文化根柢之深，用克兼容并包，同仁一视；所吸合之民族愈众，斯国家之疆域愈恢；载祀数千，巍然以大国立于东亚。斯故并世之所无，抑

亦往史之独也。”①

从宏大的视角而言，自古以来生存于“中国”这一地域范围与时空背景之内的各个民族之间，一直存在着相互冲突、对抗，而又在冲突与对抗中不断融合、同化的过程，这也是中国各民族关系史中的主脉络。在这一文明的冲突与融合的历史进程之中，汉族文明往往承担着主导者与推进者的角色。同样，自古以来就生存于“中国”这一地域范围与时空背景之中的花瑶民族，也无法脱离这一主脉络的影响与冲击。因此，我们的研究在这一宏大视野中所面对的首要问题就在于：作为这一历史进程中的并不强大的参与者，花瑶民族在历史上是如何面对、应对瑶汉之间所形成的格局与趋势的？当然，这一问题中尤为重要的部分则是：他们这样一支人数仅有几千人的小民族，又是如何在一个日益被汉人包围、挤压的环境中，独立生存至今的？当然，花瑶民族固然保持了自己的独立性与独特性，但是，他们并没有彻底脱离于汉文明而存在，事实上，自清康熙年间设立“瑶学”以来，花瑶人中的一部分人就已经开始接受较为正规的汉文明的教育，并获得了诸如“瑶生”、“瑶秀才”等官方功名；更为重要的是，自清末汉族人逐渐迁徙进入大瑶山之后，瑶汉隔绝的形式被彻底打破，进入了瑶汉杂居的状况，这样一种状况，更是从日常生活与交往中，影响到了花瑶人的生存意境与方式。在这一宏大的视野下，瑶汉文明之间的沟通与互动中，似乎居于强势的汉族文明成为了这一过程之中的绝对的主导与标杆。

然而，如果我们放弃如此宏大的视野，而进入更为微观的领域之时，就会发现，其实文明与文化之间的相互融合与相互影响，从来都是双向的，并非某一强势文明就一定能够占据强势地位，而弱势文明就只有消亡的最终命运。尤其当我们将考察的范围进一步限定在大瑶山这一时空背景之中时，这样的状况也将显现得更为明显。清末以降逐步迁徙进入大瑶山的汉族人，无疑面临着如何处理与早已经在此生存了几百年的花瑶民族，以及如何处理他们已经处理了几百年的来自大瑶山的自然

① 吕思勉：《中国民族史》，东方出版社1987年版，第6页。

环境与恶劣条件的挑战。在此过程中，如果我们将视野再次缩小到某一个村庄，或是某一个宗族的身上，就会看到，其实汉族人进入大瑶山之后，不仅仅在影响、重塑着花瑶人的生存意境与生活方式，而且也在用花瑶人既有的许多方式与经验，影响、重塑着自己！与花瑶相邻的汉人们往往学会了花瑶的语言、了解花瑶的习俗、按照花瑶的方式相互交往……当然，如果我们将这些迁入大瑶山的汉族人所经历的类似转变，以及那些更为倾向于花瑶人的思维方式与生存方式说成是一种“瑶化”的话，或许会遭到诸多质疑，因为除了极少数在历史上转化成为花瑶的汉族人之外，很少会有汉族人真正像花瑶人接受汉族文明与文化那样系统地学习花瑶文化，事实上，这也是不可能的，花瑶人学习汉文化，可以通过类似传统的科举、现代的高考等考试，获取功名与工作机会，但是，对于汉族人而言，根本不存在这样的可能性。

在这里，我们或许可以在“汉化”与“瑶化”这一两极对立的思维之外，另设一种可能性，以描述并涵盖清末以降迁入大瑶山的汉族人逐渐趋同于花瑶人的行为与举动，这就是：“山地化”！严格而言，花瑶人无疑比汉族人更懂得大瑶山的生存状况，故而汉族人也会向花瑶人学习相关的经验与智慧，这是山地化中较为接近瑶化的层面；另一方面，既然迁徙进入了大瑶山之后，祖祖辈辈就生存于这片土地之中，面对着同样的山水、地理、交通、文化等环境与条件，汉族人也会逐渐变得像一个山地人一样地思维、生活、交往，很显然，正如我们在前面的文章中已经提及的，无论从内在性格、思维方式、理财能力、与人交往的方式等各个方面，现今居住于隆回县北部的山地人，就和世代居住于南部的丘陵地带的平地人不一样，这种不一样不仅仅体现在瑶汉之间的差异上，更是体现在了北部汉族人与南部汉族人的差异上！换言之，花瑶人被汉文明所逐步挤压、融合、同化，无疑是历史的主旋律所在，但是，进入大瑶山的汉族人，却也经历了一个极为相反的逐步瑶化与山地化的过程。

当我们充分了解了这中间的瑶汉关系与历史变迁后，或许能够将其作为一个典型个案，让我们对中国历代以来所存在的各民族与各文明体系之间所处的相互关系与历史变迁有更为详细与清晰的认知。

一　汉化与谋反:清王朝满汉关系的启示

在花瑶居住地进行实地调研的日子里，我们发现，花瑶作为一支古老而独立的民族，在现实生活的各个方面都保留着自己的特性，自古以来的传统与习俗依然在支配着他们的人生轨迹，而在历史上，他们也一直为了自己所拥有的这些独特的生存方式与生活习俗同外族权威相抗争，甚至不惜付诸武力。经过漫长的岁月，他们的种种抗争取得了积极的效果，也成就了他们与汉民族以及其他少数民族相区别的主要特性之所在。具体而言，花瑶族人之间至今依然在使用着独特的语言系统；在婚丧嫁娶等方面，他们还在坚持着自己独特的仪式与习俗；通过口耳相传的方式，他们还保留下来了许多属于本民族的故事传说与历史记忆；另外，他们依然遵循着带有泛灵意味的独特的巫术与宗教，等等。这一切似乎都在述说着他们的不一般，也一直在提醒我们，花瑶民族作为一个整体，拥有着自己独立的、自成体系的文化与心理。当然，作为外来者，我们很难对这样一支民族进行全方位的考察与理解的，我们只能通过我们的所见所闻去感受、体验他们那些独特的文化与心理，再通过我们日后的思考予以系统化。然而，我们在对这支民族的调查与研究的过程中，却一直面临着如下问题的考验：这样一支极具特色的民族究竟是因为什么而得以保存、延续？换句话说，什么是这支民族的核心理念与终极信念？

既然保持自身的独立性与延续性，一直以来都是花瑶民族的生存动力与民族凝聚力所在，而要想达到这一目的，首先需要做到的就是对“汉化”威胁的积极有效的抗拒行动，否则，他们将像历史上其他的一些少数民族一样被汉族所同化，从而融入中华民族这一大家庭之中。综观人类文明的演进史，我们可以说，单纯意义上的生命体的延续，并不能使花瑶这支人数极少的民族作为一个独特的、唯一的、整体性的文化与生命共同体而存在于世间。我们完全可以从中国历史上所进行的波澜壮阔的各民族大融合的演进进程中看到，如此众多的强大民族被一一汉化，从而融入了华夏民族的大家庭之中，作为这种融合的负面效果而言，他们自己的文明，或者消失不见，或者为汉民族所吸收，从而失去了其独立存在的可能性与必要性；但是，在其正面的意义上，这些民族无一例外地从游牧、狩猎的社会生产状况转向了以农耕为主的社会生产状况，在改善了他们的生活质量的同时，也提高了他们的文明程度。而花瑶民族，无疑处于这一进程之外，从而得以一直延续其独特的民族文化与民族习性，时至今日，还能以“少数民族”的姿态存在于世间。我们可以想象，在华夏民族既代表着主流文化与强势生产力，又掌握着政治上、军事上的绝对主动的情况下，像花瑶这样的弱小民族，要想一直抗拒汉化，从而保留住自己民族的独特性，无疑需要付出加倍的代价、并承受加倍的艰辛。

花瑶人这一强大的民族独立意识与民族自主意识无疑与其他的瑶族人有着共同的特性，有学者就认为：“对于瑶族来说，只要发现一定时期内能垦殖的土地和保证暂时居住的空间，那在他们的主观意志中便认为这既不是泰国，也不是老挝，而是普遍的‘瑶族世界’。”从这样的普遍性出发去理解花瑶民族的抗拒汉化这一问题无疑更具有代表性。相比较之下，“有少数华南和东南亚的其他少数民族，往往卷入政治状况的生态变化中，某个时候改变族籍，某个时候标榜双重族籍，丧失本来的民族精神，这种例子绝非少见。每当想到这些，瑶族那种坚忍不拔的‘民族生命力’，不能不引起我们的关注”①。而这一问题无疑也是本文中我们所关注的主要内容之一。

于是，在长达八年的漫长时日里（包括前期的考察、协调、准备工作，中期的实地调研、资料整理工作，后期的写作、推广工作），我们放下手中的文本学习与理论课题，全身心地投入到了对这支民族的田野调查与实地考察之中，并试图将我们所看到、想到、体验到的种种付

① ［日］竹村卓二：《瑶族的历史与文化——华南、东南亚山地民族的社会人类学研究》，民族出版社2003年版，“绪论”。

诸于文字，目的不仅仅是为自己的努力做一个总结，更是为了让更多的外来者（包括后来者）能够知晓这个不同的世界里所发生的不同的事情。而这一切中，最令人着迷与关注的，就是被汉文明（包括汉化了的西方文明）所教育、培养出来的我们，不经意间闯入了一个被汉文明所重重包围却一直顽强地以自己的姿态生存着的少数民族之中，由此产生的种种生动而奇异的感觉与思索。因此，考察并分析花瑶民族自古以来在汉化与抗拒汉化这一过程中的种种努力，以及这些努力所带来的效果就成为了我们工作的一个重点所在。

在处理有关花瑶文化与汉族文化之间关系的问题上，我的脑海之中不断出现的却是清朝时期满汉之间关系的曲折历史与辛酸往事。

事实上，当我们在前文论述花瑶的服饰与称谓问题时，就已经涉及了满汉关系，并进一步谈到了汉族人为了保存自己的服饰与发型所付出的努力与代价。对于满清统治者而言，作为一个以少数民族通过武力获得中华帝国的统治权的异族统治者，在实现其统治的过程中所体验到的内在感受与所实行的外在行为，理所当然地与汉族人内部所产生的统治者有所不同，而其中最大的不同就在于满族人一直力图保持其文化上的独特性与优越感，并以此来保持本民族的团结精神与战斗精神。然而，在面临汉文化的强势与博大精深时，满族人也不得不潜心学习，力图掌握汉文化的精髓所在，另一方面，在学习的同时他们又极端地担心汉文化的吸引力与塑造力会使得满族人自己的文化丧失其特性与生命力。于是，一场汉化与抗拒汉化的历史进程就在满族人统治的这三百多年的时间里，于中华帝国的广阔领土与庞大人口之上，得以次第展开，其间经过可谓波澜壮阔、惊心动魄！这一事件波及到了人类政治生活中的任何一个角落，为了占据主动，敌对的双方也都使用了一切可以使用的手段与谋略。在这段历史里，人类历史上最为残酷的战争、屠杀、暴动、文字狱等等，以及最为和平的科举、招贤、纳士、教育、整理并撰写浩瀚典籍等等，全部都并行不悖地得到了完全的展现。而民族与民族之间、个人与个人之间的交融、抗争同样展示出来了人类文明的多样性与复杂性。可以说，这一段历史进程中与“汉化”、“抗拒汉化”相关的种种问题，均达到了中华历史进程中的最高点。因此，在我们进入描写、分析花瑶民族的汉化问题之前，先简单地回顾一下大清帝国时期的类似问题，将对我们的整个写作与理解带来难得的历史感与切己感，也会让我们有机会在比较的基础上更为深入地了解这一问题的严重性与核心性。如果说，在中华大地上所能继续生存着的带有独立文化意识的少数民族的种族繁衍所得到的是肉体意义上的延续的话，那么，他们成功地抵制并抗拒汉化将使他们得到文化、精神、意识领域的延续。

基于本文的主题与篇幅，我们将不会在满汉关系上做过多的展开，而只是通过借用前人的研究成果，对这一问题予以简单的介绍，并进而分析这一个案对于本文研究与论述的意义所在。我们在这里使用的研究成果是美国人孔飞力所撰写的《叫魂：1768 年中国妖术大恐慌》[1] 一书。他在此书中，通过对一个莫须有的重大案件："叫魂案"[2] 的全过程的描述与梳理，对大清帝国的政治、经济、文化、思想、行政等各个领域的相关方面均进行了细致深入的描写。孔飞力在书中提到，由于当时的中国政府将许多的囚犯关在同一间牢房里，因此，许多囚犯在"叫魂案"中的供词往往只是在监狱里"风闻旁人闲论，附会其说"[3]。也就是说，这一案件本来只是子虚乌有的事情，然而，这样一种子虚乌有的事件到了乾隆皇帝这里，却成为了一个上上下下波及整个大清帝国的大案件。究其诸多的原因中最大的一个就是：满族统治者以异族的身份入主中原以来，遭受到了汉民族在政治、军事、文化上的种种难以想象的带有族群意味的抵抗与报复，由此而来的在南方的屠杀与对百姓服饰、发型的强制性改变，更使得他们的统治带上了以往的汉族统治者所

---

① ［美］孔飞力：《叫魂：1768 年中国妖术大恐慌》，上海三联书店 1999 年版。

② "叫魂"是指古代中国人所相信的一种妖术，类似于巫蛊。据说懂得此术的人能够通过对被害者的头发、衣物等施法，使之得重病甚至死亡。在古代老百姓的心中，对之充满了恐惧。因此，类似的事件经常会导致大规模的恐慌与骚乱，孔飞力书中所描述的事件也正是这样的一种恐慌与骚乱下，上自乾隆皇帝，中至文武百官，下至平民百姓的或群体、或个体的反应与行为。

③ ［美］孔飞力：《叫魂：1768 年中国妖术大恐慌》，上海三联书店 1999 年版，第 226 页。

少有的种族仇恨与文化摧残。“在满清征服中国的年代里，各地以抵制削发令为中心意象出现了许多可歌可泣的抵抗运动。在很多地方社区，要让人们团结起来，与其呼吁他们去效忠已经濒临灭亡的明朝政治秩序，毋宁召唤他们以抵制剃光前额来表现出捍卫自身文化尊严的决心。发生于长江流域的那些闻名天下的抵抗事件，显示了在公众心目中削发问题与人的自尊之间存在着强有力的联系。我们同样可以看到，这个文化焦着点对于满洲入侵者也有着重要意义，促使他们在武力的使用上直指抵抗运动最顽固的中心。”①

服饰与发型成为了两个民族冲突与对抗的焦点，这样的焦点从本文的主题上看来，无疑就是满族人迫使汉族人“满化”所导致的激烈的抵抗运动。尽管到了乾隆年间，满族统治者的异族身份基本上已经不再对其统治构成威胁，但清初的历史与血腥的记忆却随着“剪辫案”这样的极具象征性的事件一次次地浮现，这是乾隆在叫魂案的初期小心谨慎的原因所在，同时也是他执意将案件进行到底并将案犯定性为“政治罪”的原因所在。从这样的反应与作为中，孔飞力进而认定如下一个事实，即在乾隆的心目中“谋叛与汉化其实只不过是同一威胁的两个不同侧面而已”②。而且，作为异族的征服者，不论其怎样为自己的王朝进行辩护，“却无法消除这种危险性：可怕的民族感情始终会对构成新王朝统治合法性基础的种族意象提出挑战”。人们会认为这些外来人“就是篡权者”③。到这里，我们从乾隆的政治作为与统治思想来看，他所面临的问题无疑就是害怕满族人被汉人的文化所“汉化”。于是，我们看到，大清帝国时期内的政治资源往往消耗在这种汉人拒绝“满化”与满人拒绝“汉化”的相互斗争、冲突之中了。

在这里我们之所以提出“满化”与“汉化”问题，是因为我们想将这一问题放在1840年以后的历史之中，而不是仅仅局限于1768年。

---

① ［美］孔飞力：《叫魂：1768年中国妖术大恐慌》，上海三联书店1999年版，第71—72页。

② 同上书，第87页。

③ 同上书，第67页。

从中国的近代史变迁中我们可以看出，由保守的、渐进的、改良式的变革到激进的、全面的、革命式的变革之间的分野的关键在于孙中山先生“驱逐鞑虏，恢复中华”口号的提出与革命团体兴中会的成立。而这种口号的强大基础就在于“民族感情”。从历史中我们可以看到，至少是由改良到革命之前的中国社会的图变中，满清政府是具有足够的合法性与权威性的，一切的变革都不可能从表面上威胁其统治。但问题也正在这里，作为异族的统治者，“满族统治者不能领导汉人的民族主义运动，这是阻碍中国面对国际世界进行自身调整的一个主要原因”①。特别是当中国连遭甲午之败与八国联军之败后，民族主义空前高涨时，清政府的整个合法性，在这期间丧失殆尽。也就是说，异族的满洲统治者那种异质的文化不仅在其统治期间造成了极大的问题与困难，而且在中国面对世界的挑战时，也成了阻碍的因素。两个民族不同文化之间的问题最终在历史的发展与前进中再次处在了最前沿的位置，再往后，东西方两种文明之间的冲突、对抗、融合又成为了中华民族与中华文化的另外一个至关重要的命题，就如现在的花瑶民族，同样不仅仅要面对汉文化的同化趋势，而且还必须面临西方文化的洗礼。

我们在这里论及这些问题想说明的就是：与满族人、汉族人的文化史所经历的这些历史事件一样，对于花瑶这支弱小的民族而言，“汉化”与“抗拒汉化”这一文化意义上的问题也一直是他们生存、发展中的一个核心问题，同样，也是一个值得我们去了解、研究的问题。

通过比较，我们可以看到，与历史上汉民族与各个少数民族的关系一样，花瑶民族与汉民族之间也一直处在冲突与融合两种不同的关系之中，他们既各自生存于自己的意境之中并会为了自身的生存空间与资源而相互作战，又会为了适应对方而相互学习甚至相互结合。这样的历史事实也能从一个侧面说明一个民族自身独特的文明与文化传统对于这个民族作为一个独立体的生存而言的至关重要性。这种状况不仅仅是少数

---

① ［美］费正清主编：《剑桥中华民国史》第二部，上海人民出版社 1992 年版，第 87 页。

民族所面临的，也是汉民族所同样面临的。从上述“削发令”与“剪发案”满汉两族的表现中，我们就可以看到，民族独特性往往是一个民族可以用鲜血与生命去捍卫的事情。从这个角度，我们也许能明白，花瑶民族的先人们为了保存自己的民族服饰得以延续所付出的惨痛代价的意义与价值所在了。

当然，通过上面的论述，我们可以想象，对于处于统治地位的满族人而言，“汉化”就等同于“谋反”，因此，他们抗拒汉化的行为是在一个被动的意义上做出的，因为在另一方面，他们为了维护自己的统治，还不得不学习并接受人口众多的汉族人的文化、习惯、思维方式，等等。然而，对于一直以来处于被统治[1]地位的花瑶民族而言，他们的处境则恰恰相反，在他们这里，不是“汉化”等于“谋反”，而是“抗拒汉化”等于“谋反”，因此，他们抗拒汉化的行为是在一个主动的意义上做出的，也就是为了在一个强大的汉民族与强势的汉文化的包围与打压下达到保护、维持自身民族与文化的独立与个性的目标。换句话说，他们必须非常积极地通过各种可能的手段与有效的方式才能够达到抗拒汉化这一目标。不同的角色定位决定了不同的历史处境，而不同的历史处境，又需要不同的行动方式。但是，对于少数民族与汉民族之间的冲突与融合，汉化与抗拒汉化这一问题本身而言，两者都体现了许多相同的特征与性质，比如说，这样的问题都关系到一个民族的独立生存这一问题，另外，在很多时候为了解决这一问题，对立的双方往往在武力手段与和平手段之间徘徊。也正因为他们之间在个性的不同之外还存在着许多相同的共性，我们将他们同时在本文中提出来才有意义。这也是我们之所以在这里谈论满族人面对汉化问题的种种行为与反应的关键

① 当然，花瑶人自己往往会反对这一观点，在他们的记忆与传说中，一直存在着许多超过汉人，统治汉人的说法。比如说，他们之中一直流传着这样一句话：“一瑶、二苗、三倮啰、四鞑子、五子成汉人。”根据我们的分析，这可能是元末明初在南方的民族定性与民族迁徙时使用的划分标准。但是，这一句话在花瑶人那里，却成为了当时花瑶人强于汉人的例证，在他们看来，将“瑶”放在第一位，而将“汉人”放在最后，无疑就是在表明当时瑶族人的强大与兴盛。这样的说法固然值得怀疑，但这种说法背后所表现出来的民族自尊、自信、自豪感，却是我们所无法忽视的。

所在。

在论述完满清统治者所面临的汉化与抗拒汉化问题之后，我们在接下来的文章中，将主要对花瑶民族一直以来在汉化与抗拒汉化这一问题上所发生的种种往事，以及他们为之所付出的努力与代价，当然还有他们所取得的成果进行论述与分析。我们之所以还能在21世纪的今天从花瑶人活生生的生活与记忆中得到种种启示，并进而就相关的资料进行进一步的分析与研究，从而得出他们文化上的种种独特性与特殊性，花瑶文化的这种生存现状已经在向世人揭示了这样一个事实：花瑶人自古以来坚持独立自主的生存努力与对自身文化的捍卫使他们获得了至今为止还一直在延续着的族群特性与文化特征，从而具备了自己的独特价值与非凡意义。如果我们回到花瑶人的历史过程之中去，回到他们当时的事件与意境之中去，我们就会发现，他们对于文化本身的捍卫与延续是一个极其漫长的历史进程，在这个漫长的进程中，花瑶民族的先人们消耗了无数的生命与时光，也付出了惨痛的代价。作为后来者与外来者，我们或许无法重新还原并评价这样的历史进程与群体行为，但是，我们能够做到的就是尽可能客观而真实地记录、分析、了解这一过程中的点点滴滴、方方面面。同时，在可能的基础上，进一步去探讨这种种历史事件与群体行为背后的内在原因。

从古代中国浩如烟海的史料中我们可以看出，作为自古以来就通过武力与文明这两大支柱相互着力而得以最终立足于中华大地的华夏民族而言，汉化与抗拒汉化、征服与被征服、异化与同化等等这样的民族之间相互冲突、抗争，直至相互理解、融合的历史故事早就已经发生过无数次了。而我们在花瑶这支民族这里，或许只是看到了这一波澜壮阔的历史画卷中的一个被众人所遗忘的小角落而已！而且，我们并不能肯定，我们在这里所看到的，就是历史的缩影，我们可以肯定的是，它们无疑就是这一历史进程中的同步者！因此，我们希望我们所观察到的、所理解到的，能够成为这一系列于广阔的领土与悠久的历史境遇下所发生、发展着的民族生存史中的一个小小的补充。当然，这个补充在中华民族“大历史”[1] 的视野中，或许绝对不如满汉关系这般于历史的深度与人数的广度上如此动人心魄、意义深远。同样，我们也相信这个补充也难以引起撰写、研究正史的史学家们的注意。我们所要做的，是就我们所能地记录下我们所看到、听到、想到、感受到的种种事情、境遇而已。

更为重要的是，如果我们能够回到花瑶民族的历史与曾经的境遇之中去，就会发现，在那些历史上亲身经历过当时、当事、当地的情境下所发生的活生生的事件之中的花瑶先人们的思想、意识与最终的行动中，他们绝不会认为自己的所有努力与付出只是某个更为宏大的历史进程与时代背景中的一个所谓的“补充”，而是会坚信自己所进行的努力与所从事的事业，本身就是天底下最为重要也唯一重要的事情，他们必须在更为长远的族群繁衍与文明传承和某些摆在眼前的现实利益与稳定生活之间，进行某种抉择与取舍。所有这一切都是如此真实、急迫且切身地摆在了历史中的花瑶人面前。换言之，只有进入到花瑶民族自我的情境与境遇之中，思考他们在历史上如此这般地思维、行动的种种根源所在，或许才是我们这些后来者与外来者，能够真正进入到花瑶民族更为真实的生活、思想与意境之中的途径所在。

二　“抵抗”与“归顺”：花瑶民族对待汉化问题的历史分界点

花瑶与汉族之间关系史的变迁过程中，主要存在着如下两个历史时期：一、归顺中央政权之前的历史状况；二、归顺中央政权之后的历史状况。这两个历史阶段之间的不同之处，在花瑶自身心理的表现上，主要体现为花瑶民族以一支相对弱小而独立的民族支系，在面对汉族的强势文化与生产力时，所表现出来的矛盾态度，一方面，他们既需要学习

[1] 在这里，我们是在黄仁宇的意义上使用“大历史”一词的。具体可参见黄仁宇的《放宽历史的视野》（三联书店2001年版）一书中的相关描述。

汉人的文化与生产技术以改善自己的生活，另一方面，他们又需要通过抵制被彻底汉化，以保持自己作为一支独立且独特的民族而生存于世。因此，在如上两个历史阶段的第一个阶段里，瑶汉二族文明之间的关系表现出来的主要特征是：以冲突为主，以融合为辅，也就是说，双方是在激烈的冲突中获得某种程度上的相互融合。而这一阶段的时间可以从花瑶人对于历史的最初记忆（元末明初）开始一直到他们正式归顺朝廷（清中后期）为止。第二个阶段所表现出来的主要特征则是以融合为主，以冲突为辅，也就是说，双方在相互融合的过程中，还面临着文化、生活、经济等各个方面的小规模冲突。而这一阶段的时间可以包括从花瑶人正式归顺朝廷（清中后期）开始一直到现在。我们在这里之所以要以花瑶民族“归顺朝廷”与否作为划分的标准，主要是为了体现花瑶人自身在此前后的时间里对于外族政权与外族文明所表现出来的不同的感受与态度。

历史上，瑶汉二族之间存在着严格的界限，为了确定各自族群在这一界限之中所能够拥有的地位与优势，瑶汉之间不断地发生着各种规模的冲突、纠纷与战争。直到今天，我们还依稀能够从当地的地名与传说之中，看出当年瑶汉间所存在的界限分明的实在感。明初，为了震慑花瑶、维持治安，中央政府在当年的大瑶山与外界汉人地域相接的地方设置了巡检司，并派驻了军队。据清《嘉庆一统志》记载：“隆回巡司在邵阳县（今邵阳市）西北百八十里隆回（今司门前），明洪武五年（1372）置。本朝因之。”① 以此巡检司为基点，北部崇山峻岭间后来逐渐成为了花瑶的生存之地，而南部巡检司的驻地则逐渐形成了一个汉族人的聚集地，直到如今，这个地方的地名仍然被称为“司门前”。此外，清道光《宝庆府志》载：“以县西北瑶境置十六峒（今小沙江区），分属隆回司而统于邵阳县一厢。”② 从行政区划的角度上明确了隆回司与北部瑶族之间的绝对界限。现如今，在今司门前乡与今小沙江镇交界

① （清）穆彰阿、潘锡恩等纂修：《嘉庆重修一统志》，清道光二十二年刻本。

② （清）黄宅中等修，邓显鹤等纂：《宝庆府志》，清道光二十九年刻本，民国重印本。

处的山岭上，有一个被当地人称之为“土岭界”的地方，就是当年瑶汉二族之间的实质分界线，北部为花瑶人的地盘，南部为汉族人的地盘，以此为界，二族之间界限分明，互不通婚，互不往来，各自为治。这样一种地理与行政上的相互隔绝、相互对峙的局面，却常常因为瑶汉之间的纠纷而导致大规模战争的爆发。我们从前面有关历代史志的记载中就能够看出，在归属朝廷之前的漫长历史中，花瑶人经历了数次带有“灭族”性质的大战争，而其他小规模的起义、纠纷、武斗，更是数不胜数，从未断过，这样的状况一直延续到清朝中期彻底归属朝廷的时候。

历史上如此众多的战争与征伐，导致了花瑶长年不断的集体逃亡与举族迁徙，严重影响到了花瑶文明与文化的积累与传承。可以想见，每一次大规模的战争与迁徙，都会使这一族群的人口、财富、习俗、文化积累、历史记忆等各个方面都面临着被遗忘与消失的巨大风险。其中作为民族文明与希望的承载者的花瑶精英们则更是如此，他们作为这支民族的领导者与护卫者，在族群面临真正的危机时往往会处于武力对抗的前沿地位，而这一地位也使得他们较之常人更快地于此过程之中消失掉了。花瑶没有自己的文字，而且历史上也几乎没有识得汉字的人，在《雪峰瑶族诏文》中，就有这样一句话：“原我瑶民历来开化，没有一个书生；你看百万军中没有一个当兵做官的。”因此，他们所拥有的一切与历史记忆、文明传承、经验积累等有关的重要知识都只能通过口头叙述才能得以保存下来，而恰恰是那些得到这些知识与经验的精英们，却一次次损失在历次针对外族的战争中。这样的现象对于花瑶民族的历史记忆与文明传承的消极影响是显而易见的。因此，不断的战争与持续的迁徙对花瑶民族文明与文化的积累与发展的历程，带来了诸多负面影响。在这样的历史境遇之中，他们不得不在一种断断续续、纷纷扰扰的历史进程之中，创造、追寻并延续着自己的传统与过往，同时也在创造、寻求并延续着自己的文明。

瑶汉之间相互隔离的局面，随着花瑶人归属朝廷，进入相对和平与稳定的时代格局之后，发生了巨大的改变。《雪峰瑶族诏文》中，记述了花瑶民族在雍正元年（1723）举行了反叛运动，通过艰苦卓绝的抵抗，迫使清政府最终决定以招安劝降的方式对花瑶人进行安抚，而不再使用武力予以强势镇压。这一事件在清代与当代的地方史志资料中有相关记载，当然，史志记载普遍认为这次战争发生在康熙五年而不是雍正元年，“清康熙五年（1666）三月，麻塘山瑶民与武冈、城步各瑶民互相串联，聚众数万，据险称兵。……黔阳知县张扶翼遣人入山与起义瑶民谈判，议成，瑶民息兵。”[①] 此次战役最终得以和平的方式结束，对花瑶人而言，其影响与意义极为深远。此后，花瑶归顺了朝廷，而朝廷也逐渐使用了新的行政区划与管理方式来加强对瑶族事务的管理与控制，以确保当地的政治安定与经济发展，康熙时，就已经通过设立“瑶学”，接收“瑶生”，准许花瑶人参加科举等方式，将花瑶人逐步纳入到了国家的制度体系与政治运行之中。到清末时，又实行“改土归流”政策，推进地方治理。从此，花瑶人从肉体生命延续的意义上得到了自古以来最好的外部环境。同时，这样的历史事件与生存环境，对于他们的文化而言，也产生了重大的影响，而这些影响中最大的一点就是，他们对于接受汉文明的态度与感受方面的巨大变迁！

从中央政府的角度，由于归顺了朝廷的花瑶人已经不再是中央政权的威胁者，因此，到清道光二十二年（1842），设置于司门前的隆回巡检司被裁撤。这就意味着中央政府已经从行政与军事的双重层面上，消解了瑶汉二族之间所存在的地理与行政划分上的刚性界限。以此为契机，清末的汉族人出于逃避战乱、寻求土地、通商往来等不同目的，逐步从今隆回县、新化县、溆浦县等地迁入瑶山，瑶汉之间的地理、心理、文化等界限被逐步打破。大瑶山之中的族群分布也开始朝着“大杂居、小聚居”的状况发展。可以想见，一旦瑶汉之间的刚性界限被打破，人数上处于绝对优势的汉族人，自然而然地迅速压缩了花瑶人的生存空间。清光绪三十四年编修的《邵阳乡土志》“卷二·户口”中对清嘉庆二十年的瑶峒人口有较为详细的描述：“汉民历寄瑶山，编入齐

① 隆回县志编委会编著：《隆回县志》，中国城市出版社 1994 年版，第 451 页。

民烟户，一百四户。瑶山十六峒，瑶民四十五户。”① 可知到嘉庆时，汉民移居瑶山的人口已经很多了。事实上，现今小沙江镇、麻塘山乡所辖地域，本是花瑶人聚居的地方，现在却只有少数几个地方还有花瑶人居住。到1987年时，根据当时的人口统计数字显示，整个瑶山之中花瑶人只占总人口的15%。新的瑶汉杂居格局的出现，也让花瑶人开始全方面地接受汉族人的文明传承与生活习惯。

当然，即使到了清中期瑶族彻底归顺朝廷后，虽然花瑶人获得了政治上的和平与稳定，而且在文化上也受到了汉文化的直接影响，但是，二族之间所存在的界限依然十分严格，也没有大规模的汉族人迁往瑶山，更缺少瑶汉通婚的状况，即使有，也是极少数的特例，而且会遭到同族其他人的坚决反对与排斥。然而，无论如何，瑶汉二族之间的长时间的和平共处，也使得他们之间的感情与友谊得以日益增加，两种不同文明与文化之间的距离感与排斥感也同时在这样的过程中渐渐消失。比如说花瑶人曾经一度聚居且现今仍有花瑶人居住的溆浦县，在清中期以来就经历了极大的变迁，在清同治年间编修的《溆浦县志》“瑶俗”条目中，虽然强调独立于汉族人而生存的花瑶人有着自己的风俗与传统，但是，此时已经出现了“与夏人杂居者，则服食居处多与民同”② 的状况，再到民国年间所编修的《溆浦县志》“瑶俗”条目中，开始明确强调“瑶民今已式微，……向之屡起叛乱者，今皆变为纯良矣”③。这种变迁最终导致了花瑶民族在汉化问题上的新进展。也正因如此，我们在本文中，才会力图以这一影响深远的事件作为有关这一问题的历史阶段划分的原点，并希望在这种划分的基础上，进一步去论述这前后的历史变迁情况，以及这种变迁背后的原因。

事实上，虽然对于瑶汉之间关系的历史进程，还存在着其他的各种划分方式，比如说，我们还可以以古代、近代、现代这样的历史划分方

① （清）上官廉等修，姚炳奎撰：《邵阳乡土志》，清光绪三十三年刻本。

② （清）齐德五主修：《溆浦县志》，清同治十二年刻本，溆浦县档案馆2003年10月重印，溆浦彩色印刷厂印刷（内部资料）。

③ 吴剑佩等主修：《溆浦县志》，中华民国十年刻本。

式为标准进行划分，或者是以建国前、建国后（甚至是改革前、改革后）这样的历史事件为标准进行划分，甚至以更为简单的方式如新社会、旧社会这样的概念对立为标准进行划分，等等。毫无疑问，上述每一种不同的划分方式都会给我们带来完全不同的观感，也会使我们在使用同一批资料时重视完全不同的部分。

我们之所以放弃其他的划分方式，而是使用“归顺前”与“归顺后”这样一种极为简单的以两个阶段作为划分的标准，主要的意图就在于期望确立起一种标准，或者说是为了表明如下一个意图，亦即：在研究类似于花瑶这样的少数民族的汉化历史时，我们不希望过多地使用汉族人所具备的那些时空观念与历史观念作为划分的标准，而是更多地使用对花瑶人自身而言更为重要的历史事件作为划分标准。在这里，我们所树立的这一标志性事件就是他们对朝廷的归顺以及朝廷对他们统治方式的转变。另外，我们在这里以一种简单的两阶段划分法来处理他们漫长的历史进程，主要有两个原因：第一，更为久远的历史（定居江西吉安府之前的历史），在花瑶人自己这里就已经没有太多的记忆，就算是那些有记忆的年代，他们记忆中的历史事件也非常少而且无法验证，更无法在各种史料中查找到有关这一民族的历史资料。因此，对于那些时代久远的历史事件，我们根本无法进行深入、细致的描述与研究。第二，清末以来的花瑶历史，各种资料较为详细，因此大的历史事件与发展脉络也能得到较为清晰的描述，在这些事件中，我们可以明显地看到晚清、民国、共和国三个阶段里各民族发生的种种不同的改变与作为。但是，另一方面，我们在花瑶人的内部，却并没有看到他们因为中央政权的更替而产生根本性的改变。也就是说，他们因为政权更替而发生的种种变化基本上都来自于这一政权的要求与压力，而不是来源于他们自身的内在动力。在这一问题上，我们乐于站在花瑶人的立场，将归顺后的历史事件归于一个阶段。因此，在本文中，我们将花瑶人以战争与迁徙为特征的历史，也就是瑶汉之间完全以对抗为主的历史，编入了第一阶段，而将归顺后主要以融合为主的历史编入了第二阶段。

本文中有关汉化与抗拒汉化问题的论述也将主要以上述的两阶段划

分为基础，予以次第展开。如果我们熟知中国古代历史的话，我们就会知道，汉化与抗拒汉化这一问题在瑶汉两族于历史上的第一次接触、认识起就已经存在了，这一点，我们从远古时代的华夏民族与周边民族之间的关系上就可以看出来。而汉族祖先与瑶族祖先“三苗”① 的战争，更是确立整个华夏民族的历史地位、文明规模以及整体形象的几次重大战争之一。② 也就是说，为了各自民族与文明的生存与发展，汉民族与花瑶民族的先祖们在广阔的土地上与漫长的岁月里进行着不断的冲突与战争，这种种族之间的冲突与战争涉及了两个民族的方方面面，深远地影响了各自的历史、文化与心理。基于时代的久远与范围的广大，他们之间的问题早就融入了各自的历史、文化、传说、心理之中了。正是在这样的境遇之下，我们从本文的每一个主题的描述中，都可以看到“汉化”与“抗拒汉化”这一问题的影子。

在我们进一步论述这一问题之前，首先对花瑶民族本身的文明与文化进行相关的分析、定性，无疑是极为重要的。那么，在漫长的历史进程中，花瑶人自身的文明程度究竟是怎样的呢？

总体上而言，花瑶人在文化的积淀与思想的创造性两个方面，一直以来都缺少“质”的突破。而这一问题在历史与现实中的表现，也直接地影响到了花瑶民族的生存状况与生存理念。在这一问题上，最为重要的一点就是，在如此漫长的历史岁月里，他们在确保种族繁衍与群体生存的条件之下，并没有创造出自己的文字。可以想见，一种缺乏文字的文明无疑是一种容易流失与被遗忘的文明。假如承担这一文明的民族

① 徐祖祥称：“学界对苗、瑶同源，多无异议。自南宋以来，学者多认为苗族与三苗有直接的亲缘关系，苗族是三苗的后裔。”（参见徐祖祥《瑶族文化史》，云南民族出版社 2001 年版，第 7 页。）

② 如徐旭生先生就把黄河中、下游的两个庞大的氏族部落族群称为华夏集团与东夷集团，而把长江中游之氏族部落群称为苗蛮集团。三苗就是苗蛮集团的主体。（参见徐旭生《中国古史的传说时代》（增订本），文物出版社 1985 年版。转引自徐祖祥《瑶族文化史》，云南民族出版社 2001 年版，第 7 页。）而这三个集团之间的战争，在中国的上古史上，也是一直没有间断过。这也是许多学者谈论中国国家起源问题时所言及的“征服模式”的关键所在。（参见杨阳《王权的图腾化——政教合一与中国社会》，浙江人民出版社 2000 年版。）

又一直以来就处于不停的迁徙与惨烈的战争之中时，则更容易促进其文明的流失与被遗忘程度。不幸的是，花瑶民族恰恰是这样一支不断经历战争又不断迁徙的民族。因此，他们的文明在历史上也就一直处于不断的流失与被遗忘之中。另一方面，对于这支民族中的个体生存而言，花瑶人对于自己的生活也缺乏有系统、有远见的安排。在现实生活中，他们往往对于自己一年乃至更长时间的生产、生活没有具体的打算，可以说得上是过一天算一天。这一点，我们从他们的日常生活中所表现出来的方方面面都能感觉出来。比如说，他们可以在闹饥荒的时候将政府所发放的半年甚至一年的救济物资拿去换酒换肉，几顿就给吃掉喝掉了，然后再在饥饿中等待下一批救济。因此，在这样一种缺乏计划与安排的生活状态下，他们常年处于贫困与饥寒之中。在考察中我们得知，就在他们的父辈的年代里，每到青黄不接的时候，就会有小沙江地区（含现在的小沙江镇、虎形山瑶族乡、麻塘山乡）的穷人（绝大多数为瑶民）南下县城，沿路乞讨，每年一次，几成惯例。直到新世纪以来，基于政府扶贫力度的加大以及当地农副产品尤其是以金银花为首的中药材的畅销，彻底改善了花瑶人的生活条件，这一现象才得到了缓和。但仍有不间断的小规模的乞讨事件。在这样的生存境遇下，普通的花瑶人将自己一生中的追求锁定在了诸如婚嫁、生育、吃喝、争斗等等这些相对而言更为感性化、情绪化，也更为直接、具体的事情上了。而这些目标的成功实现也能够为他们赢得足够的满足感与自豪感。但是，这支民族对于文化、思想、艺术的追求与创造却一直处于较低的水平。

论述到这里，如果我们按照弗洛伊德所阐述的观点，即人类文明的提升在他的视野里，就是通过对“本能”（即“性冲动”）的压抑而导致的“升华”的话，那么我们完全可以说，花瑶这支民族从整体意义上并没有获得其文明的“升华”！“我们相信文明史以本能的满足为代价，在生存要求的压力之下创造出来的；并且我们相信，文明在很大程度上仅仅只是持续不断的重新创造，因为每个新加入社会的个体为公共利益而重复牺牲本能的满足。而在其所利用的本能力量中，性冲动扮演了一个重要的角色；因此性冲动在此过程中得到升华——也即是说，它舍弃性的目标而转向其他种类较为高尚的社会目标。但这种改变是不稳定的；性冲动不易驯服，并且参与文明事业的各个人都不免受到性本能反抗的危险。社会相信，性本能一旦得到解放并且回复到它的原始目标，文明将遭到巨大的威胁。"① 在花瑶民族中，有关“性冲动”的“本能”更多地指向了“原始目标”——生育，而不是文明的创造与延续。而花瑶民族在文明与本能上的这种关系所导致的结果，又直接影响到我们于此文中所要阐述的与花瑶民族的文化心理相关的两个核心概念，即：他们对“种族繁衍”的看重与对“汉化”行为的抗拒。前者直接导致“利比多”（即“性冲动”）的生育功能，而不是文化创造与再创造的功能；后者则直接影响到了这支民族在接受外来文明中所处的消极地位与作为。

当然，我们在这里探讨这一问题时，并不是在绝对的意义上进行的，可以说，在文明与本能的关系方面的判断，我们并不是在花瑶人内部的自在的意义上做出的，而是在与汉民族的种种表现的比较之后做出的。要不然，我们就无法解释花瑶民族在诸如酒歌与山歌等方面所表现出来的超强才华与智慧了。②

从一般的酒歌而言，花瑶人皆喜饮酒，并逐渐形成了一套相当复杂的酒文化。这些花瑶古老的歌曲用花瑶语言演唱时，会非常讲究音韵与音律，而且也有其内在的诸多意蕴与戒律。但是，当我们用汉语大致翻译其意思后，传统花瑶歌曲中的音韵与意蕴上的东西，也随之丧失了。

为了让读者对其中所蕴涵的音律性有直观的感受，我们将 2004 年 10 月 4 日崇木凼村沈诗永给我们演唱的“夜讪”（亦即用古瑶语演唱的传统歌曲）中的“拦门酒歌”，用汉字音译如下：

主方：

果零生年发财倒，零摸倒，冷磨倒，冷西中摸倒。

---

① ［德］西格蒙德·弗洛伊德：《精神分析导论演讲》，国际文化出版公司 2000 年版，第 10 页。

② 此处所引歌词大多是由考察队成员余金刚整理得出。

了合咯零得东刮哼刮邀，摸罗阿威倒。

瀑阿媒零补哼，诶起咯棱抬合打熊，苦棱抬合打棱。

媒零呀爬山过该，上坡哈棱，木通咯的该该，苦的该吗，梁了阿威都邀。

瀑弯嘎工杯哇从条零，咯哼呀蒙一横，苦孩呀蒙都一孩，诶罗接待木唧媒零。

只想统上冈哈哄，姑娘姊妹，登给得曳吆，围补阿棱，

给咚太泊素鲁扎。给罗接待木棱媒零，木棱媒零呀子门中咳一红。

客方：

木嘎贡杯哇冲条零，给零西嘈果佤秧哼，

给中西嘈果佤秧生。贡起嘎堕空熊蒙跳，贡起嘎埋空晦，

给罗接待望棱媒零。望棱媒零由阿零，拉西拉阿溜，西阿蒙都敌匹秧农，

给罗包起木棱几东。西棱由嘎零的呀蒙敌匹秧滚，给罗八发木棱几东。

湾耿棱媒零咯喊子毕倒高倒棱郎，苦孩子毕倒棱号，哼哼后扎第倒纵母银，

喝喝号打底倒纵母生，湾敢咯哼号阿洋，苦孩呀号阿柳。

西了木几东棱红零嘎得贡，了木几东棱红门嘎的果，

瀑拜棱酷年，快棱酷正。

这两段对唱的古瑶歌的大致译文①如下：

主方：

大人新年发财，人累了，亲戚辛苦了，亲戚实在太辛苦了。

从大人的门前走上走下，累得不得了了。

看你媒人，担起九个抬盒担子，十个抬盒担子。

媒人们爬山过界，上坡下岭，打通九条雪山界，十座雪山界，累得不得了了。

① 此译文由回楚佳提供。

看我们女方父母双亲，九行没有一行，十样没有一样，拿来接待你媒人。

只请动上下男女老少，姑娘姊妹，接九块岩水，盛盆春水，

用来当作淡淡薄薄的茶。拿来接待你媒人，你媒人也只能多喝一两杯。

客方：

你们女方父母双亲大人，提前一年就操心准备起东西，

提前一年就操心准备起东西，早一年养的猪已长大，养起的猪有猪拦大，

用来接待我媒人。我们媒人嘴不灵，口就口不巧，实在没有几篇好话，

用来褒奖你主东。是个嘴巴灵的也没有几篇好话，用来答谢你主东。

我们媒人九行只晓得拿着领吃，十样只晓得领喝，样样喝干到底，

口口喝到干干净净，我们九天喝不完，十天也喝不了。

就要向你主东的亲戚借条路，从你主东的亲朋借条路，

空手来拜个年！拜个年！

此外，2004 年 8 月 12 日崇木凼村的沈思梦在万贯冲村庙山组也为我们演唱了传统的“酒歌”，其大致意思[①]如下：

筛酒人：

今天要说的话，应该从你娘家长辈开始。

因为你们家，人丁兴旺、根深叶茂。

要敬你双杯四季。

客方：

你们不要这样讲，

按照礼数应该先敬你们大小长辈。

喝个四季双杯，我们再喝。

① 此翻译由时任虎形山瑶族乡文化站站长的奉雄新提供。

筛酒人：

照你这么说，要敬你的酒你也想喝，

要敬我的酒我也想喝。

不如我们来个同饮发达。

在婚礼上还有所谓“拦门酒”，为表示对客人的尊敬，凡尊贵的客人花瑶都要以喝“拦门酒”的方式来迎接。

沈思梦还演唱了“打三朝”时的“拦门酒歌”，此歌为妻子的娘家人来参加“打三朝”时所唱。其意思翻译如下：

男方：

这次你大府门，热热闹闹，样样齐全。

挑着到我寒地来，按照洪江的礼数，

我要摆上一桌小小的酒席。

接待你娘家的根深叶茂的大家族的大小长辈。

女方：

我这次是空手来走亲戚，

哪知道你贵府还摆酒席，

接待我寒地大小长辈。

只有我寒地不知洪江礼数，

只知能吃能喝。

唱完喝第一道拦门酒。喝两杯之后，如不想喝。就唱到：

女方：

只有我寒地的人只知道多吃，

不晓得多留，

酒东我要与你协商划算，要留财①了。

我把你五把呷壶②收到豪华的府门口。

男方：

---

① “留财”意为将未喝完的酒剩下。

② “五把呷壶”即酒壶。

只有你贵府没吃也说吃了，没喝也说喝了。

那就算了。

第二道“拦门酒歌”歌词与上述大致一样，只是会把酒壶放到神龛上。

可以看到，通过这样一种在办喜事的日子里，主客家之间进行口头对唱的方式，既展示了花瑶人家的礼俗传统，也让花瑶文化中诸多与教化、禁忌、传说、传统等直接相关的内容与精神，都得到了极好的保存与传承。

除了如上用花瑶语言演唱的酒歌①之外，我们在花瑶年轻人那里抄来的两首长歌中，同样充满了诗情画意，又显得极为朴素、情真意切，极有文学价值。不过，由于这些长歌都是用汉语写就，从中也可以看到，在日常的诗歌之中，花瑶人已经受到了汉文化的影响与渗透。

如下面这首描写青年男女悄悄约会时的情景的山歌，就极具生活神韵：

清早起来雾茫茫，情妹住的好屋场。
妹的屋场住的好，九层篱笆十层墙。
我想同妹恋一趟，不知怎样得进房。
我郎想的无主意，鸳鸯箭头来射房。
一箭射中琉璃瓦，二箭射着地脚旁。
只有三箭射中了，刚好射进妹的房。
大姐捡的不认识，二姐捡的去问娘。
只有三姐认识了，说是情哥找对象。

① 本书中所出现的所有山歌歌词，均系我们在大瑶山实地考察时获得，并全部由我们的考察队员余金刚整理得出。他同时还认为：花瑶山歌对句式和音韵方面并没有严格要求，形式比较自由，韵脚的位置不固定，完全是内心情感的真实流露。所以，花瑶山歌才能在当地广泛流传开来。山歌多为即兴创作，语言优美，善于比兴，对歌时青年男女互相赞美对方，比喻生动，感情真切，表达了对美好爱情的憧憬。因此，山歌是花瑶青年男女交际时的有效媒介。

呷了夜饭雾茫茫，手提灯笼去接郎。
妹在前面把路引，情哥后面紧跟上。
通肠哥来通肠哥，前面是我爹娘房，
莫让爹娘知道了，爹娘是对打人王。
轻轻走来慢慢行，前面是我哥嫂房。
莫让哥嫂知道了，哥嫂是对骂人王。
轻轻走来慢慢行，前面是我妹妹房。
莫让妹妹来知道，妹妹年轻要捡样。
轻轻走来慢慢行，前面是我长工房。
莫让长工来知道，长工知道当贼防。
轻轻走来慢慢行，前面是间看牛房。
莫让牛娃来知道，牛娃知道当歌唱。
轻轻走来慢慢行，前面是你愚妹房。
愚妹房中样样有，二十四缸甜酒酿。
打开一缸郎不吃，打开两缸郎不尝。
二十四缸齐打开，我郎醉的昏昏样。
两个坐在床沿上，做个狮子滚上床。
爱郎睡在妹身旁，好比老虎叼着羊。
半夜起来打一望，月亮还在半天上。
我郎翻身转睡觉，一觉睡到大天光。
打开前门去送郎，八十公公扫乐堂。
打开后门去送郎，八十婆婆喂猪忙。
打开侧门去送郎，看牛娃娃放牛羊。
妹就想的无主意，喊声有虎又有狼。
全家大小躲避起，落心大肚去送郎。
送郎送到五里坡，再送五里不为多。
再送五里不为远，不送情郎送哪个。
送郎送到井水边，手捧井水止口干。
妹妹捧水郎来饮，虽是井水比糖甜。

情哥莫嫌愚妹差，下次攀花再来恋。

一对恋人在偷偷约会过程中的那种既兴奋又怕被人发现的矛盾心情以歌曲的形式形象地表现出来。

此外，2004 年 10 月 4 日我们在崇木凼村沈诗永老人家中还发现了他长子沈书辉整理记录的歌词本，其中记载了一种类似于长篇叙事诗的情歌，如，“十望郎”：

正月是新年，小郎上四川，双手扯住郎的伞，早去早去早回还。

四川好找钱，一去三五年，有钱哥哥男子汉，无钱无钱汉子难。

二月姐在家，小郎下长沙，怕他一去不回家，不如不如莫找他。

三月桃花落，橘子花几多，杉木板凳打了脚，这是这是为情哥。

四月插秧忙，姐家不望郎，扯得来麦子黄，长工长工两头忙。

五月南风来，想起好心怀，冤家不到绣房来，把奴把奴心急坏。

六月天气热，房中无人歇，去了一月又一月，叫奴叫奴如何舍。

七月秋风凉，风吹瓜花开，好似姜女望喜郎，望得望得泪下来。

八月白露来，后院百花开，手攀槐树望乖乖，乖乖乖乖不得来。

九月重阳来，后院菊花开，花开花落无人采，现出现出蜜蜂来。

十月小阳春，风吹又麻林，单人独马一个人，走出走出绣房门。

一对处于热恋中的青年男女，由于生计所迫，“情郎”必须出外“找钱”。只剩下“情妹”一人在家形影孤单，好不寂寞，只能以唱山歌的形式来消磨光阴。歌词简洁、朴实，对仗工整，比喻生动、贴切。“情妹”思念“情郎”、盼望他早日回还的急切心情鲜活地表现出来。

我们可以肯定这两首长歌，并不是花瑶人自己的创作，更像是汉族人的小调歌曲。不过，既然在花瑶人家摘抄而来，至少证明花瑶人在接受、吸收甚至在创作歌词等方面的能力与水准。

从这些歌词中可以看到，花瑶人的智慧更多地被用在了更为感性化与情绪化的单纯的生活意境上，比如说：对歌、喝酒、打猎、狂欢等等，或者是用在了更为神秘化与直觉化的巫术、禁忌等方面，而不是用在更为现实与长远的诸如教育、经商、提高生产技术等具备人生远景规划的事务上，更不用说进行理性与思辨的哲学体系、宗教仪式、科学发明等方面的思考与创造了。

这样的文明状况一旦被迫面对更为强势、也更具体系性与包容性的汉文明的挑战与渗透时，其所处的劣势与被动局面就可想而知了。另外，对于花瑶民族而言，汉民族在长久的历史过程中均处于军事、经济、政治、文化等领域中绝对的优势地位，这样一种优势地位对于花瑶民族文化的发展与种族的生存、繁衍，无疑构成了巨大的威胁，并保持着持续的压力。本文所谓的汉化与抗拒汉化，就是在这样的意义上一步步地展开、升级，直至如今。

三　族谱、辈分诗、神龛、巫术：汉化进程中的几个典型个案

历史上，花瑶民族对汉化问题基本上采取了积极的抵制态度，从本民族语言、族内通婚、服饰、禁忌等各个方面，都在强调自身传统的重要性与优越性。然而，无论花瑶人如何积极而坚决地抵制汉化，在漫长的历史演进中，面对汉文明的强势压力与围困，他们在许多方面还是日

益接近于汉人了。而在所有这些被汉化了的领域里，花瑶人对汉族文字与汉族思想的接受与使用无疑是最为突出，也是最令人关注的。因此，我们将首先从深受汉人影响的花瑶人的族谱、辈分诗、神龛、巫术等方面入手，进一步分析这一问题。

据1997年《邵阳市志》记载，花瑶人开始正规地学习汉字文化，应当始于清乾隆年间："瑶族学校教育发展缓慢。清乾隆年间，境内瑶区才有'或成于官'、'或捐于民'而办成的义学6所，即邵阳县隆回乡2所（今属隆回县小沙江区）。"① 这一说法也能获得清同治年间所编撰的《溆浦县志》的印证："康熙四十三（1704）年，湖广学院潘宗洛题准一例（瑶生）预考。（雍）正十三年湖广学院薄有德题允苗、瑶另编字号，于额外酌取一、二名。"② 不过，大瑶山地域内的正规教育似乎远远晚于溆浦县。此外，从我们的调查中可以得知，花瑶民族真正开始大规模使用汉语来编修族谱、记述本民族历史的做法，要推迟到清嘉咸年间。尤其到了咸丰年间，花瑶人中有名的"瑶秀才"生于嘉庆年间水洞坪的奉成美就编修了《奉氏族谱》，到清末时，生于清光绪年间麻坑的奉成美撰写了以往只会口耳相传的关于宗族与巫术的《教法案例》，另一位奉姓花瑶则撰写了我们此前已经充分讨论过的与花瑶历史相关的《雪峰瑶族诏文》。换言之，从此时开始，花瑶民族真正具备了以汉文字的方式，记述、传承自身文化、历史与传统的能力与水准。

因此，我们也将主要从宗族谱系、辈分诗、神龛文字、巫术文本等角度，进行文本分析，探讨在接受了汉族文明的教育之后的花瑶人，对其自身文明所进行的记述与改造的状况。

（一）辈分诗

在深受汉文化影响之前，花瑶民族也有着自己的家族系统，在类似汉族人的班辈排名出现之前，花瑶先民早期都以"丫"（花瑶念作

① 邵阳市地方志编纂委员会编：《邵阳市志》，湖南出版社1997年版，第566页。

② （清）齐德五主修：《溆浦县志》，清同治十二年刻本，溆浦县档案馆2003年10月重印，溆浦彩色印刷厂印刷（内部资料），第259页。

“阿”）为名，例如沈丫乖、丁丫未等。关于这一命名方式的来源，有两种说法，当地人更为普遍的说法是由于花瑶人缺少文化，因此也无法给小孩起一个像样的名字，所以给小孩命名时，就像平常汉族百姓喜欢将自己的小孩的小名唤为通俗易懂的“阿猫、阿狗”一样，将名字起为“丫贵、丫简、丫科、丫苗”等等。关于这一命名方式来源的另一种说法则与花瑶人关于先民的历史经历与族群延续的传说相关，相传古时花瑶先民遭遇到与外族人之间的战争，兵败后被追杀，最终靠躲避在大树的枝丫上逃得性命，因此，为了感激树丫的救命之恩，花瑶先民在

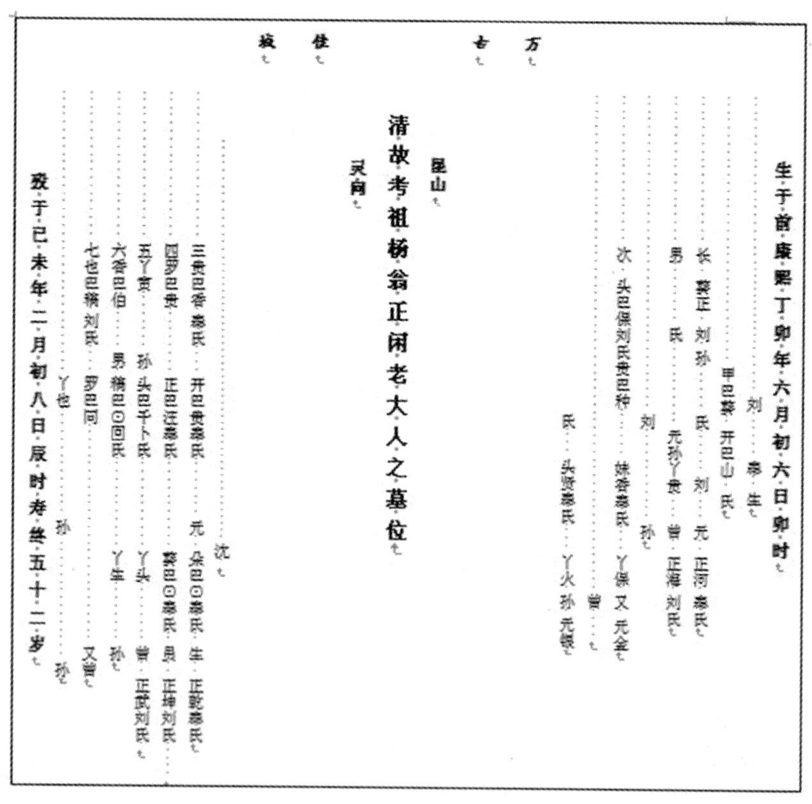
万 古 佳 城
生于前康熙丁卯年六月初六日卯时
刘 泰 生
甲巴禁 开巴山 氏
长 寡正 刘孙 氏 刘 元 正河泰氏
男 氏 元孙丫贵 曾 正海刘氏
刘 孙
次 头巴保刘氏贵巴种 妹香泰氏 丫保 又 元全
曾
氏 头贤泰氏 丫火 孙 元银
昆山
清故考祖杨翁正闲老大人之墓位
灵向
沈
三贵巴香泰氏 开巴贵泰氏 元 朵巴⊙泰氏 生 正乾泰氏
四罗巴贵 正巴汪泰氏 寡巴⊙泰氏 艮 正坤刘氏
五丫贵 孙 头巴千卜氏 丫头 曾 正武刘氏
六香巴伯 男 桶巴⊙回氏 丫生 孙
七也巴桶刘氏 罗巴同 又曾
丫也 孙 孙
殁于己未年二月初八日辰时寿终五十二岁

图表 7　岩儿堂杨氏墓碑

生了孩子之后，其名字都以“丫”为字。[1] 后一种说法虽然并不普遍，但是与花瑶人忌食黄瓜、白瓜之意相同，也合情合理。以“丫”为命名方式的做法在传承了数代之后，花瑶人开始出现了新的命名方式：“父子联名制”，即男子名字的第一个字来自父亲，后一个字则为儿子名字所必需，如《奉氏族谱》中记载了这样三位父子的名字：也保、葵也、同葵；[2] 而杨姓也有父子联名现象，在杨正贤的墓碑中（参见图表7)，可以发现如下名字相传的命名方式：正贤、葵正、巴葵、开巴山。

这样一种命名方式相对于统称为“丫”的方式而言，显得复杂了很多，也有利于通过名字区分辈分与族系。

父子联名制存在一段时间以后就被班辈取代。花瑶之中接受汉族文化的人编出了班辈，班辈都是诗文，便于记诵。之后，花瑶各姓在嘉庆、咸丰年间陆续修族谱，现在花瑶男子的名字一般都遵循班辈的规则。在这里，我们从前面对于花瑶汉化问题的阶段划分中就可以看到，这些族谱的出现，恰恰是在花瑶民族归顺朝廷之后（清雍正年间）才发展出来的，也就是说，对朝廷的归顺直接导致了花瑶人向汉民族学习的热情与机会，也就是在此时，汉字与汉民族的种种文化（如族谱、辈分等）开始深入地影响着花瑶民族。

因此，对这一问题的论述无疑有益于本书各个论题的深入展开。

以下我们列举一些花瑶大姓的班辈诗文：

奉姓[3]“五派”：光世成德泽，锡祚兆祯祥，忠厚传家久，文章华国长。

---

① 2012年6月16日，在旺溪村回家湾访谈过程中，我的母亲袁云莲听到我们在议论花瑶人的姓名状况，就告知了这一命名方式的如上来历。

② （清）奉成美主修、奉德芳书：《奉氏族谱》，清咸丰元年撰本。

③ 奉姓来源于同一个始祖，但是随着时间的推移与人丁的繁盛，他们之间出现了内部的派系区分，也就是“五派”族人与“三派”族人，在这两派族人之间，标示辈分的诗文已经完全不同了，但是，相互之间的辈分关系却依然可以通过比对得出。从中也可以看出，“三派”族人的先祖，应当是从桂林迁来大瑶山的花瑶人。

"三派"：兴学成才道，修文启进英，源江发光明，桂林有先锋。

沈姓：开明成道德，诗书玉后祥，洪鸡会说白，曰曙希世泽。

（雄鸡会叫白，日旭棉世泽。）

刘姓：佑开绍助长，笃庆永乐昌。

杨姓：（岩儿塘）文开正元才，朝廷方显达，法宝尚金召，登堂喜佑悲。

（白水洞）文开正元才，朝廷方显达，登台赐玉杯，发榜上金鑫。

我们从如上这些用以确定宗族辈分的诗文中可以看出，花瑶人在为自己的族姓确定辈分排名时所使用的文字以及这些文字所表现出来的意境，已经完全汉化了，并已经完全受到了朝廷的影响和左右，如杨姓的"朝廷方显达"一语就是最为明显的表述。另外，如果我们从整个花瑶民族在这一问题上的总体表现来看，甚至还可以做出更进一步的判断，亦即他们所使用的文字已经完全儒家化了，我们从各姓辈分诗文中诸如"道"、"德"、"忠"、"厚"、"文"等字的重复出现中，就能够看出儒家思想的深远影响！也就是说，到了这些辈分成型的时代里，汉族的文化与朝廷的权威已经从根本上融入了花瑶人的思维方式与文化意识之中了。也只有如此，在他们的辈分排名的诗文中才会有如此强烈的"文化"、"道统"、"政统"等意识，以及拥有如此强烈的向往显达于朝廷的愿望。如果对中华文化有所研究的话，我们就会知道，这种明确、主动、积极的文化道统意识与显达于朝廷的愿望，长期以来都是汉民族所创造并持守的文明与文化的核心与精髓所在。也就是说，通过长时间的努力，花瑶人在此时已经能极为准确地进入到汉文化的内核所在了。

当然，我们也可以认为，这些诗文并不是出自花瑶人自己之手，而只是一些汉人文士在接受了花瑶人的邀请与报酬后，为他们写下了这些带有强烈汉文化意味的诗文。[①] 这一假设在花瑶人的记忆中，几乎可以视为事实，据说辈分诗文中文字与意境极为相近的那几个宗族（如：奉姓、沈姓）的谱系，就是出自同一个汉人秀才之手。但是，就算这一假设是实情，也改变不了我们在前文中所得出的清中晚期花瑶人的汉化程度极高的结论。因为，从收集到的相关资料中，我们也看到了，来自花瑶本身的有识之士同样具备了这样的水准，并进行了这方面的努力。对于这一问题，我们从如下这一份由一位奉姓老人所珍藏的族谱的内容中就能看得更为清楚。

（二）《奉氏族谱》

下面的文字是我们对《奉氏族谱》[②] 前三页的整理稿[③]：

原谱第一页全部文字如下：

班辈：光世成德泽锡祚兆祯祥忠厚传家久文章华国长

原谱第二、三页全部文字如下：

序，《文心雕龙》云：谱者普也。盖家之有谱，所以普叙世系。俾继起者，远追宗近述祖，历亿万年如一也。我始祖奉明公原籍江西吉安府，田庐坟墓均在鹅颈坪，子三。长，奉亨公迁广西；次，奉贯公迁云南；三，奉寅公迁贵州。洎明洪武元年始，徙湖南洪江，嗣是又家龙潭。前兹无谱记。间有前辈笔载可稽，亦属断简残篇，安能于世远年湮之下，而叙次世远年湮以上之履历。故尔数典难免忘祖，贻诮窃念。读圣贤书所学何事？应于木本水源，勿忘其所自耳。凡圣朝以孝治天下，所属满汉，原皆各有族谱，以序昭穆，使后之视今犹今之视昔。独我猺于此典而阙如，诚憾事也。因不揣简陋，勤求遍访，四阅岁而谱成。肇自马世公，其间高曾矩矱，子孙箕裘，足以信今而传后第。前此，风微人往，见之固无闻知亦罕，奚能以未及填讳者告无辜于奕叶在天之灵。

① 由于我们在采访过程中，确实有花瑶人告诉我们存在过这种状况。而且花瑶先祖们的墓碑都是汉族匠人所制作，也是没有疑问的事情。

② （清）奉成美主修、奉德芳书：《奉氏族谱》，清咸丰元年撰本。

③ 此族谱由考察队员李[illegible]整理得出。原谱无页码，整理时按照原谱顺序编码，无字白页跳过不计。

至若昭兹来许，绳其祖武，自分可诵下武之五章。谨序。

主修马世公十五代孙成美
大清咸丰元年春月穀旦马世公十六代孙德芳顿首书

氏历代分派承祧世系纪

一代
马世
明洪武时由洪江徙
居辰州龙潭生没年
月无传寿百二十岁
葬龙潭 妣
易氏
生有异相武健过人
身高七尺马公没
后从二子徙居葛竹
坪鹿洞及歇官寨之
金竹坪嗣是又迁本
国盛生没年月无传
葬本国盛虎形金星
虎关窝穴乾山巽
此处一排共坟三[①]
冢左右係外戚步廉
二姓之墓中易妣墓
寿百二十岁
子二
长褒士隆
次褒士堂

二代
褒士隆
马世公长子一名昂
由本国盛迁蚂蝗
山莪梨树并桐木
洞之蕨芽坪葬蕨
芽坪屋后高山半
岭上山顶落脉钳
中乳穴甲山庚向
妣
郭氏
葬龙潭无出
韩氏
葬青山凹老虎欄
几子形酉山卯向
无出
刘氏
刘家坪刘公子福
之女昂公没后从
蕨芽坪徙居金竹
山之山叶冲葬屋
后壬山丙向此处
共坟五冢係顶上
一冢有图可验
子一
同三

三代
同三
褒士隆公子居山叶
冲葬屋后壬山丙
向係褒士隆妣刘
氏墓下偏左一冢
有图可验 妣
沈氏
葬山叶冲屋后壬
山丙向係褒士隆
公妣刘氏墓下第
三排偏右一冢有
图可验
子七
长正辅
次
三
四
五
六以上五房未详
七琬公
(左有各坟位置
示意图，因技术
原因略去)

四代
正辅
同三公长子居麻坑
葬麻坑贵州寨虎
形庚山甲向 妣
刘氏
子五
长敬公
次
三
四
五内有一房係麻
坑峒瑶官正望
子邑庠生开科之派
俱未详
琬公
同三公第七子由山
叶冲徙居滑贯冲
葬屋后巳山亥向
妣
刘氏
葬与琬公合茔
子一
滑贯

五代
敬公
正辅公长子葬麻坑
水栎坪鹅形巽山
乾向 妣
刘氏
与敬公合葬係左
子二
长贵山
次孝公
滑贯
琬公子葬滑贯冲巳
山亥向 妣
沈氏
葬滑贯冲巳山亥
向
子一
当揆克

褒士堂
马世公次子分派白
面将其世系另行
备载

①此行以右为第四页，以左为第五页。

在以上这部族谱中，如果我们除去部分内容上的直接提示之外，可以说，不论是从外在形式上还是从内在意蕴上，我们都已无法从上面的文字之中分辨出此族谱是出自花瑶人之手还是出自汉人之手了。因此，当我们在调研中初次看到这一族谱时，我们的第一感觉也是：这一族谱一定是出自花瑶人请来的汉人秀才之手，因为这样的事情在古代花瑶人中间经常发生，比如说，当古代的花瑶人需要在坟墓或其他地方竖立刻有文字的石碑时，他们就会请汉人的石匠前来处理相关问题，汉人石匠也会根据花瑶人的叙述，将相关的内容翻译成汉文写出来并刻上去，但是，由于花瑶语中间的许多特有名词（如人名）的读音在汉语中很难找到相对应的字，石匠们往往会随便使用一些读音相近的字刻在石碑上。他们这样做至少在当时用口念的时候不会有什么问题，因为在场的每个人都知道这些字代表着什么人或什么事，但是，这一举动却给我们这些后来者留下了无尽的麻烦，比如说，在同一姓氏的不同坟墓的石碑上，我们经常会发现这些花瑶祖先们的名字往往存在着相隔几辈却完全相同的现象，当我们提出这一问题时，花瑶人往往就会告诉我们，这是当时的石匠弄错了，因为在没有辈分排名的历史时期中，花瑶的名字中间的字全部都是"丫"字，而且不同的人的名字中，在第三个字上又往往存在读音相同的现象，于是，不知道花瑶宗族的内部族系的汉族石匠们就会将两个完全不同的人名刻成了完全相同的名字。可以想象，就如我们在前面论述到的，在刻石碑这样的事件上常常依赖汉人的花瑶人，在族谱的问题上同样存在着求助于汉人的可能性。然而，令我们吃惊的是，这一族谱却完全出自花瑶人之手。这一事件的发生，已经向我们展示了花瑶人接受汉族文化的能力与效果，也证实了我们关于花瑶人在汉化问题上的想法与假定。

由花瑶人自己修订族谱事件的发生，向我们展示了这一族群在接受汉族文化方面的能力与效果，也证实了我们关于花瑶人在汉化问题上的想法与假定。这份族谱无论是其序文还是其内容，都深深地打上了汉文化的烙印，也体现出了古代中国人对于家族关系、亲情伦理等问题的基本态度。当看到其论及“独我猺于此典而阙如，诚憾事也。因不揣浅陋，勤求遍访四阅，岁而谱成”时，着实令人感叹万千，这种寻根溯源的精神，自古以来就是讲求“天人合一”、“人鬼相通”的汉族人所坚持、维系的。而花瑶民族这种对于祖先的追思与怀念，也正是《论语》所谓“慎终追远，民德归厚”的具体表现。另外，《族谱》中论述先祖所葬之地时，往往会提及其地之风水、山势、脉象，这也是汉族人所讲究的阴阳五行、风水龙脉的体现，这种对于阴宅地理、风水的关注，并不是“性喜迁徙”① 的古花瑶人的传统，而是向汉人风水先生学习的结果。可以说，花瑶人在归顺朝廷之后，于文化上的汉化倾向取得了极大的突破，也给本民族的历史、文化、传说等文明内容提供了一个极为有效的载体：汉字！我们在实地调研时所得到的由花瑶人自己写成的文字资料的绝大部分均来源于此时，除了上述《奉氏族谱》外，还有《雪峰瑶族诏文》。

当我们初次看到这份族谱的另外一种惊讶，则来自于花瑶人对于祖先遗业的承继与执著。看守族谱的花瑶老人告诉我们，这份族谱在修订时有两份，其中麻坑奉姓族人所保存的一份已经毁于一场大火，水洞坪的这一份是唯一的一份了，为了保存它，这些年来已经很少给外人看了。正是老人的珍视，才使得这唯一的一份资料得以留存至今。我们不得不感慨，曾经盛极一时的汉人族谱，大多已无处可寻了，而花瑶人的族谱却在历史的风雨中得以流传，由此也可以看出花瑶人对于古代汉文化影响下的自身文化的珍视与执著。这一状况一直以来都在深远地影响着花瑶人的方方面面，比如说他们在日常生活中的角色定位，以及处理家族事务时的关注点，等等。

---

① 如1997年版的《邵阳市志》中认为：“今隆回小沙江一带自古为梅山峒地，据奉姓、沈姓等族谱记载，奉、沈、蒲、刘、步、回、丁等姓花瑶，元代因受统治者的歧视和征讨，被迫离开世居的江西吉安田户，西迁贵州，后又辗转广西桂林一带，元末再从桂林从北徙，经义宁、城步迁至今湘西南的洪江。明太祖年间，从洪江迁居溆浦龙潭等地，以后更向深山密林徙进，插标为记，相继定居在今隆回县西北的麻塘山、小沙江、龙坪、虎形山、茅坳等地和今洞口县大屋瑶族乡和桐山一带。”（参见邵阳市地方志编纂委员会编《邵阳市志》，湖南出版社1997年版，第552页。）

在了解了花瑶人在宗族谱系方面的汉化情况之后，我们还可以参照一下原本属于汉人族系的回氏门中的谱系，① 用以比较他们与其他花瑶姓氏之间的异同问题。

根据回姓后人的记忆，回姓宗族的辈分诗文如下：

> 禹文必再升，宗祖添元朝。
> 永代正邦达，纲纪守荣华。
> 先人源世德，禄礼臣恒顺。
> 房民玉秀昌。

给我们讲述辈分诗文的人同时向我们强调，上述这一辈分排名可能直接来自魏姓，而与他们现行的辈分有一定的出入，这一问题我们在下面的资料中也能看得很清楚。毫无疑问，如下这一有关回姓的谱系（参见图表 8）会在花瑶人的族姓谱系上给我们带来更为清楚、直观的印象。在这里需要强调的是，如下这一谱系的来源并不是成文的族谱，而只是我们根据回姓后人们的口述记录整理而成。另外，我们在这里所记录下来的只是小沙江镇旺溪村回家湾组的回姓花瑶这一支系中比较简略的宗族谱系，而不包括大水田乡的其他回姓花瑶。

从谱系表中我们可以看出，回姓花瑶人现在使用的谱系与原来来自魏姓的谱系之间确实存在着诸多差别，但是，如果我们从汉文明的角度出发，就会发现，作为汉族人的魏姓辈分诗文与其他花瑶各姓氏的辈分诗文之间并没有太大的差别，其文化意境与文化内涵基本上都是一致的。到这里，可以看出花瑶人的汉化程度已经达到了一个前所未有的高度。

3. 神龛

我们在调研的过程中还发现了一个极为重要的儒家文化影响到花瑶

① 根据回姓后人自己的介绍，他们的先祖是一位魏姓汉人。

图表 8　**旺溪回姓家谱**

回乾武	和宝	升泰	法丁	玉秀	云超	华鹏	爱英（女）
						华永	先军
						华旺	(无子)
				玉绪	云秋	华光	先正
						华铁	先权
						华移	(尚未生子)
					云修	华开	先造
							先理
						华电	先博
							先东
							先学
						华棕	先双
					云迪	华禄	(无子)
						华司	(无子)
						华金	(无子)
						华文	(无子)
					云省	华明	先伟
					云龙	华雄	先本
						华凯	先总
				楚往	(无后)		
				玉读	云八	华维	先快
							先庄
					云胜	华跳	先果
							先超
							先挨
					云满	(无后)	
		升福	法洪	玉明	云作	(无子，招婿)	先苗
				玉霜	(无后)		
				玉安	云海	香秀（女）	
		升贵	(无后)				
	光宝	升龙	法灵	玉顶	荣足	华松	
				玉志	荣棍	华键	朝霞
						华兵	志颖
				玉坤	荣庙	华教	
						华订	
				玉连	荣格	振华	
					荣界	华表	
						华代	
					荣在	（两女）	
					荣湘	华勇	
			法武	(无后)			
		升牵	(无后)				

图表9　崇木凼沈姓花瑶人家的神龛

祖德流芳

誠

篚

祖德振千秋偉業

始祖　沈開端

高祖　沈香保

曾祖　沈坨仁

考祖　沈千公

祖公　沈門久　妣楊氏

祖父　沈成信　妣奉氏

父　沈道號　妣奉氏

沈氏門中

天地國親師位

普天供養

敬

篡

宗功啓百代文明

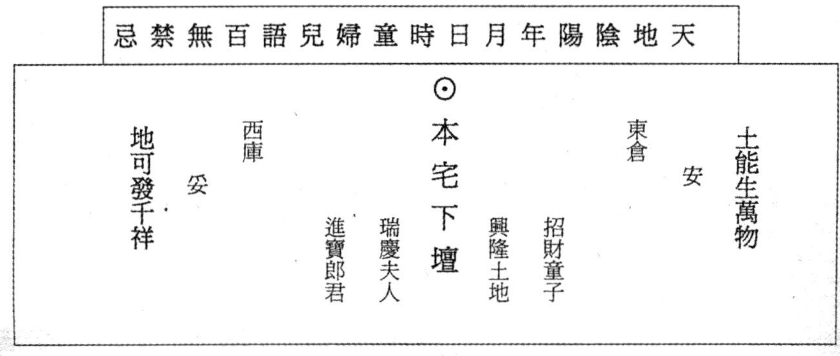

文化的现象。在花瑶人家的神龛上，直到现在他们在神位上所撰写的文字竟然还是源于儒家文化影响下的“天地國親師位”，有些甚至还是盛行于帝国时代的“天地君親師位”！这样一种表达的方式已经与当地汉

族人的神龛极为不同了，在实地调研的过程中，我们所看到的汉族人的神龛的主位上，基本上都是遵照如下格式写成："本宗堂上某氏门中历代祖考、妣之神位"。换言之，相对于经历了帝制解体、民国、共和国等剧烈变迁的汉族人而言，花瑶人在文化传统与思维习惯上，依然留存着帝国时代的深刻印记。此外，花瑶人的神龛中的文字，无论是"祖德流芳"的横批，还是"祖德振千秋伟业，宗功启百代文明"的对联，抑或是"天地阴阳年月日时童妇之言百无禁忌"的"免责声明"，甚至是供奉着"土地爷"与"财神爷"的下神龛，所有这些文字都无一例外地源自于汉族文化。我们同样能够从汉族人的神龛中找到如上信息。

与汉族人家较为常见的格式相对统一且易于保存的玻璃神龛不同，花瑶人家的神龛绝大多数都是更为传统地用毛笔写在红纸上。这一差异存在着两种解读方式，一种是从经济角度上，汉族人家的神龛需要请专人制作、安装，代价很高，而花瑶人家的神龛则不需要太大成本，事实上，我们在实地调研中也发现少数经济条件看起来较好的花瑶人家也依照汉族人的样式，装上了玻璃神龛；另一种解读方式，对于我们的论述而言也是更为重要的解读则在于，花瑶人家所坚持的用毛笔写在红纸上的做法，不仅仅说明了写这些神龛并没有受到现在汉族人的影响，而是体现出一种传统的延续与遵循，当然，更为重要的是，我们还能从"汉字"的角度进行更为细致的解读。严格而言，以毛笔字写就的"汉字"，与以电脑排版并打印出来的"汉字"，从其外在形象、内在神韵，尤其是写作者的心理状态而言，无疑有着天壤之别。当我们在汉人家里看到统一排版、统一字形、统一字号、统一色调的神龛时，其中所蕴涵的信息也是一致的，唯一微小的差别，就在于具体的姓氏与祖宗们的名字而已。然而，当我们在花瑶人家看到一个个用毛笔写上去的神龛时，却有着完全不同的观感，字的好坏美丑本就是一道风景，而神龛文字与内容的详略也能看出主人家在文化与修养上的差异，很多时候，即使是紧挨着的两户邻居，一家是"天地国亲师位"，另一家却是"天地君亲师位"，也体现出现代统一格式之下所抹杀掉的差异与特点。

尤为关键的差别在于，当人们用毛笔写下这些神龛上的文字时，绝不仅仅是完成一种流水作业式的工作与任务，而是一种需要融入自我敬畏、自我虔诚、自我端正等相当严肃的情感与心态在内的人的心理活动。在我们所遇到的懂行的花瑶老人那里，还曾向我们详细地解释了写这几个字的讲究，所谓“天宽、地厚、國不开口、親不闭目、師不带刃、位不离人、一点安位”。也就是说，“天”字要写得宽，象征着无所不在；“地”字要写得厚，象征着无所不载；“國”字的四周都要封住，象征着国土无缺；“親”字右边的“見”要开口，象征着活着的亲人能够长寿以及死去的亲人会时常关注着自己的子孙后代；“師”字的最后一竖不能拖出刀锋来，象征着“师”是以文立世而不带兵刃；“位”字左边的单人旁与右边的“立”字不能分开，象征着人丁兴旺；另外，“立”字上的一点要留待最后才点，象征着主神之位最后得以立于此门之中。

无论从花瑶神龛中的文字，还是写这些文字的讲究上，我们都可以看出汉族文化对于花瑶民族的深远影响。

4.《教法案例》

在我们所收集到的这些文字性资料中，有一部文献，是最为难懂，也最具备神秘色彩的文献：《教法案例》（残本）。

这是我们所收集到的唯一一份涉及花瑶的巫术与宗教的文字性资料，无疑意味着花瑶人对汉文字的学习与使用，已经进一步影响到了历来只是口口相传，且颇多禁忌的巫术传统。由于我们在 2011 年底方才获得这份资料，时间很短，因而没有充分的时间对其进行解析，更没有充分的时间去请教花瑶“巴梅”，对每一个案例的具体内容、操作方式与实施流程等问题进行深入了解，因此，我们无法对这一文本进行有效的分析与解释。此外，这份文件年代久远，在保存的过程中，已经被虫子吃成了残本，很多内容也缺失了。出于如上原因，我们这次只是期望对文本本身进行简单的探析，并列举其中几个具备代表性，而且基本上能够完全看清楚的文字与图片的案例，作为此处汉化主题的一个补充。

在这本《教法案例》[①] 中，主要记述了如下 24 种法术：心痛法、接骨水法、封血水法、雪山水、隔鬼法、吞口水、敢秽法水、收猖、观魂、断杀、吹眼睛、大慈大悲难无（缺损）、吹野眼睛、九牛造、走病屋、退神象、开神象、安土、开山、隔家神土地、断蚂蚁子法、夜行路隔鬼法、肚痛法。

在这些法术中，我们都没有在此前了解花瑶巫术“耶皈”的采访记录中找到，或许属于另外一个系统的法术与巫术。在此附上七种较为典型的、带有符咒，且相对完整的教法案例：

接骨水法：

一手大红杀。二手小红杀。三手长江水无踪。寅时砍断。卯时法生。根断根相连。骨断骨相合。皮断皮相接。不断不相连。痛去指痛。烧去退凉。瘇去烧退。启之铜炉。烧退金刚。顶朝冻观世音。暮冻观士音。风波符内观士音。儿人若吃一碗清符水。坪水万年补过转儿程。

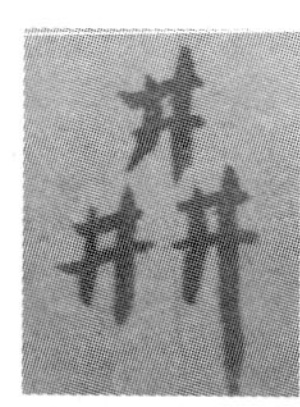
（原书所附符咒）

封血水法：

日就东方一点红。手提金鞭到麒麟。一口吹断长江水。封死血口不许流。

（原书所附符咒）

雪山水：

一更金鸡未报晓。二更金鸡未报晓。山中树木响噔冻。四更金鸡未报晓。好雪上又加霜。太阳高晒不浓。未龙龙退爪。虎未虎退皮。山中

① 这份《教法案例》由考察组队员顾旭光整理得出。

百鸟退毛衣。

（原书所附符咒）

隔鬼法：

道法本不多。南请观北合。肚内一个字。熊静四争趾。

（原书所附符咒）

吞口水：

天上金鸡斗。地下曹罗启。春夏此务就。铁要法成人。

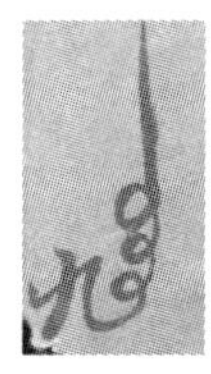
（原书所附符咒）

敢秽法水：

道法本不多。男请观北合。肚内一个字。熊静四争芷。感启天秽。年秽。月秽。日秽。时秽。人秽。生秽。死秽。生秽。仅在铜锣帐内。死秽仅在棺椁内。正神到此秽。威气烧散。

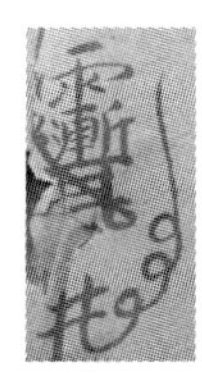
（原书所附符咒）

开山：

子吋出日东。（缺损）庙一事收。子时原耒座九州岛。脚踏炉渡水上游。一步蹬（缺损）甲。二步启雷延。三步普名吾身到。死不万法闲通引。龙耒龙归山。虎耒胡为虎。耒者我兵。去者我师。有堂归有堂。有殿归有殿（此处缺损，根据前文补）。散于天下（缺损）。我弟

（缺损）元位。

（原书所附符咒）

事实上，除了我们所讨论的上述几个有明确的文字作为依据的案例之外，汉文明对花瑶文明的影响，进一步涉及到了日常生活中的方方面面。即使到现在，我们从花瑶人日常生活的作为中，同样能够看到并感受到他们对于古代汉文明的认可与执著。有些连汉人自己都早已经放弃了的事情，却还能在花瑶的日常生活之中看到，比如说对各种礼数（如婚礼、酒礼、主宾礼，等等）的尊重，以及对祖先、神灵的崇拜，等等。这也证明了孔夫子的那句老话："礼失求诸野！"当历史上一直处于主动地位的汉族文明在面临更为强势的西方文明而日益处于守势，并日益西化从而放弃许多自己自古以来所持守的行为模式与核心观念时，作为历史上的被动者的花瑶民族，却在西方文明还没有进一步侵入内部之前得以以一种汉民族所失去了的强硬姿态，一直坚持并守护着那些随着汉化而得到并进而在日常生活中习惯了的汉文明的行为模式与核心观念。

人类文明之间的转化与消长在此处变得充满了戏剧性。而花瑶民族这里所体现出来的这种戏剧性的瑶汉文明交往史，或许也正是这支民族能够提供给我们的重要启示之一！

四　"瑶化"与"山地化"：大瑶山上的汉族人

如果纯粹从概念的角度而言，"瑶化"与"山地化"两个概念之间最大的区别或许就在于：瑶化是关于花瑶文化与花瑶传统对迁徙进入瑶界的汉族人本身的文化与传统的影响与同化；而山地化则是关于大瑶山本身所具备的地理状况、人文环境与自然资源，对生存于大山之中的人们的文化与传统的影响与改变。从前者而言，所讨论的主题依然在于瑶汉之间的文明冲突与融合这一大脉络之中，只是从更为具体与微观的角度切入进行考察；从后者而言，相关的讨论实际上已经与瑶汉之间所存在的族群差别、文明差别等问题都没有太大关系，而是关于外在于人类社会的自然与地理环境，对生存于其中的人类的生活习惯与文化传统所造成的影响与改变。

我们将先讨论瑶化的问题，探析进入大瑶山之后的汉族人究竟从哪些方面受到了花瑶人的影响与同化。并在此基础上，从自古以来就存在着“瑶界”的大瑶山内部与大瑶山之外的世界之间的比较，探究生存于大瑶山之中的花瑶人与汉族人作为共同的“山地人”，所具备的那些共同的特征与状况。

我们在此前讨论到汉化问题时，主要着力点在于从更为宏大的文明、文化、文字等角度入手，探讨花瑶人对于汉文明的学习、接受、消化的程度，从中可以看出，汉族文化从极为显著的信仰、文化、制度、礼仪等方面，深远地影响、重塑、改造了花瑶文化与花瑶传统。这也就意味着，清末以来逐步迁入大瑶山的汉族人，虽然需要向已经在这片土地上生存了几百年的花瑶人学习诸多生存的经验与智慧，但是，这种学习显然不会是更为宏大的文明、文化、文字，也不会是更为显著的信仰、文化、制度、礼仪等，因为这些本就属于汉族人的文明与文化之中的内容，既然是花瑶人所学习、接受的对象，那么，在花瑶传统中所存在的那些相对应的文明与文化内容，必然不会被本就具备汉族文明与文化传统的新的迁徙进入大瑶山的人们所学习与接受。换言之，如果我们希望从大瑶山中的汉族人那里发现任何“瑶化”的痕迹与踪迹，就需要我们格外细心、更需格外小心，因为我们既不可能像讨论汉化问题那样，寻找到如此多的文献、文本、文字等为证据，证明花瑶人的汉化程度，故而需要格外细心，此外，我们也不能非常清楚、明了地区分出我们所看到的那些似乎瑶汉之间具备相似的特征与习俗，究竟是汉族人影响花瑶人的结果，还是花瑶人影响汉族人的结果。

在这样的现实格局与困境之下，我们不得不将讨论的范畴一再予以缩小、集中，从几个毫无疑问源自花瑶文明与文化传统，但又为当地汉族人所共有的典型的个案入手，探讨历史上可能存在着的瑶化问题。

关于这一主题的探讨，相对于其他主题而言，需要冒很大的风险，而且也将面临更多的困难，有些困难甚至是暂时无法消解的。这样的困难主要来自几个方面：第一，由于此处所要讨论的"瑶化"问题，是一种更为生活化，也更为民间化的瑶汉之间的互动关系，从宏大视角而言，缺少足够的重要性与影响力，故而无法被历代史志编修者所关注并予以记载。第二，严格而言，这是一种类似于"日用而不知"的影响方式，因而也很难受到当事人的注意，更不会有当事人对此进行文字记载与记述，也不会有兴趣进行口述史般的流传，并主动向我们提起相关事件。这两个困难所形成的格局，使得本主题的研究在文献资料上处于极度薄弱与缺乏的状态之中，在调研过程中，我们基本没有找到与此相关的文献记载。第三，由于我们在进行相关研究之初所形成的既定思维，也使得我们在探讨这一主题时无法进行深入、全面而细致的展开。事实上，从2003年开始计划展开对花瑶文化的大规模研究之时，直到在最后写作过程中决定加入这一主题的研究之前，我们展开实地调研与考察的核心目标与关注点，都在花瑶民族本身上，希望通过我们的努力，对只有语言没有文字、且长期被外界所遗忘的花瑶民族的历史、文化、传统、习俗、信仰等各个方面，进行尽量客观且详细的考察与记述，在此过程中，一直未能意识到"瑶化"问题的存在与重要性，也就没有将花瑶人对汉族人所形成的影响与变迁等主题提上日程。所以，直到此刻动笔之时，方才发现，我们也极度缺少能够支撑这一主题的研究的一手资料与田野笔记。第四，或许也是更为重要的困难在于，汉族人对于我们此处所谓"瑶汉"的主题非常敏感，如果我们直接问汉族人是否学会了花瑶人的文化与传统，他们往往会断然强调："没有，谁会去学瑶族的东西！"因此，在讨论到这一主题时，往往只能通过人们无意之中的讲述，或是我们平时的观察得出，而无法获得当地汉族人直接而全面的讲述与回应。

当然，尽管本主题的研究面临着如上困难与困境，但是我们相信，这一主题本身的存在，无疑具备其特殊的价值与意义，能够让我们从更为全面与客观的角度上，对生存于大瑶山之中的瑶汉二族的生存状态，有清晰且深刻的了解与认知。此外，从更为宏大的国家视角而言，我们也相信，类似的努力对研究与探析其他那些同样拥有汉民族与少数民族杂居的地方的人们的生存状态与族群心理，具备了典型个案意义上的价值。因此，对于拥有如此众多的民族，且各民族之间相互交往又如此之久的中国而言，这样的研究是维系稳定的民族关系与和谐的社会环境的基础性工作，具备很强的现实性与针对性。至于其中所存在的诸多不足与缺陷，不仅将成为我们进一步展开相关研究的起点与动力所在，而且也将为后来者提供研究的思路与切入点。

历史上，作为瑶山上的后来者的汉族人迁徙进入大瑶山之后，为了有效应对新的自然环境与族群关系，以获取更好的生存机会，他们必须首先面对作为先入者的花瑶人的存在这一事实，而且也将面对着花瑶人自古以来所积累起来的应对大瑶山的各种状况的生活经验与生存智慧。无论从人际交往还是生存条件上，都迫使迁入当地的汉族人从一开始就必须学会与花瑶人打交道，并进而从花瑶人那里获取更多在大瑶山生存的经验与智慧。此外，由于瑶汉二族共同生存在大瑶山的时空背景与地理范围之内，必须面对着诸多相似的生活环境的压力，因此，他们在很多地方也体现出共同的特性，从某种意义上而言，这是一种“山地化”的结果，山地人相对于平地人而言，本就拥有着诸多不同之处，这就意味着在大瑶山内部，瑶汉之间所存在着的巨大差异，却在大瑶山之内与大瑶山之外的更大地理与地域背景之下，变得不再如此明显与突出了。

这一状况的出现，不仅仅有瑶汉二族上百年的相互交往、相互学习、相互融合等人为因素，而且还存在着更为现实的地理环境与自然资源等更为客观的外在限制。具体而言，我们可以从如下几个方面入手，简单介绍、探讨迁徙进入大瑶山之后的汉族人所发生的变化：

1. 语言

语言是相互沟通的桥梁与媒介，语言上的隔离状态往往会进一步导致文化、社会与交往中的诸多不便与顾忌，因此，要想在大瑶山上与花瑶人和睦相处，懂得对方的语言无疑是至关重要的一步。

现如今，不仅绝大多数的花瑶人懂得本地的汉族语言，而且生存于瑶汉杂处之地的许多汉族人，也能够懂得花瑶的语言。当我们于 2011 年 11 月在小沙江镇江边村麻坑组调研时，当地汉族人黄顺禹就告诉我们，此地的汉人中间有 80% 的人懂得瑶语，虎形山乡的汉族人也有 80% 以上的人都懂，小沙江镇街上尽管花瑶人很少，但是大概也有 30% 的人懂得瑶语。他还强调，自己就懂瑶语，不过，对于花瑶人在“钉铜”（汉族人对于花瑶巫术“耶皈”的通称）中所使用的瑶语，却是听不懂的，这种语言就像现今汉族人只有少数人懂得古汉语一样，在花瑶人中也只有少数人能够懂得“耶皈”中的语言。这样一种认为与花瑶人相邻的汉族人大多数懂得花瑶语言的判断，无疑是具备可信度的。我父亲就常常提及，自己小时候经常与花瑶小孩子一起上山打猎、一起玩耍，在此过程中学会了花瑶的语言，尽管后来去外地参军、参加工作，但是学会的花瑶语言却一直未曾忘记。对于像父亲这样的当地人而言，学会了花瑶的语言之后，再去与他们打交道、交往时，就方便太多了，而且也更为清楚对方的风俗习惯与心理状态。在父亲回到小沙江参加工作后，只要有诸如人口普查、经济调查、工作安排等事情，需要进入花瑶地区开展工作时，父亲往往会由于懂得花瑶的语言而被派去花瑶地界主持工作。

如果我们考虑到在古代瑶汉之间尚存在着绝对的地理、政治、文化等界限的时代里，汉族人对待花瑶人的语言，往往视为异类之声，正所谓“鸟言卉服，斑斓侏离”[①]，其中所表现出来的那种“非我族类”的态度与心境，可谓跃然纸上。从中也可以看出，现如今绝大多数生存于大瑶山之中的汉族人都懂得花瑶的语言，这一状况对促进瑶汉之间关系的发展与融洽，无疑具备了尤为积极的文化价值与实际意义。

2. 习俗

① （清）黄宅中等修，邓显鹤等纂：《宝庆府志》，清道光二十九年修，民国重印本。

当地汉族人与花瑶人在很多固有的习俗上，仍然存在着诸多不一样的地方，但是，由于双方居处相邻，互相来往，互通有无，因此，双方都很清楚对方的状况与讲究，甚至在很多地方都有趋同的迹象。

与讲求“爱有差等”的汉族传统不同，自古以来，花瑶人无论狩猎、办喜事，还是简简单单地请人吃顿饭，都非常讲究群体意识与面子意识。关于花瑶人的这一传统与习俗，当地汉族人与大瑶山之外的汉族人有着完全不同的认知与了解，这种差异在花瑶人的眼中是极为明显的。2011 年 11 月，崇木凼村的花瑶人沈书勇就曾向我明确表达了这一问题，在他看来，在大瑶山之中，瑶汉之间沟通得很好，也相对容易交往、容易相处一些，但是，在瑶山周边地区，如金石桥等地，瑶汉之间的沟通就很差，也很难交往、很难相处。为了证明这一观点，他举了一个非常有趣，且体现在日常生活之中的例子：如果一个金石桥镇（地处大瑶山地界之外，相隔几十里山地）的汉族人在大街上遇到一大群人走过来，往往只会请这群人中是自己亲戚的人吃饭，而不会管别的人。如果这种事情发生在一群花瑶人的身上，会让被请者和不被请者都觉得很尴尬，被请者会觉得单请他一个人很不好意思，且会觉得对方不给自己身边的兄弟面子，而不被请者也会觉得没有面子且无趣。但是，这种状况在大瑶山如小沙江等地的汉族人那里就不会发生，因为他们与花瑶人之间相互了解，而且在习俗方面也相差不大，要是遇到同样的情况，大瑶山之中的汉族人往往会将所遇到的全部花瑶人都请回家吃饭，只有这样，大家才会都有面子，都高兴。他还进一步强调，要是出现瑶汉通婚的情况的话，花瑶女孩嫁给大瑶山之中的汉族人会比嫁给大瑶山之外的汉族人，更加令人能够接受些，而且他所看到的许多事实也能够证明，大山内的瑶汉间的婚姻，往往比山外的瑶汉间的婚姻更幸福。

沈书勇的如上观点，其实很具备代表性，能够真实地反映出徙居大瑶山的汉族人逐渐形成的习俗与习惯。事实上，作为山地人，大瑶山之上的人们体现出诸多独特性，诸如热情、好客、质朴、重义气、爱面子等，我们也很容易听到汉族人讨论山里山外的状况时，同样有与沈书勇类似的观点，比如说，在大山之中，大家访亲探友，都会得到对方的热情接待，如果有山外的亲朋来了，更是奉为上宾对待，不惜借米、借肉，也要将客人接待好。但是，一旦大山之中的人们去往大山之外的人家中做客时，能否获得相似的待遇就非常不好说了。因此，山外的人能否像山内的人一样热情、好客、不嫌弃，就成为大山之中的人们评价其是否够意思、够朋友的重要标杆。就如花瑶人往往认为汉族人滑头、狡诈、不厚道等不良特征一样，作为山地人的汉族人，同样会觉得山外的人往往也同样具备这些不良的特征。

3. 乡规民约

很小的时候，就听黄姓的祖辈人讲，过去黄姓老祖宗的规矩是很严的，如果谁违反了家法族规，如果不严重的，就会在堂屋神龛之下罚跪，反省错误，如果是特别严重的，就要接受所谓“跪家法”的处罚，也就是在地上撒上碎瓷片，犯错误者要赤裸着膝盖，头上顶着一碗水，按规矩在上面跪上几个时辰，水不能倒出，而且，罚跪的地方不再是堂屋，而是在当地人称之为“土头坳”的进入黄家院子的山坡上，那里立着一块年代久远的碑。

在实地调查的过程中，我们也确实在小沙江镇江边村麻坑组的奉家院子（花瑶）、葵花子冲（花瑶）与黄家院子（汉族）三个村落的交界处，看到了这块刻有诸多规矩的石碑。

这块石碑的抬头写着“永远禁碑”几个大字，碑文具体内容如下：

> 盖闻朝廷有律例，乡党有禁条，不加团规，人心不一。且地界邵溆，徭汉同居，耕田种土，勤劳度日。迩来习俗伦薄，往来人等，同顾地方，无端骚扰，侵削元气，良儒难安。是以阁（团）集议，互相劝诫，奉宁示谕刊碑约禁于后，小（罪）公同重罚，大则鸣关（注：应该是“官”）上究治：
>
> 一禁打牌押宝　　一禁行强等项
>
> 一禁窝贼窝赃　　一禁纵放⊙牲
>
> 一禁面生歹人　　一禁勾役索诈

一禁游食强丐　　一禁田禾山播

一禁否匪游棍　　一禁斗称公平

奉成宝

奉成香

奉成陆

回个⊙

皇上宣统元年冬月麻坑阁团会仝立

事实上，当我在小时候听到祖辈们讲到与此石碑相关的事情时，往往想着这块石碑应当是黄姓祖先们所立，至少也应当有黄姓祖先参与其中。不过，我们从立这块碑的四个名字中可以看到，其实当时领导立碑的人都是花瑶人。当然，既然碑文中强调“徭汉同居”，就意味着当时居住于此地的黄姓族人，应当也是参与者与见证者。因此，黄姓后人们将这一碑文当成祖宗们所立下的家法族规也没有太大的问题，真正的问题在于，这块碑文中所涉及的内容，其实并不是“私家”领域的家法族规，而是“公家”领域的乡规民约。碑文中所禁止的十项内容，基本上已经涵盖了乡村生活中所可能出现的各种问题与事项。

既然黄姓后人们将这样一块主要由花瑶人领导竖立的乡规民约的石碑，认定为带有家法族规意味的祖训，并在此石碑之前处罚严重违规者，从中可以看出如下几个问题：（1）说明石碑上的禁律在当时非常有约束力与强制力，能够有效规范当地人的行为举止；（2）说明瑶汉两族其实面临着共同的社会问题，因此，也需要制定、遵循共同的规矩与法则；（3）说明当时地方治安，能够由地方人士共同出面，予以维持、捍卫；（4）说明瑶汉二族在这一问题上，并没有你我之分，都当成了自己应当遵守的祖训。

4. 武术与声望的获取

一个地方的地名及其渊源，往往与生存于这个地方的人们的传统、习俗、心态等有直接的关系。就如麻坑，曾经是贵州寨所在地，也被称为“瑶人坳”与“蛮坑”。其中，黄姓族人关于蛮坑与麻坑两个名字之间发生转换的传说，也体现出徙居瑶山的汉族人对于瑶界之内的文化与传统的接受与再改造。

一直以来，在麻坑黄家院子的黄姓族人中，流传着这样一个传说：黄姓祖上有三兄弟，友松、友柏、友文，其中，友松武艺高强，友柏能写一手好字，友文口才流利。那个年代，常有土匪出没，为了避免被其骚扰，每次遇到土匪时，黄家兄弟都会出面与其约战，由友文口述，友柏写战书，最后由友松出马，与对方比武。一般在比武之前，都会约法三章：如果土匪胜，整个院落中的东西任土匪拿；如果友松胜，土匪绕道而行，绝不打搅这一带的村民、百姓。结果是，从没有土匪能够胜过友松，久而久之，连土匪也怕了这三兄弟，[①] 也就不敢再来骚扰了。于是，这里就被称为“蛮坑”，也就是连土匪都怕的“蛮”地方，后来人们嫌这个名字不好听，就改为了“麻坑”。当然，从史实的角度而言，这一说法并不是很准确，因为在黄姓始祖孝成于清末徙居麻坑之前，这里就已经是瑶山十六峒之一的“麻坑峒”了。不过，由于这里自明代中晚期以来，就是花瑶人聚居之地，因此，曾被人们称为“蛮坑”的说法无疑是可信的，就如崇木凼的花瑶人沈诗昌就告诉我们麻坑曾被称为“瑶人坳”一样，被称为“蛮人坑”（蛮坑），也是再正常不过的事情。换言之，徙居瑶山的汉族人已经在通过自己的方式，重新解读、构建关于这片土地的故事、传说与历史。这从某种意义上来说，也是汉族人进一步融入这片土地的一个明确的信息。

此外，在这个故事中所提到的黄姓先祖友松（我的曾祖父），据传其武艺确实非常高强，在历史上承担起照顾族人、抵御土匪的责任，也是情理之中的事情。对于时代更为久远的友松的故事与传说，我们未能获得更多来自黄氏家族之外的说法与资料的佐证。不过，到友松的儿子

① 关于这三兄弟，还有一个传说：据说有一次，黄姓族人与更先徙居瑶山的刘姓汉族人之间，因为田地纠纷，无法处理，双方都准备到宝庆府去告官。结果黄姓三兄弟一合计，就由友文口述诉状，友柏撰写诉状，再由友松连夜赶往宝庆府递交诉状，据说他一个晚上就抵达了近两百公里外的宝庆府，然后又领着衙吏们回来。当衙吏们到达麻坑处理这一案件时，刘家准备递状子的人还未出门。

武魁（我的祖父），人称魁爷这里，进一步将黄家的祖传武术发扬光大，不仅在黄姓族人之中，而且在整个瑶山之中都享有极高的声望。在实地调研的过程中，崇木凼的沈诗永老人就曾向我们讲述了如下见闻：花瑶人过去都练武术，现在已经很少了。麻坑黄家院子的黄武魁，人称“魁爷”，是虎形山一带武术最高的，可惜现在失传了，沈诗永还曾经去过麻坑，恭贺魁爷的八十大寿，在寿宴上，魁爷还能够当着所有宾客的面，耍了一套石锁拳，以此谢客，两个石锁，每个 80 斤左右，一套石锁拳打玩，魁爷依旧脸不变色心不跳，坐下来继续喝酒，这一举动也令所有宾客都甚为惊叹。此外，回姓花瑶人的祖传武术也在瑶山上享有盛誉，回云省、回云龙两兄弟，也都曾以极为仰慕的语气与态度，向我们谈及“魁爷”的功夫与往事。可知魁爷所获得的名头绝非虚名。事实上，在花瑶人中间，回家几兄弟武艺高强，在瑶山中同样有很高的声望，如崇木凼的沈诗昌就曾告诉我们，过去花瑶人会武艺，回家湾的祖传武术很厉害，其中人称“蒙四爷”的回云省，曾赤手空拳打死豹子，当一只受惊的豹子向他冲过来的时候，他抱着大树用胳膊夹着豹颈，一直将这只豹子夹死，名震瑶寨。无独有偶，在黄姓族人中，对回家湾的武术也有非常深刻的印象，他们不仅对单臂夹死豹子的“蒙四爷”非常熟悉，而且还对回家老三回云迪在江边村的一次举动念念不忘，当时，江边村的人在制作磨盘，平时需要三、四个人方能抬动的近百斤的大磨盘，回云迪却拿了一根木棒，从石磨的孔中穿过去，单肩挑上，走了好几里地，却什么事情都没有，照常喝酒、吃饭、聊天，让周边的人们都很是佩服。

至此可以看出，在野兽、土匪横行的大瑶山上，不仅自古“性尚慓悍，好武少文”[①] 的花瑶人，在继续传承着好武之传统，就连徙居瑶山的汉族人，也开始通过“好武”的方式，保护自己，保护族人，并以此获得瑶山上的声望与名气，受到瑶汉两族人的共同尊重。

5. 狩猎与生存方式

① （明）陆柬纂修：《宝庆府志》，明隆庆元年刻本。

自古迁徙、生存于大山之中的花瑶人，性喜狩猎，也非常懂得狩猎之道。他们不仅平日就常在大山中设置各种机关，狩猎野猪、野山羊、野鸡、野兔之类的猎物。每到大雪封山之后，都会上演群体狩猎的壮观景象，此时，寨子里的男丁们无论老少，都会牵上猎犬，带上猎枪、武器，一起进入被大雪覆盖的崇山峻岭之中，进行狩猎活动。大瑶山之中也多猎物，在建国初期，古树林还没有被彻底破坏之前，山上多老虎、豹子、豺狼、野猪等大型猎物，[①] 那个时代里，瑶山上的花瑶人中间，也曾涌现过一批被称为“打虎英雄”、“打豹英雄”、“打狼英雄”的优秀猎人。然而，现如今，除了偶尔还能猎到野猪、麂子等大一点的猎物之外，就只剩下野兔子、野鸡之类的小猎物了。但是，每年冬天的集体狩猎方式在很多村寨中依然存在。

根据花瑶老人们的讲述，在冬天进行围猎时，参与狩猎的人都会有十分明确的分工：所有人由一位经验丰富的老猎人指挥，让大家先分散开来，将狩猎的区域围起来，一旦有人发现猎物，便齐声吆喝，受到惊吓的野兽往往会仓皇奔窜，被人发现踪迹。此后，就由年轻力壮的人在头领的带领下，追踪捕捉。围猎得到的猎物，需要在所有参与者之间进行分配，根据个人功劳的不同，所分到的猎物也有所不同。一般来说，如果猎到的是野猪之类大型猎物的话，那么，开枪打死猎物的人会分到脑袋与前爪，而后爪分给那些根据脚印找到猎物的人，内脏会平分给那些负责起哄赶山的人，剩下的肉，就会由所有参与者平均分配，所谓“见者有份”。这样一种狩猎与分配的方式一直延续至今。我的父亲在小时候也曾经出于好玩的心态，跟着奉姓族人们一起去山上打猎，属于帮忙吆喝、围观的小孩子中的一员，即使如此，每次在打到猎物之后，领头的猎人都会在结束时，现场按规矩分一块肉给他。这给父亲留下了

---

① 1994 年版《隆回县志》称：“1954 年，小沙江地区被野兽咬死 6 人，伤 16 人。1956 年秋，北部山区野兽咬伤 33 人，咬伤猪 395 头，牛 89 头，羊 87 只，损坏水稻 136 亩，旱粮 1263 亩。当年冬县人民委员会成立狩猎指挥部，共猎获虎豹 18 只，野猪 125 只，豺狼 9 只，供销社收购各种兽皮 1 万余张。”（参见隆回县志编纂委员会编《隆回县志》，中国城市出版社 1994 年版，第 82 页。）

非常深刻的印象，每次提及，都会说花瑶人还保持着原始公有制与共产主义的遗风。当然，由于那时打猎很是危险，有虎豹狼野猪等大型猎物，也常常伤及猎人，故而，奶奶并不希望父亲跟着去看热闹，以免发生危险。

可以想见，花瑶人关于狩猎的方式、经验与能力，无疑是清末以降逐渐迁徙进入大瑶山的汉族人所不具备的。总体而言，汉族人对于上山狩猎并没有足够的经验与兴趣，实际上，他们更为关注农耕、经商、读书等事务，我从未听说过汉族人举全族去往大山里狩猎的事情，也极少听到汉族人上山打猎的故事。不过，汉族人中也有大量并不安分的人存在，喜欢像花瑶人一样上山打猎。客观来讲，花瑶人不仅在狩猎方面积累了大量的经验与智慧，而且代代相传，很有成效；而且，在具体狩猎的过程中，也确实体现出一种在汉人的族群中并不具备的野性、集体性、力量性、开放性等特征，这些生活方式，往往也是许多汉族内部的活跃分子所积极追求的。一到冬季，这些积极分子就会和熟悉的花瑶人一起出山打猎、一起喝酒、一起狩猎、一起分猎物。如果遇到这样的汉族人，就会发现，他们不仅仅是花瑶通，知晓花瑶的各种情况，而且在具体的生活习惯、鬼神禁忌、思维方式等方面，都与花瑶极为相似。要是遇到更为极端的例子，还会发现汉族人中的一些人，即使在平时，也更喜欢与更为简单、直爽、朴实的花瑶人处在一起，而与周边的汉族人反而显得相对更为陌生、更为疏远些。

6. 生活经验与生存智慧

为了适应大瑶山的生存环境，汉族人还向花瑶人借鉴了许多其他方面的生活经验与生存智慧。

举一个小例子，《邵阳县志》称："隆回等地瑶族住宅，历史上一般是筑土为墙，多茅舍陋屋，矮小狭窄，采光不足。尤其多睡无床铺，仅设四方火塘，供炊事、取暖，火塘周围置矮脚板凳，人卧凳上度夜。寒冬于火塘中置三脚架，以柴草生火取暖。"① 在改革开放以来，花瑶

① 邵阳市地方志编纂委员会编：《邵阳市志》，湖南出版社1997年版，第562页。

人的住宿条件逐渐变好，在很多方面已经与汉人无太大差异。不过，关于“四方火塘”与“三脚架”的描述，却依然能够在花瑶人的房屋中看到，这两样家当也是花瑶人日常生活中的主要组成部件，而且有很多禁忌，诸如：任何人都不得从火塘上跨过，不得向火塘吐痰和扔骨头、菜渣等秽物，甚至连支锅的三脚架也不能用脚踩。在调研过程中，我们发现的非常有意思的事情是，在当地的汉人家中，往往会在厨房右侧或堂屋左侧，设置有一个“茶屋”，屋中同样设有四方火塘与三脚架。这样的设置对于身处高寒山区的人们而言，具备了非同一般的日常生活的便利与文化传承的氛围。寒冬腊月里，人们便围着火塘聊天、吃饭、玩耍、讲述久远的家族故事与传说，极有生活情趣。我们针对这一问题曾经特别访谈过瑶汉两族人，基本可以肯定，当地汉人的这一习俗就来自于花瑶。

除了火塘、三脚架这样两个很小但是在高寒山区很有效的生活经验与生存智慧之外，汉族人还从花瑶人那里学会了很多其他的本领，诸如对花瑶草药的接受与使用。当我的女儿小子牧于 2010 年 8 月份在长沙出生后，由于是大夏天，燥热得很，夫人在坐月子时，又按照中国传统的规矩，不能常洗澡、不敢吹空调，因此很是不舒服。前来照顾我们的母亲还特意用此前就已经准备好了的瑶家草药熬了水，用来擦洗、沐浴，据说有助于消除产后产生诸多的毒素，而且有助于避免坐月子时接触水而产生的各种疾病。夫人也照着使用了花瑶的草药水，当然，至于用了这些草药之后，具体有多大的成效，我们也说不清楚。不过，在我们怀疑是否有用时，母亲总是会非常坚持地认为，所有的草药全是来自深山老林之中，都是纯天然的东西，肯定不会有什么副作用，而且花瑶人家和山区的汉族人家都是这样使用，应该是有效果的。更有意思的是，历来喜欢自己看个明白的我，也曾拿了一包草药，认真地分析、鉴别了一番，结果发现，在瑶家草药里，其成分全部都是干了的树皮、树叶、树根、草叶、草根之类，其中有好几种，我自己都认识。因此，正如母亲所言，都是纯粹山间之物，无论效果怎样，肯定不会有什么负面作用。对于我而言，在长沙使用大瑶山的草药，是从来都没有想象过的场景。从这个事例中也可以看出，常年生存于大瑶山之中的汉族人，其实在生活中的诸多方面不经意间就表现得如花瑶人一般了。

7. 山歌

与此前我们讨论过的使用古瑶语演唱的“瑶歌”不同，在花瑶人日常的生活中，更常见的是用本地话演唱的“山歌”。这种山歌的歌词各个方面都能够体现出极为明确的“山地化”特征，因为这样的山歌文化，既不属于花瑶人自古传承下来的传统，也不属于严格意义上的汉文明的范畴，而是属于居住于大瑶山之中的人们共同所有。

花瑶对歌时演唱的语言，是当地的汉族人与花瑶人都能听得懂的本地话。在这种花瑶人常用的日常的对歌中，由于曲调是有限的，因此更加讲求对歌者的随机应变能力，能够在韵脚与歌词上都能完整对上者，才算得上是高手。因此，我们一方面能够从日常的对歌的歌词中，看出花瑶人的文化积淀与文明程度，并对花瑶人的生存意境有了更为充分的了解，另一方面，也能看到山地文化对瑶汉两族的共同影响，事实上，据花瑶人自己讲述，其实大瑶山中的很多汉族人在对山歌方面，也是高手。我们在实地调研中，也数度与花瑶人对山歌，很多时候，她们编出了非常有意境的歌词来欢迎我们，当我们还是一片茫然时，那些陪我们来到这里调研的本地汉族人，早已笑成一团了。[①]

在我们所收集到的花瑶山歌中，以情歌居多，一般以四句或六句为主，歌词简洁、朴实、通俗易懂。四句的山歌多用比兴，没有韵脚，主要为七言四句体，而且都讲究音韵。如：

---

① 我们在2004年、2011年、2012年数度与小沙江镇旺溪村回家湾的花瑶姑娘们进行对歌活动。2004年，我们在回家湾调研时，往往都是白天完成访谈任务，或是与村寨里的男女老少一同去往旺溪瀑布群考察、游玩，一到晚上就开始对歌，当时在回家湾待上几天，就对上几个晚上的歌。每当对歌时，村里的男女老少们都会围在对歌所处的堂屋的里里外外，饶有兴致地看我们一来一往。感觉就像是过一个重大的节日一般。初时，我们这些外来的考察者只能唱些流行歌曲，或是黄梅戏、京剧之类的歌曲，而花瑶姑娘们则以山歌对唱。很快，我们也开始学会了他们的某些曲调，现编现演地填写歌词，予以回敬。在这样一种愉快、轻松且温馨的对歌过程中，我们不仅与回家湾的花瑶人结下了深厚的友谊，而且也对花瑶山歌的曲调、歌词，以及对歌的规矩、习俗等，有了亲身的体验。此外，我们还于2004年在虎形山乡长冲组偶遇花瑶人家“打三斗”，也参与了他们极为原生态的对歌。

(1) 山歌好听口难开，
杨梅好呷树难栽。
栽在平地怕水推，
栽在高山怕火烧。

(2) 呷酒要呷竹叶青，
恋妹要恋好良心。
好酒越呷越上瘾，
好妹越恋越上心。

(3) 要唱山歌先起头，
菜籽不打不出油。
菜籽还要油匠打，
山歌还要妹起头。

(4) 只有情郎来救妹，
哪有情妹来救郎。
只有竹壳包嫩笋，
哪有嫩笋包竹壳。

(5) 高山起风风又凉，
平地开花逗凤凰。
琉璃瓦屋逗燕子，
乖胎①情妹逗情郎。

(6) 天上起云地上阴，

① 本地话，意为“漂亮”。

塘里鱼多水要浑。
塘里鱼多浑了水，
情妹郎多乱了心。

此外，六句的山歌多有韵脚，经常唱的韵脚有："少年乖"、"万年藤"、"我个贤"等等。如：

（1）你唱的好来唱的乖，
唱的二月桃花朵朵开。
先开一朵是梁山伯，
后开一朵是祝英台。
十八妹，少年乖。
两朵鲜花一起开。

（2）风吹你妹裹头花是西边翻，
我反手拖着妹衣单。
心想和妹心连心，
只叫情妹也莫反情。
十八妹，万年藤。
只想和妹要结婚。

（3）日头出来红东方，
我今日也看的你妹面带红。
我心想和妹得长久，
只怕你妹有心没有心。
十八妹，万年藤。
我有心要和妹配成婚。

（4）高山无水莫开田，

别人妻子你莫恋。
别人妻子不长久，
自己妻子万万年。
十八哥，我个贤。
好比石板架桥万万年。

（5）今日和姐要分离。
郎就拉得妹家手，
妹就拉得郎男衣。
十八妹，后生妻。
眼泪就湿半边衣。

2004年10月8日，崇木凼村沈诗永老人为我们演唱了一种现在基本不再使用的韵脚："好呷肉"。①

男：楠竹马鞭节节空，
我时时挂姐在心中。
我一天十二个时辰常挂姐。
十八妹，好呷肉。
我郎挂姐自从没做个落身工。
女：十八哥，好呷肉。
为什么从来没做个落心工？
你看我姐用红纸写信几多封。
十八哥，好呷肉，
自从没看到情郎哥哥在家中。
男：十八妹，好呷肉。
为什么从来莫看到我郎在家中？

① 在当地方言中，"肉"音为"容"。

你看我郎清早起来要割牛草，
呷了早饭要出工。

从如上山歌的歌词中就可以看出，由于山歌之中的文字都是用当地土话创作而成，因此其韵脚、音律很多时候也是随着土话的发言转化而来，很有韵味，而且当地人无论瑶汉一般都能听得懂。但是，这些本来很有韵味的诗歌，在使用如上普通话进行转译之后，就丧失了其本来具备的押韵的特色。换言之，这种用当地土话进行演唱的现如今依然流行的山歌文化，恰恰体现出属于我们所讨论的“山地化”的范畴。山歌从语言、文化、传统、习俗等各方面，都体现出脱离“汉化”与“瑶化”两个范畴之外的特征与特性。

8. 教育——近年来的新变化

在教育领域，自古以来都是花瑶人进入汉族人所举办的私塾或是学校，学习汉族人的文化与知识，通过汉族人的各种考试，获取功名与工作机会。但是，近年来，随着花瑶地区旅游开发的不断展开，以及花瑶传统文化中的“花瑶挑花”与“花瑶呜哇山歌”都获得了“国家级非物质文化遗产”的称号，其名气、声望也越来越大。在这样的全新格局之中，当地学校的课堂中，极具创意地提出了让汉族孩子们学习花瑶文化的要求。当我们于 2011 年 11 月在虎形山民族团结学校采访该校花瑶女教师奉远花时，她告诉我们，由于县委书记钟义凡与县教育局的要求，现在他们学校在初中课堂里开展了“花瑶文化进课堂”的新课程，主要教孩子们花瑶挑花与花瑶山歌等内容，并不教花瑶的语言。此外，每周一都有一堂音乐课，所唱的歌曲要么是与本地（或是隆回旅游）相关的歌曲，要么是花瑶的歌曲。但是，这样的新尝试却让很多汉族家长很有意见，认为他们的小孩子被“瑶化”了，遇到这样的状况，她也只能强调这是上级政府的要求。

事实上，这一学唱花瑶歌曲、学花瑶语言的活动，也正在成为虎形山乡政府人员的必修课，我们在虎形山瑶族乡人民政府网站上，看到了如下标题：“虎形山干部学唱瑶族山歌、语言，积极推广花瑶文化”，从中获得了如下信息：“为更好地开展工作和发展旅游，将全乡工作做好做实，把花瑶旅游做大做强，2011 年 4 月，虎形山瑶族乡发动全乡汉族干部学唱瑶族歌曲、学说瑶族语言，把‘双学’工作纳入虎形山瑶族乡机关的日常工作，要求人人都熟练掌握 20 首花瑶山歌、10 句瑶族常用语言。并通过‘双学’比赛，积极推广花瑶文化。”[①] 由此可以看出，近年来花瑶文化与传统所具备的影响力与活力。

要是我们能够更为细致地对这一主题进行考察与探析的话，就会发现，与上述案例类似的能够体现出瑶汉二族之间所具备的共同性与相似性的事件，其实还有很多，不过，通过我们已经予以列举的这些案例的内容，应当对瑶化与山地化的主题有了较为直观与清晰的认识了。因此，我们在这里不再一一列举其他的相似案例了。

如果说在大瑶山的内部，我们还能够在比较的基础上，非常容易地区分花瑶人与汉族人，并举出他们之间的诸多不同与差异的话，那么，一旦我们脱离于大瑶山的界限，进行山里山外的比对的时候，就会发现，其实大瑶山之中的瑶汉之间的差别，远远小于山地人与平地人之间的巨大差别，更不用说当代中国的农村人与城市人之间所存在着的天壤之别了。这一点，拥有在外求学经历的花瑶人自己也有明确的认识，我们前面已经提到的在 2001 年获得首届花瑶服饰大赛冠军，2004 年接受我们采访时仍在邵阳读书的奉回香就告诉我们，在她看来，山里山外确实有很大区别，但是，她特别强调，这种区别主要是农村与城市的区别，而非瑶汉之间的区别。很显然，她的这一立足“山里山外”与“农村城市”的判断，无疑是极为真实的。这一点，我们也能从沈书勇极为朴实的关于山外汉人请人吃饭与山内汉人请人吃饭之间的差别的比较中看到。至少从花瑶人的视角中，在大瑶山上生存着的汉族人在很多方面其实与花瑶人更为相近，尤其在与大瑶山之外的汉族人的比较中，显得更为明显。

大瑶山的地理位置从先天的角度，就限制住了居住在这里的人们的

① 资料来源：虎形山瑶族乡人民政府公众信息网。

生活水平、人生视野与文化氛围。汉族人作为后来徙居瑶山的人，必须向先入者的花瑶人学习、交流与互动，方能获得更好的生存状态与生存资源，在此过程中，许多方面也就潜移默化地被花瑶传统所影响，这样的状况，就是我们所说的“瑶化”。此外，瑶汉二族人民必须在极为相似的山水、环境、人文等情境中，繁衍生息，生存于世，因此，共同的山地环境塑造了诸多共同的人文特征，这就是我们所说的“山地化”。更为重要的是，当我们一旦跳出大瑶山的界限进行比较时，就会发现，瑶汉作为“山地人”与山外生存着的平地人相比，无论从生命的意境、生存的方式、日常的礼仪、成功的态度等各个方面，都体现出极大的不同来。在这样一种更大范围内的比较中，原本在大瑶山内部的视野下，双方之间有着巨大差异的瑶汉二族，在大瑶山之外的世界与视野下，竟然有着如此众多的相似性与共同性。这种状况的出现与存在，也是迫使我们在这里进一步探究二族之间的共同性与相似性的主要原因所在。

第四章

婚育与礼俗：花瑶民族的心理基点与文化主线

隆回县建县之初，就属于邵阳县辖区之内的贫瘠之地，经济社会等方面的发展，落后于其他邻近地域。这一点，我们可以从建县之初所发生的如下事件中看出来，当民国三十六年（1947）国民政府行政院批准隆回建县之后，却遭到了部分当地人的强烈反对，“4 月 21 日，出席邵阳参议会的隆回参议员范镇等，召集旅邵同乡十余人开会，以地瘠民穷，不具备条件为由，反对隆回设县。5 月 20 日，李蕚（建县筹备处处长）等前往寨市镇视事，在桃花坪遭反对建县派围打”[①]。位处北部瑶山地界的花瑶人的生存状况，更是尤为艰难、贫困。大瑶山所在地位于隆回县的西北角，与位于西南角的县城的距离近一百公里，全是盘山路，交通亦极为不便。因此，这里一直以来都是整个隆回县最封闭、最落后的地区。而隆回县本身也是一个贫穷落后的地方，1994 年被列为国家重点扶持贫困县，一直到 2012 年，隆回县都属于国家扶贫开发工作重点县。可以想象，在一个国家级重点贫困县中的重点贫困地区，大瑶山所处之地是怎样的一种落后局面了，对于这一点，单举一例就可以明了：直到 2004 年从金石桥镇至小沙江镇的道路全面硬化之前，从小沙江坐客车到县城往往需要四五个小时，且全程均为盘山泥石路，绕山而行，依山畔崖。在 20 世纪 80 年代，从小沙江到隆回县城的客车，一般一天仅有一趟，而那时的虎形山、麻塘山两个乡根本就没有直达的班

① 隆回县志编纂委员会编：《隆回县志》，中国城市出版社 1994 年版，第 16 页。

车，瑶山人主要通过步行完成走亲访友、赶集买卖。

这样的自然环境与经济状况，严重地影响、制约了花瑶人的生存与发展，并限制了其族群人数的增长与维持。此外，由于历史上不断出现的战争与迁徙事件，加上本就十分恶劣的生存环境，使得花瑶民族的人数一直保持在极低的水平上。根据 1994 年版的《隆回县志》[①] 记载：1953 年第一次人口普查时的统计数据表明，瑶族为 1739 人；到 1982 年第三次人口普查时的统计数据表明，瑶族人口为 4998 人。另外，根据 2004 年《隆回县志·民族志》（送审稿）的记载，到 1990 年第四次人口普查的统计数据，瑶族人口为 6142 人；根据 2000 年第五次人口普查的统计数据，[②] 瑶族人口为 6347 人。其中花瑶人数最多的几个乡镇[③]的情况如下：虎形山瑶族乡 5272 人，小沙江镇 669 人，大水田乡 214 人，麻塘山乡 146 人。从以上的几组数据中可以看出，新中国成立后花瑶的人数增长是相当快的，但是，其总人口的数量也一直只有数千人之众。因此，历史上这支民族对于本族的种族繁衍与人丁兴旺一直都极为敏感，而他们所经历的种种惨烈的战争、艰难的举族迁徙与低下的生活水平也使得这一群体的生存状况一直处于极端艰苦的情形之下，因此，他们也一直在为实现种族的生存与繁衍这一生命本体意义上的目的而不懈努力。

可见，对于整个花瑶民族而言，族群的延续与繁衍，以及自身文明的保存与传承，无疑在他们的日常生活、历史记忆、思想情感等各个方面都占据着极为重要的位置。同时，我们也可以从花瑶民族的日常生活、神话传说、图腾禁忌、历史故事、满足感与关注点等方面，看出花瑶人对于自己种族繁衍与文化传承所怀有的极大的热情与期望。这种信念，有些被他们自身或他人意识到了，有些却处于民族记忆与民族心理

---

① 隆回县志编委会编著：《隆回县志》，中国城市出版社 1994 年版，第 93 页。

② 这些数据来源于县文化局提供的《2000 年第五次人口普查全县少数民族人口及分布表》。

③ 这几个乡镇除了不属于原小沙江区的大水田乡以外，均为我们此次考察的重点。

的最底层，成为了一种“潜意识”①，需要有人去询问、探究、提升，最后给出一个可能的解释。在接下来的文章中，我们将探析花瑶人是如何在艰难的环境中生生不息，代代相传的。

一　种族繁衍：对抗自然的艰辛历程

我们在此前的文章中，已经从战争、迁徙、自然环境等各个层面上，对花瑶人自古以来所处的艰苦与困难的生存环境，有了较为详细与清晰的论述。也正是因为在历史上进入瑶山、开辟瑶山、捍卫瑶山所经历的无数艰辛，以及瑶山上的鸟兽林木对花瑶人自身生存与繁衍的恩惠，使得花瑶人对这片土地充满了感激之情与依赖之情。然而，另一方面，花瑶人居住的这片大瑶山，历来都是隆回县最为贫困的地域，如 2006 年版《隆回县志》就称：“1986 年，湖南省人民政府确定境内小沙江、龙坪、虎形山、茅坳、麻塘山、青山……等 20 个乡为贫困乡。……1986 年 9 月，县人民政府县长马昌忠率政府组成单位的主要负责同志，到境内最为贫困的小沙江区召开县长办公会议，决定减免瑶族学生学费，免征该区粮食定购。”②

可以想见，通过长年不断的迁徙与战乱后，又必须面对如此严峻的自然环境，花瑶人在生活上所经历的艰辛与困苦就可想而知了。“瑶族居住在高寒山区，山高、风大、水冷、冰雪期长，自然灾害多，生产力水平低，农业很不稳定，瑶族群众长期生活在贫困线以上（疑为‘以下’——引者注），至 1980 年，虎形山公社人均收入仅 40 元，一部分瑶族住草房、吃野菜、无床、无被、睡板凳，1 户人的家当不上 100

① 这种“潜意识”既意味着一种集体无意识，也意味着一种个体无意识。本文中有关这一概念，我基本上是在弗洛伊德的“精神分析学”的意义上使用的，具体内容可参见［德］西格蒙德·弗洛伊德于《精神分析导论演讲》一书中有关“抗拒与抑制”一节的详尽论述。(［德］西格蒙德·弗洛伊德:《精神分析导论演讲》，国际文化出版公司 2000 年版，第 251—264 页。)

② 杨第美等主编:《隆回县志》，团结出版社 2006 年版，第 395 页。

元。"[1] 由于山地土地贫瘠，粮食种植困难，加以花瑶缺乏农作物耕种的有效经验，因此，总体而言，他们过的是一种以打猎为主，辅以刀耕火种，种植一些产量有限的农作物的生活。"古时，瑶族多开垦荒地，种植高粱、包谷、粟米、䅟子、大小麦等杂粮，兼植茶、漆。开垦地一般种植三四年后即弃耕，以蓄养地力，过数年后复又种植。……肥料以草木灰为主。耕作多为刀耕火种。"这样的耕作方式与粮食产量根本无法保障花瑶人的生活，"旧时瑶族人民，终年辛勤劳动难得一饱，只能以杂粮为主食，有时还伴些蔬菜，一遇荒年则只能以蔬菜或上山挖葛充饥。平日喝凉水，吸旱烟，喜饮酒"[2]。

另外，在解放前花瑶人的居住环境亦极为恶劣，清嘉庆年间的《武冈州志》"瑶俗·居处"称："斩木结茅，以蔽风雨，其室卑隘，近亦有建瓦屋者，无层次定向，亦无窗牖墙垣，缭以茅茨，檐低门矮，出入必俯首。……人处其上，而牛马鸡犬即处其下，盖防盗也。"[3] 今《洞口县志》亦称："瑶族农民的住宅多木架竹篾壁茅草盖顶的吊脚楼，楼上住人，楼下关牲畜。"[4] 现在的花瑶人家基本上都是居住在木瓦结构的房子里，老房子一般是一层楼，相比汉族人的要矮些，新房子则与汉族人一样，是两层楼，隆回县政府为了改善花瑶的居住环境，也花费了很大的代价，2006 年版《隆回县志》中就记载："虎形山瑶族乡有瑶族 2100 多户，7000 余人，其住房大多年久失修，不能避风雨。县民政局从 1993 年开始，用 3 年时间扶助瑶族村民维修、改建住房。至 1995 年，所有瑶族及部分汉族村民住房全部改建维修完毕，共投入救灾款 65 万元，水泥 1100 吨，木材 1200 立方米。"[5] 但是，楼板下关一些鸡鸭猫狗等小动物的习俗却一直没有改变。我们在调研时借宿的许多花瑶人家都是这样，我们常常会在睡梦中被床底下的声音吵醒，早上一问主

① 马道明、谢元华编：《隆回县志·民族篇》(送审稿)，2004 年，第 15 页。

② 溆浦县志编纂委员会编：《溆浦县志》，社会科学文献出版社 1993 年版，第 617 页。

③ (清) 许绍宗修，邓显鹤纂：《武冈州志》，(清) 嘉庆二十二年刻本。

④ 洞口县地方志编纂委员会编：《洞口县志》，中国文史出版社 1992 年版，第 695 页。

⑤ 杨第美等主编：《隆回县志》，团结出版社 2006 年版，第 136 页。

人才知道是下面的家畜们可能被老鼠惊醒起了骚动。近年来，由于山村公路的开通与硬化，以及收入的增多，开始有部分花瑶人家修建了砖房，与汉族无异。

基于生活上的困苦与经济上的艰辛，花瑶的卫生、医疗、保健等各个方面均相当落后，在很多时候，往往只能依靠传统的瑶医、瑶药对患病者进行治疗，或者辅以古老的巫术以驱鬼辟邪。① 我们在虎形山乡崇木凼村就采访到了这样一位既懂巫术又懂医术的沈诗永老人，据旁人介绍并得到了老人自己的肯定，我们了解到了这样一个事件：老人的孙女在2003年时生了一场大病，在送到小沙江镇中心医院治疗无效的情况下，老人通过使用祖传的推拿、牵引，并辅以咒语，竟得以起死回生，完全恢复了健康。这样的一些极为特殊的事例固然可以说明花瑶传统医术的高明之处，但是它与古代其他人类所拥有的带有神秘主义色彩的医术一样，在面对一些非常普遍且极具传染性的疾病时，却往往束手无策，只能期待上天的恩赐以图能逃过一劫，如古时花瑶“患天花者，移至空屋，旁人不敢接近”②。“弃去多禁忌。”③ 另外，基于文化落后，缺乏基本的医学、卫生等方面的常识，以及生活水平低，无法保证人体所需的足够的营养，从而容易导致花瑶人身体矮小，易于患病，整个民族的健康状况非常糟糕。即使是建国后，这一问题也没有得到迅速的解决，“由于瑶族妇女文盲、半文盲多，缺乏妇幼卫生知识，因而瑶族妇女的妇科病和瑶族儿童发病率高”。“1988年和1989年，虎形山和茅坳两个瑶族乡连续两年遭受严重自然灾害，粮食严重减产，1990年春，瑶族群众生活难以维持，部分人外出乞讨，瑶族儿童因营养不良频发各种疾病，6月，县政府发现后，立即组织医疗队，对两个瑶族乡的12个村、81个村民小组、1350户1780名1至14岁的瑶族儿童进行身体

① 具体可参见米莉《“钉铜”——“花瑶”民族的巫术与宗教》，载自北京大学亚太教育中心与社会发展研究院主办《中国学术研究》第2卷总第6期。

② 溆浦县志编纂委员会编：《溆浦县志》，社会科学文献出版社1993年版，第619页。

③ （清）齐德五主修：《溆浦县志》，（清）同治十二年刻本，溆浦县档案馆2003年10月重印。

健康检查。发现因营养不良患各种疾病的1153人，占64.7%，其中，患眼角膜软化症152人，佝偻病283人，营养不良症582人，其他疾病136人。最严重的崇木凼村，受检儿童125人，全部患病，患眼角膜软化症的57人中，有5人6只眼睛失明。”[①] 在20世纪80年代末，中国经济取得长足进展的时代里，花瑶人的健康状况尚且如此，我们可以想见他们一直以来所身处的生活环境与生存境遇了。

至于该地的气候，则更是恶劣。小沙江地区平均海拔1350米，属高寒山区，[②] 年日照只有1084.4小时，[③] 灾害性天气时有发生。据1994年版的《隆回县志》记载：“1958年：3月中旬，小沙江、龙坪麻塘山降雹，大者如茶杯。小沙江分水村一棵两人围古树被刮倒，吹倒学校一座。

“1959年：……6月10日，小沙江、肖家垅等地水灾。

“1963年：4月，小沙江区降雹，打死野猪一头。

“1967年：8月，小沙江降雹，中稻谷被击落。

“1969年：7月1日，金石桥、司门前、小沙江暴雨持续约5小时，平地起水尺余，受灾田1.8万余亩，当年无法恢复的4958亩，冲走房屋92座，淹死4人。

“1974年：1月16至2月6日冰冻，元月底至2月初最严重，小沙江地区冰冻73天，冻死耕牛300多头，压倒房屋20余座，区内电话数月未通。

“1983年：4月14、15、25、27、28日，小沙江遭5次大风冰雹袭击，其中27日1—2时，茅坳乡岩儿塘遭12级大风冰雹袭击，围径2米以上古树有17棵被连根拔起，拦腰折断的23株，死1人，伤7人，

① 马道明、谢元华编：《隆回县志·民族篇》（送审稿），2004年，第20页。

② 隆回县志编纂委员会编：《隆回县志》，中国城市出版社1994年版，第60页。

③ 比县城少了426.6小时。参见隆回县志编纂委员会编《隆回县志》，中国城市出版社1994年版，第70页。

倒屋 13 座，损 1390 座。”①

以上列举的各类灾难只是 1994 年县志中集中记载的一部分，其他散见于全书各处的比比皆是。② 而那些没有列入官方记载的，但却在历史上曾经真实发生、并对花瑶人的生活造成了巨大影响的灾难性事件则更是不胜枚举。也正因为如此，才会有如下这些民谣、俗语的产生：

山高石头多，出门就爬坡。
对门喊得应，走路半天多。
冬天无被盖，夜晚困柴窝。
锅里冇米煮，蕨汤当粥喝。③

麻塘山好大丘，三年两不收，
若是三年有两收，狗都不呷粥。④

养女莫嫁马皇山，三个苞谷当两餐，
无衣无被难过夜，火炙胸前背后寒。⑤

---

① 具体内容可参见隆回县志编纂委员会编《隆回县志》，中国城市出版社 1994 年版，第 66—76 页。

② 如清光绪《邵阳县志·杂记》“祥异”类中记载：“同治九年，隆回乡（今小沙江、司门前一带）虎食村民三十余人。”1954 年，小沙江地区被野兽咬死 6 人，伤 16 人。（参见隆回县志编纂委员会编《隆回县志》，中国城市出版社 1994 年版，第 82 页。）

③ 此民谣出自袁士泽描写小沙江巨变的民谣的前半部分，后半部分是“来了共产党，瑶岭唱新歌。处处通公路，出门有车坐；农业讲技术，年年增产多；高山遍竹树，牛羊放满坡；洋芋苡米好，有钱买百货；村寨办学校，电影进山窝；户户夜明珠，家家有广播。瑶汉共一家，个个乐呵呵。”（熊知方编著：《隆回名胜》，国际文化出版公司 1997 年版，第 196 页。）

④ 麻塘山即是现麻塘山乡所辖地。具体情况可参见熊知方编著《隆回名胜》，国际文化出版公司 1997 年版，第 201 页。

⑤ 马皇山即现在的草原村所在地，属于虎形山乡管辖。清朝时系瑶山十六峒之一，名为马皇峒。具体情况可参见熊知方编著《隆回名胜》，国际文化出版公司 1997 年版，第 196 页。

另外，邵阳学院文学院“三下乡”成员在2004年7月7—12日，通过发放问卷55份，回收有效问卷52份，得出如下结论①：

1. 大托村村民人均纯收入为514元，远远低于全国人均收入。其中1组和2组的汉族村民，人均收入为760元，较之其他瑶族的收入偏高。

2. 电视普及率不高。约有30%的村民有电视机，且大多数是黑白电视机。饮食条件差，大部分瑶民不注意饮食卫生，生活条件艰苦，结石病和高寒病等地方病多发。村民一年大多只买一套衣服，且都为质量差价格便宜的衣服。一年中，除了过年，其余的日子若非来了重大贵宾，没吃过荤菜。

3. 教学设备落后，教育普及率低。村中唯一的一所小学，属木房结构，年代久远，课桌椅破旧，操场中唯一的体育器材是一对摇摇欲坠的木篮球架。全村206户，700多人，村民86%为小学文化程度，15%从来没有读过书，8%为初高中文化程度，考上大学的只有2个，不足1%。

4. 医疗卫生条件不容乐观，村民医疗救治得不到保障。患病后认为应该看医生的占79%，但患重病需花巨款救治认为应极力去治疗，花再多的钱也不在乎的却只占26%，可见村民虽然有求生的欲望，可经济条件不容许，导致医疗观念薄弱，甚至有些村民说：“患了重病，家里没钱，只好让他（她）死掉了。”村里没有医院，只有一个赤脚医生。

5. 村民投保意识不强。大多数村民知道保险的意思，但是由于保险需要交纳一定的保险金，村民想买但是买不起。村里大多是养儿防老，且有重男轻女的思想，封建迷信思想在村民中存在，但不算太多。

6. 村中最主要的经济来源是金银花收入。2003年，因为“非典”的影响，金银花的价格颇高。今年，“非典”影响消除，金银花价格狂跌，收购价格为湿的金银花0.8元每斤，干的金银花4元每斤，相对去年，价格降低约50%，村民收入大为减少。

---

① 罗达：《关于隆回县小沙江镇大托村花瑶的调查报告》，文章来源：三下乡网站。

7. 村中耕地不足，人均耕地面积为0.4亩每人。近几年，由于国家封山育林，退耕还林的政策，严禁村民开荒，有些村民家庭成员庞多，粮食不足，竟连温饱问题也难以解决。

8. 村里的电费比较贵，将近一元钱一度，这对于贫困的大托村民来说，无疑是雪上加霜，加重了他们的负担。

通过如上实地问卷调查，所显示出来的就是这一地区的贫穷与落后，以及生存于这片土地上的人们的艰辛。

到这里，我们可以看出，花瑶民族为了种族的繁衍，自古以来均面临着种种难以想象的艰辛与苦难，但是通过全族人的共同努力，花瑶民族最终得以生生不息，繁衍至今。可以想见，在如此低下的生产水平与如此恶劣的自然环境中，花瑶人为了生存与繁衍所付出的种种努力与代价。

二　人口与族群：计划生育背景下的生存困境

我们从以上的论述中可以看出，种族繁衍这一问题对花瑶民族而言有着重大的意义，这从一定程度上也成为了花瑶民族整体性活动与生存的动力所在。然而，这样一个涉及人口与生育的基本问题，在当前的形势下，却令花瑶民族遭遇到了许多历史上不曾经历过的变数与挑战。国家针对人口控制问题的计划生育政策无疑就是其中最为特殊的一个。在接下来的文章中，我将主要从花瑶人对这一问题的反应与作为出发，去寻求其背后的原因，从而进一步去分析他们内在于民族内心深处的不为他人所了解的民族心理与民族情感。

在这一问题上，我们首先应当关注的是他们对于计划生育政策的看法与反应，国家这一旨在限制人口增长的政策，对于总数只有区区数千人之众的花瑶民族而言，无疑是一个极大的挑战。这种对生育人口的前所未有的政策性限制，使他们真实地感受到了种族延续的危机。这样一种危机感体现在不同地域的不同人群之中，使我们在几个月的调研期间一直深深地感受到了这一问题的关键与重要。在实地调研中，我们得知，由于湖南省政府的计划生育条例中所做出的相关政策规定，各级政府在对待像虎形山瑶族乡聚居瑶民的计划生育政策与对待其他乡镇散居瑶民的计划生育政策有着巨大差距，这种差距主要体现在：瑶族乡的瑶民享受针对少数民族地区的民族优惠政策，也就是说，他们至少可以生两胎。而非瑶族乡的瑶民则完全不能享受这一优惠政策，与当地的汉族百姓一样对待。也就是说，如果头胎是男孩，便只可以生一胎，如果头胎是女孩，则可以按照有关规定生第二胎。[①] 政策上的差异在花瑶之中产生了极大的反响，他们通过各种途径向上级政府反映相关的情况，但一直没有得到满意的答复。这种体现在政策上的差别还包括诸如少数民族干部的选拔、扶贫资金的调拨与分发、各级政府民族政策的偏向，以及旅游开发投入等各个方面，往往瑶族自治乡瑶民所能获得的政府资源要远远大于散居地瑶民所获得的政府资源。比如说：在湖南省财政厅于2002 年 8 月 13 日发出的《湖南省财政厅关于对少数民族地区和贫困地区继续实行农业税减免补助的通知》[②] 中，直接针对隆回县的“民族乡减免”指标除了隆回县县一级财政本身的 25 万斤稻谷外，只有“虎形山瑶族乡”与“山界回族乡”两个少数民族乡，其中，虎形山瑶族乡的减免指标为 7 万斤稻谷，而其他乡镇均不属于减免范围。当然，作为国家级的贫困县，隆回县还在“特困村减免”一项指标中拥有减免 158 万斤稻谷的实惠。但是，对于拥有 110 万人口的农业县而言，其他乡镇从这里得到的优惠政策肯定不如这两个民族乡那么见效快，也不可能那么直截了当。

有关隆回县的人口与经济问题，时任县长的钟义凡在《从非典防治看隆回金银花产业发展》[③] 一文中就曾言及：“隆回地处湘中稍偏西南的资江上游，总面积 2866 平方公里，总人口 110 万，是国家扶贫开发工作重点县。”另外，在《2004 年邵阳市人口统计年报》[④] 中的人口

① 与花瑶相关的计划生育政策的详细资料可参见《湖南省计划生育条例（1989）》（资料来源：中国人口信息网）与《湖南省人口与计划生育条例（2002）》（资料来源：中国网）。

② 详情可参见湘财农税［2002］13 号文件。

③ 此文系考察队员在县政府办公室得到。

④ 填报单位：隆回县统计局；表号：湘统人综 01 表，制表机关：邵阳市统计局。

统计数据表明，隆回县总人口中有971768人为农业人口，非农业人口只有139554人，也就是说，非农业人口的人数还不到总人口的10%。在同一表中，我们可以看出，虎形山瑶族乡总人口中有11323人为农业人口，非农业人口只有2896人，与县南部较为发达的乡镇六都寨镇①（47822人为农业人口，10028人为非农业人口）以及滩头镇②（63866人为农业人口，10053人为非农业人口）相比，其非农业人口明显低于后两者。但是，与同属北部落后乡镇的小沙江镇（21090人为农业人口，1460人为非农业人口）、麻塘山乡（13301人为农业人口，757人为非农业人口）、大水田乡（10767人为农业人口，341人为非农业人口）、罗洪乡（23749人为农业人口，440人为非农业人口）等相比较的话，可以看出，虎形山瑶族乡在隆回县的贫困乡镇中，非农业人口的比例还是较高的。同属于北部乡镇之中的最为贫困地区，这一数据恰恰表明，各级政府对虎形山瑶族乡的重视与扶持，比如说，招工招干上的优惠、扶贫款项的划拨等。

与这种政策导向相关的问题，我们还能够在调研过程中所收集到的各种政府文件中得到更多的资料。比如说：在湖南省、邵阳市两级政府的相关政策的指导下，③隆回县政府在制定与少数民族有关的文件中就明确规定要“认真选拔培养少数民族干部”，具体做法如下：“1. 每年

① 六都寨镇在隆回县建县初期为隆回县县城所在地，后来县城迁往现在的桃洪镇。

② 滩头镇为中国四大年画“滩头年画”的产地，“滩头年画”曾在明、清以及民国时期盛行一时。鲁迅先生所珍藏的年画“老鼠娶亲”就产于此。然而，经过“文化大革命”时期的“破四旧”运动，滩头年画早已没有了往日的荣光，但是，随着改革开放的进程，这一古老的民间艺术在市场经济的脚步声中，以及在国家保护、弘扬传统文化的政策下，获得了新的生命与新的荣光。

③ 具体内容可参见如下政府文件：1988年1月1日起开始执行的《湖南省散居少数民族工作条例》；以及中国共产党湖南省委员会发布的“湘委［1994］Z3号”文件《中共湖南省委湖南省人民政府关于少数民族和民族地区发展经济和社会事业若干优惠政策的通知》；湖南省人民政府办公厅发布的“湘政办发［1996］20号”文件《湖南省人民政府办公厅关于进一步做好散居少数民族工作的通知》；邵阳市人民政府发布的“市政发［1992］14号”文件《邵阳市人民政府关于认真贯彻民族法规、民族政策若干问题的通知》；中共邵阳市委员会与邵阳市人民政府共同发布的“邵市发字［1997］33号”文件《中共邵阳市委邵阳市人民政府关于认真贯彻落实少数民族政策问题的意见》。

选送一部分年轻在职的少数民族干部去民族学院、各级党校及其他高等、中等学校进修学习，不断提高少数民族干部的文化水平和工作能力。要重视选拔和推荐少数民族中、青年干部进入各级领导班子，还要有计划地对少数民族基层干部定期培训。2. 民族乡除乡长由建立民族乡的少数民族人员担任外，还要配备一定的少数民族干部，逐步做到少数民族干部所占比例，不低于这个乡少数民族人口所占的比例。少数民族人口较多的小沙江、紫阳两个区和桃洪镇的领导班子中，要有少数民族成员。民族乡以外，凡少数民族人口较多的乡、镇和县属有关部门，也要相应地配备少数民族干部。3. 聘用干部，要分配一定数量的少数民族名额，并照顾录取分数线。4. 有计划地组织少数民族干部或代表去先进地区学习经验，使其开阔眼界，解放思想，更新观念，提高素质，为少数民族的进步与发展做出贡献。"① 这样的做法无疑对虎形山瑶族乡的非农业人口的增长提供了便利。

我们从如下虎形山乡政府2000年、2003年度主要工作人员的资料表格中也可以看出，花瑶背景的干部无疑获得了更多的机会与职位。②

可以想象，在隆回县这个国家级贫困县中，各级政府对于特定地区、特定人群的扶持与优待，无疑会在本县的范围内，于政治、经济、文化等各个领域中产生极大的差异。而这样一种分别对待的政府政策，对花瑶这样一个一直以来都作为一个整体而存在的民族而言，更为明显地体现出了人为的以地域为依据的截然不同的、并且直接作用于内部的各种区别与划分。这样一来，花瑶民众也许居住在相隔只有几里地的邻近山村中，也许属于同一个姓氏，甚至属于同一个宗系，却由于政策的原因而处于完全不同的境遇之中。在我们的实地调研期间，散居地区的

① 具体内容可参见隆回县人民政府文件（隆政发10号）《关于实施〈湖南省散居少数民族工作条例〉的若干措施》。而相关的政策在隆回县人民政府文件"隆政发［1996］96号"《关于认真贯彻〈湖南省人民政府办公厅关于进一步做好散居少数民族工作的通知〉的通知》中得到了更进一步的强调与肯定。

② 我们在调研过程中也听到花瑶干部说，由于近年来花瑶地区的旅游开发与影响力都获得了极大的提升，所以极其缺乏有学历、有水平的花瑶干部，花瑶人中间只要基本上够得上资格的人，都已经被提拔到了相应的政府部门里。

瑶民一次次向我们提起同样的问题。这种政策上的差异，已经在花瑶人的内部造成了不曾有过的巨大分裂，待遇上的不同也直接影响到一些地方的花瑶人对于其他花瑶同胞的观感与看法，更重要的是，这样一种并不公正的事实还直接导致了他们对于乡镇一级政府执行相关政策时所抱有的不友善态度，而这种不友善也最终引起了乡镇政府工作人员的反弹，造成了一种紧张的对立局面。这种不友善的状况在我们的实地调研期间就真实地发生过，而作为外来者的我们，也亲身感受到了在这种对立局面下的人的行为方式及行为效果。

隆回县虎形山乡领导班子花名册

乡镇名称	姓名	性别	民族	出生年月	参加工作时间	入党年月	文化程度	籍贯	职务	任现职时间
虎形山瑶族乡	2003 年									
	阳习甫	男	汉	63.07	84.08	86.12	大专	小沙江	书记	2001.09
	沈振山	男	瑶	63.10	87.12	93.01	中专	麻塘山	副书记、乡长	2001.10
	刘汉才	男	汉	72.5	89.07	92.11	大专	麻塘山	人大主席	2001.10
	李　博	男	汉	72.10	91.07	94.09	大专	滩　头	副书记	2001.09
	沈道禄	男	瑶	53.10	73.08	96.08	中专	虎形山	副书记	2001.10
	彭松青	男	汉	63.01	79.12	95.04	大专	虎形山	武装部长	2001.09
	阳水香	女	汉	63.10	84.07	96.08	中专	小沙江	宣传委员	2001.09
	奉才总	男	瑶	74.10	95.06	99.05	大专	虎形山	副乡长	2001.10
	奉文共	男	瑶	70.12	95.06		中专	虎形山	副乡长	2001.10
	胡其烈	男	汉	64.07	84.08		大专	虎形山	人大副主席	2001.10
	2000 年									
	阳习甫	男	汉	63.07	84.07	86.07	大专	小沙江	书记	98.03
	奉修晴	男	瑶	62.09	83.04	90.08	大专	虎形山	副书记	98.04
	刘汉才	男	汉	72.05	87.07	92.11	大专	麻塘山	副书记	98.09
	沈振山	男	瑶	63.06	89.07	98.10	中专	麻塘山	副书记	95.09
	李　博	男	汉	72.10	91.07	94.10	大专	滩　头	副书记	2000.02
	沈道崇	男	瑶	44.08	63.12	69.10	大专	虎形山	人大主席	98.12
	阳水香	女	汉	63.10	84.07	96.08	中专	小沙江	宣传委员	2000.02
	杨自国	男	汉	60.01	80.11	86.09	中专	高　平	武装部长	2000.06
	彭松青	男	汉	63.01	89.10	94.05	中专	虎形山	副乡长	2000.02

我们第一次面对相关的问题是在2004年7月31日，当时我们刚刚进入小沙江镇开始我们的调研工作，镇里主管瑶族事务的工作人员将我们带到了芒花坪村鱼鳞洞组。根据受访者的介绍，这里曾经是花瑶的一个重要的聚居区，靠近于清朝中期所规定的瑶汉分界之地，在当地的一座山（当地人称为“蜂头崖”）的山腰上，至今还能见到刻有“瑶汉分界”字样的大石头。新中国成立前，每年农历七月初七、初八、初九的花瑶节日“讨僚皈”的庆祝活动就在这里举行，后来因为没有人能在上级政府中为他们说话，在新中国成立后，政府就将庆祝这个节日的地点改在了小沙江镇政府所在地举行，一直延续至今。就是在这样一个特殊的村庄里，沈姓瑶民告诉我们，尽管县里对花瑶十分重视，但是在小沙江镇，因为是杂居地区，所以不能享受各种优惠政策。这样的局面与聚居地区的情形有着极大的不同，比如说，如果住在这里的花瑶人要想得到政府所发放的扶贫金的话，还得跑到几十里地之外的虎形山乡政府的相关部门去领取，不仅极为不便，还得受当地官员的气。另外，新中国成立以来，国家每年都给花瑶分配了三四个干部选拔指标，但杂居地区的花瑶却一直不能得到提名，镇里的花瑶也没有一个人是通过这样的途径得到政府职务的。关键性的问题在于，不管杂居地区的花瑶人的能力水平是否超过了聚居地区的花瑶人，基于出生地的问题，他们得到指标的希望基本上被卡死了。这样的结果使他们觉得愤怒，但又无可奈何。在与我们的交谈中，他们明确提出他们很反对这种倾斜的政策，并希望我们能向上级政府反映。从某种意义上，他们将我们当成了政府派来了解民情民意的人了。在这里的访谈中，我们已经切身地感受到了当地花瑶人对于各种政策的看法与意见。但由于受访者人数很少（先是一对夫妇，后又分别访问了几个老人），而且有可能他们没有想起（更有可能是还没有反应过来）向我们抱怨计划生育的问题，因此，在这里的访谈活动中并没有涉及这一问题。

根据安排我们调研日程的工作人员的要求，我们很快结束了这里的访谈，来到了相邻的龙凼村新正组，在这里，让我们真正见识了花瑶人的群体性活动能力。当我们到达该村时，正逢一家花瑶人家为刚出生的小孩作酒席，花瑶人称之为“打三斗”，这样的喜筵在花瑶人的生活中往往显得极为隆重，跟过节一样热闹，不论远近，只要是能沾上边的亲戚朋友都会赶来参加。如果是第一胎，这种酒席往往还跟娘家人送嫁妆的仪式合并到一起举行，一般会延续两天三夜，每天晚上，本地的年轻男女们就会和外来的年轻人一起对歌、“打蹈”①，在这些传统的带有狂欢性质的活动中，他们中的许多人相识、相恋，并最终结为夫妇，承担起种族繁衍的任务。

也正是在这样一个特殊的日子里，我们的到访无疑打搅了他们的生活，在位于马路边半山腰上的一户花瑶人家的院子里，前来贺喜的花瑶人刚好吃过晚饭，都聚在一起，准备与我们进行交谈。但是令我们措手不及的是，我们刚一坐好，他们就将我们团团围住，申诉着政府在政策上的种种不公。很明显，他们已经将我们当作了政府派来的人员，因此，他们既希望我们能对这种不公正待遇的改变有所帮助，又试图将往日里的不平与失望的情绪发泄在我们的身上。这样的心境使得他们在访谈中极为明显地带上了强烈的感情色彩，试图将这些年以来的怨气与委屈全部说给我们听。当然，刚开始时，气氛还较为平静，我们还能在应付各种诘问与请求的情况下按照既有的计划，问一些与历史、文化、宗教等专业领域相关的问题，但二十几分钟后，随着一位大约40岁左右的花瑶大嫂的到来，以及对有关计划生育问题的严词质问下，整个采访完全失去了控制。此后，在他们眼中，我们不仅成为了政府相关行为的代表，而且还应当对这些行为负责。这位起了关键性作用的大嫂一上来就以一种对骂似的快速语气连珠发问：“听说计划生育的政策是你们制定的？怎么能这么看轻我们呢？我们已经向上级反映过了，怎么到现在还没有得到解决？……”在我们的不断解释之下，他们还是不能把我们仅仅当作学术调研人员看待。对于我们这些采访者而言，局面显得极

① “打蹈”是花瑶习俗中独特的喜庆活动，男人们围坐在板凳上，姑娘、嫂子们轮流用屁股在男人们大腿上狠狠地往下坐，方言称“顿屁股”。他们对歌、“打蹈”，往往能整夜地狂欢，这也能解决主人家床位不够的问题。

为不利，而随我们前来的几位镇政府的工作人员又一时不知去向（后来才知道，他们忙着安排其他的受访者去了。当时，已经是下午六七点钟了）。我们以前既没有遇到过类似的情况，也没有这方面的思想准备，更没有被告知会有这样的情况出现。于是，在忙乱之中，我们迅速改变了我们的思路，不再关心我们自己的访谈需要，而专心去听取他们的种种意见，并就我们所知道的情况予以回应，同时一再表示我们可以代他们向相关部门反映他们的情况。

大概是基于我们的不愠不火、不急不躁的态度以及耐心倾听的作风让他们觉得我们值得信赖，才避免了争论的进一步升级。最后，由当时在场的81岁的老人刘详仁出面，向我们提出了他们的想法与意见：1. 他们希望能够在各个方面都能获得与虎形山瑶族乡的花瑶人一样的待遇。2. 特别是在计划生育方面，两地相差太远，政府把当地的瑶民“看得太轻了”[①]，希望能在政策上给予切实可行的解决方案。3. 上面很关心瑶民，政策也很好，但到了下面就不好了，对当地花瑶人而言，并没有得到许多应当得到的政策优惠。4. 小沙江公社（即小沙江镇）看不起花瑶，以前还很照顾，现在却很歧视。我们在认真听取并记录下了他们的各种意见之后，答应在能力范围内帮他们向当地政府反映，他们才安静了下来。但是当时时间也已经太晚了，我们便离开了那里。此次访谈，着实让我们虚惊了一场。

这样的情况，我们随后在小沙江镇的其他有花瑶居住的村落进行调研时，几乎每一处都遇到了，如江边村、旺溪村等。假如我们将他们的问题集中起来的话，计划生育政策就是所有问题中最为首要的问题，其次才是干部选拔、扶贫款的发放、政府的态度等问题。瑶民与政府之间的紧张态势，最终不仅影响到了瑶民对我们调研的误解与对立，还出乎意料地导致了当地政府的不友善态度。当我们时隔两个月后，于2004年10月份希望再次对小沙江镇的花瑶村落进行进一步的回访时，镇党

① 在当地人的语言中，“看得太轻了”就意味着看不起他们，不把他们当一回事，属于很强烈的情绪展现。

委书记马锦云却以本镇不是瑶族自治乡，得不到上级专门针对瑶族的财政拨款为由，拒绝了我们的调研要求。结果还是小沙江镇的花瑶同胞们自己集资处理了接待问题，成功地邀请我们进行了回访。导致花瑶同胞这一举动的原因一方面固然是由于我们与他们之间在以前的交往中所结下的深厚友谊，另一方面也是由于我们在调研期间所发现的自然与人文景观，激起了县一级政府对这些地方（如：回家湾瀑布群与麻坑贵州寨）旅游开发的兴趣与行动，给当地百姓带来了新的脱贫致富的希望。这也彻底地改变了以前大瑶山旅游开发全部集中于虎形山瑶族乡的现状，成功地让政府与开发商将视线转向小沙江镇的自然资源与人文底蕴之上。

乡镇一级政府与花瑶民众的两种截然相反的态度，也进一步说明了他们之间所存在的并不友善的对立状态，而这一状态，必然会影响到当地的社会稳定。基于历史与习俗等各方面的原因，花瑶民众在自身利益受到巨大威胁时，往往会采取聚众去各级政府争取权利的激进式集体行为。例如，我们 2004 年 8 月 2 日在江边村麻坑组调研时，当地的花瑶人就告诉我们，为了能解决计划生育政策这一问题，他们曾将报告直接提交到了省政府，希望能修改相关法律，但至今没有得到满意的答案。因此，在 2001 年的时候，就从这里去了 30 多个青年瑶民到小沙江镇政府将主管瑶族的干部团团围住，并胁迫他做出解释，还差点动手打人。后来由瑶族干部沈德友出面调停，说要依据法律行事，并力图争取改变上级的相关政策，这一事件才得以平息，但是最后也没有进一步的结果。后来湖南省民委副主任马昌忠曾下来调查，说要争取修改相关法律，给他们一个满意的答复，但最终也没能解决。事后，花瑶人被告知，如果政府改变计划生育政策，便会导致社会乱套，所以，省里主要的想法是要加大对当地的扶贫力度，而不是修改计划生育的相关政策。在访谈中，当我们进一步问他们为什么这么看重计划生育问题，是不是因为“多子多福”、“养儿防老”等观念在作怪时，他们的回答非常干脆：“我们担心计划生育会导致民族的消亡，而不是为了多子多福。”

到这里，我们可以看到，花瑶人对种族繁衍问题的关注与焦虑得到了充分的体现，他们也恰恰是在这样的层面上，组织起来对抗国家的计划生育政策。如果说，小沙江镇的花瑶居民们是在与虎形山瑶族乡的花瑶居民们的政策差异比较之上采取行动的话，其他乡的花瑶居民们又是如何的呢？

2004 年 7 月 29 日，当我们在麻塘山乡老树下村进行进驻瑶山以来的第一次田野调查时，就曾经遇到过同样的问题，只是没有如此强烈而已。在这里，接待我们的奉祚登是村里的秘书，他本人就是瑶民。作为村里的秘书，执行计划生育政策就是他的主要工作之一，因此，在他家堂屋右侧木质墙壁上，贴有《湖南省人口与计划生育条例》，他还向我们解释，根据条例，本村的花瑶不能享受国家对于少数民族的优惠政策，因为他们属于散居地区，一切与汉族没有区别。[①] 在抱怨了这一事实之后，他出示了一份已经提交政府的“缓行计划生育申请书”，其中主要列举了如下几点理由：1. 花瑶人家劳动力不够；2. 人口稀少，担心为周围汉族同化；3. 医疗卫生条件差，人口繁衍不盛。据其介绍，此文出自虎形山一位瑶民[②]之手，当初是为了申请免除瑶民的兵役而作，后来才被用来作为申请缓行计划生育的原因。我们从花瑶人如上的作为中就能够看出前文所论述到的问题，即花瑶民族对自身种族繁衍问题的敏感与重视。而如果我们对上述的三点理由逐一进行分析的话，就会发现，三点中的任何一点都是历史上导致花瑶人口不兴、文化落后的关键所在，同时也是花瑶人长期以来所真正关注的中心问题，要不然他们也不会在面对像“征兵”与“计划生育”这样两个截然不同的问题上，重复使用这些相同的、在花瑶人自己看来也是极为充分的理由。也就是说，这些理由的背后已经涉及了本文中所力图解决的问题，即花瑶

① 他还告诉我们，在其他方面也没有什么特别的优惠政策。只是在农业税方面略有差别，也就是说，一直以来，花瑶人都不需要交纳农业税。而且，更有意思的是，本村有两个组的居民基本上都是花瑶，都不需要交农业税，其结果是，这两个组的其他那些汉族居民也就跟着一样不需要交了。

② 此人已经去世，而奉秘书所持有的这份材料也是经过数度转抄之后的版本，且有部分缺失，据说是被原作者看到后拿去了。这份资料被极为看重，当我们要求借走复印时，奉秘书甚是为难，不置可否。而最终，我们也未能带走这份资料。

民族在精神上与心理上所持守的核心观念所在。这就是：种族繁衍与抗拒汉化！

从上述资料中，我们可以看到，第一、第三条理由，即所谓劳动力不够的问题，以及医疗卫生条件差，人口繁衍不盛的问题，都与前文所论述的花瑶民族历史上在种族繁衍问题上所遇到的各种困境直接相关，而长期以来在人口数量与质量问题上的不幸处境，也恰恰是花瑶人一直力图解决的问题，这一点，我们还会继续予以论述；其次，资料中还谈到了本文的另一个核心问题，也就是汉化与抗拒汉化的问题，我们从资料中所表露出来的意向上可以看出，担心被汉化无疑也是花瑶人所切身关注的问题，这一问题的重要性从文化与民族特性的角度来讲，丝毫不弱于前一个问题。对于这个问题我们在前文中有了详尽的论述。

奉秘书在出示了这一资料后，明确提出希望政府放宽计划生育政策，以避免民族消亡事件的发生。他还向我们介绍了当地的情况，在当地的花瑶人家中，由于各种原因（诸如绝后、无子、独子早逝、自然灾害等）已经直接导致 6 户人家或早或晚地自然消失了。而我们还了解到，在这个村子中，人口总数为 1408 人，共 361 户，其中花瑶人数为 121 人，户数仅为 34 户。可以想象，6 户花瑶人家的自然消失对于生存于此的花瑶人而言，已经从地域的角度上宣示了他们在这个村庄中所遭遇到的灭种威胁。一旦人口继续减少，对于人数上占主导地位的汉族而言，可能不意味着什么，但对自古以来人口就极为稀少的花瑶人而言，早就从种族繁衍的角度产生了严重的危机感，也正因为如此，他们才会想方设法地向上级政府反映，试图改变这一局面，从而避免彻底消失于此地的结局。另外，从花瑶人对历史记忆的讲述中，我们还了解到，尽管现在在这里生存的花瑶人数已经非常少，而且还将日益减少，然而，这个地方在花瑶的历史上，却是一个值得花瑶人怀念与记忆的地方。在这里，人们曾经见证了花瑶迁徙至隆回县地域后最为辉煌、也最为灿烂的时代；在这里，他们创造了一种繁荣的迹象，并经历了一系列可歌可泣的战争。但是，这一切荣光都随着时光的流逝而杳无踪迹，仅仅在花瑶族人的心中留下一些相关的记忆与传说，也留给了我们这些外来者以感慨、思考的空间。可以肯定的是，在那个时代里，花瑶的生存状态堪称这支独立的少数民族部落的鼎盛时期。这个时代的历史事迹，许多已经被遗忘，再也无人知晓，但是在花瑶人中间，至今还流传着所谓“十八只石屠桌”的故事。据传在明朝末年，此处居住的花瑶人非常多，在人数上仅次于花瑶人的总寨血光寨，在那个时代里，由于小沙江地区的深山老林保存良好，故山腰以下寒气太重，因此，人们都生活在山腰以上的地方。老树下村恰好位于隆回县最高峰白马山（海拔1780米）所在的雪峰山脉的山腰上，正适合当时人们的居住与生存的需要。① 在那个时代里，生活于这里的花瑶人在最兴盛的时候，每天都能吃掉摆满整整十八只大石桌的几百斤猪肉，由此可见当时人口数量之大与商业之发达。然而，随着日后各种战事的展开，加之花瑶内部矛盾的扩大，导致花瑶人口急剧减少，并日益集中于虎形山、茅坳等地。据主管小沙江镇瑶族工作的花瑶刘庆生所介绍的情况来看，麻塘山乡花瑶人数的减少，主要原因就是由于花瑶民族自己内部各姓之间在汉族人的挑拨之下，相互进行“黑巫术”（“钉铜”、“斩草”）之间的大斗法，导致了这些族姓的人口与子嗣后裔的削弱。于是，这里的花瑶总人口随着死亡的增加与迁徙的出现而日益减少，以至于今。可以想见，在这样的历史环境与政治气候下，这里的花瑶人为了种族的繁衍所做出的种种努力所具有的强大的生命本体上的意义。

此外，就是在花瑶聚居地虎形山瑶族自治乡，那里的计划生育问题，也同样显得非常严重。在花瑶人看来，我们此前已经多次谈到的沈

---

① 对于老树下村所处位置在地理上的特殊性，我们可以从1994年版的《隆回县志》的下面一段概述中得其端倪：“隆回县是一个山区县。县境地处衡邵盆地向雪峰山地过渡地带，地势自东南向西北呈梯式抬升。西北为山原区，层峦叠嶂，逶迤绵亘，构成海拔1300—1400米的丘壮山原台地。北部为山地区，四周群峰林立，中间丘岗起伏，形成‘三山一脉夹盆地’的自然景观。南部为丘岗区，地势较平缓。至高点西北部白马山顶山堂，海拔1780米。最低点东南角云峰乡大水田张村郝水河畔，海拔230米。……年平均气温，北部小沙江11℃，南部桃洪镇16.9℃。”（隆回县志编纂委员会编：《隆回县志》，中国城市出版社1994年版，第70页。）而老树下村恰好处于最高点白马山的山腰上，背靠大山脉，下俯大峡谷，地势险要，景致清幽，令人有流连忘返之感。

诗永老人，不仅是“战斗英雄”、“保树英雄”，而且还是花瑶人中有名的“抵制计划生育英雄”。现任虎形山乡民族团结学校教导处长的沈修锻于2011年11月25日接受我们采访时就曾提及，由于沈诗永老人在瑶山中拥有极高的威信与影响力，因此，当时只要他肯定并支持计划生育，就可以升任乡党委书记。但是沈老坚决不认可，也不容许在崇木凼村推行计划生育，所以执行计划生育政策的人员在他于1993年离开村支部书记之前，一直未能进入崇木凼村。

然而，现如今虎形山乡的计划生育政策对于花瑶人而言，仍然是一个很大的压力与阻力。我们在2004年8月底结束对小沙江与麻塘山两地的考察后，进入了花瑶的聚居地区虎形山瑶族乡进行考察。在踏入乡镇府所在地的那一刻，令我们所有成员过目不忘的是这样一条横幅标语：“一胎上环，二胎结扎，非法怀孕坚决引流产！”这一标语就悬挂在进入该乡主街道的入口处。从这一标语上，我们可以看出，尽管从政府的计划生育政策上，这里的花瑶享有足够的特权，但是为了能多生几个孩子，他们依然会违反相关条例的规定。于是，这一措辞十分严厉的标语才会出现在如此醒目的位置上。可以想见，计划生育政策带给他们的限制已经在他们的心理上引起了足够大的震惊与恐慌。其实，如果我们设身处地地想一想，就将对花瑶人的这种反应予以理解。对他们而言，哪怕是在没有计划生育政策的时代里，他们的人口总数也一直处于很低的水平上，而随着计划生育政策的推进，他们的人口总数在“量”的增长上，无疑已经受到了前所未有的制约。因此，担心种族繁衍的中断，以及由此而来的种种避免此类结果发生的手段，也就日益凸显于花瑶人的日常生活与思维之中了。

可以说，国家所推行的计划生育政策，给花瑶人的种族繁衍带来了前所未有的困境，更为关键的是，这一困境还远没有得到解决，因此，我们也暂时无法知晓其结果。但是，可以肯定的是，随着这样一些深刻影响花瑶人生存境遇与生活态度的事件的持续发生，花瑶人的心态与思维，将日益发生着改变，然而，我们现在根本无法知道这种改变最终将会给他们带来什么！

当然，有的时候，花瑶人对政府的要求也采取了一些较为积极的反应，比如说，他们就曾针对计划生育为题，创作了如下山歌：

你妹坐的笑嘻嘻，
笑我大年纪没讨亲①。
妹妹家，
如今党提倡晚婚政策抓的紧，
每个后生都二十五才结婚。
万年藤，
党的政策要执行。

但总的来说，花瑶人对计划生育政策持怀疑和否定的态度。而在接下来的文章中，我们将从婚姻与生育的角度，直接探讨这支民族种族繁衍的载体问题。

三　婚姻与生育：花瑶文化的主要载体

在种族繁衍的压力下，花瑶人对于自己的婚嫁与生育，看得极为重要，从某种程度上，他们已经完全将这些事情当作了人生的主要目标与期望所在。与此相应的是，他们对直接关系到种族繁衍的两性关系，也有着自己独特的理解与作为，还有着与汉族完全不同的古老习俗。从生命本体的生存意义上说，对于花瑶人而言，“性爱”可以在很大程度上被当作种族繁衍的“工具”，而为了种族繁衍这一“目的”，花瑶社会中的“性”的开放与无束，就成为了一种必然（也是必须）的结果。这样的状况所导致的结果就是如前文所论及的，花瑶人由于繁衍的需要而没有能够从群体的意义上对“性爱”进行自觉的抑制，所以其“文

① “讨亲”意为“娶亲”。花瑶人一般结婚都很早，女子往往十四五岁就出嫁了。而男子要是到了二十三四岁还不结婚，就很有可能找不到合适的同龄女子结婚了。

明”也就只能一直停留于较低的、没有经过“升华”的状态之中。当然，我们这样说并不是想论证各种文明本身的高低与优劣，而只是试图运用心理学的某些观点与理论去解读花瑶这一独特的民族曾经并正在经历的各种与汉文明不同的习俗与作风。而我们之所以会如此理解和论述花瑶的“性爱”问题，也是来源于我们实地调研所得来的资料以及我们的直接观感。

当我们在麻塘山乡开始田野调查的前一夜，根据我们的要求，有关部门专门安排考察团的全体成员与乡政府的部分干部进行座谈，以让我们能够进一步了解本地以及整个花瑶的具体情况，以确保在调研时不会触犯他们所忌讳的事情。在此次座谈中，麻塘山乡主管政法工作的副书记谭德彬向我们详细介绍了与花瑶相关的各种情况。他本人是汉族，但他的老家就在虎形山乡茅坳村（当时为茅坳瑶族自治乡），其本人也在那里工作过，因此对花瑶的情况非常了解。在他所介绍的各种情况中，与婚姻以及两性关系直接相关的几点情况，引起了我们的浓厚兴趣：第一，花瑶过去只能在族内通婚，严禁瑶汉通婚，这导致了近亲结婚的种种不良后果；第二，花瑶人受自己的传统思想与观念的影响很深，不够解放，但是在两性关系方面却很开放，没有什么顾虑；第三，在花瑶人中，对未婚的女子可以随便开玩笑（包括“两性关系”方面），但对已婚的女子则不能随便开玩笑；第四，花瑶人对婚礼和为新生的小孩举行的喜宴均极为重视，而且极有特色，如果在考察期间遇到这些喜事被邀请参加时，一定要答应，而且一定要根据他们的习俗来，越随俗越受欢迎。如上四点情况，在我们后来的调研过程中也确实被一一予以证实，而且也使我们看到了花瑶人的种种表现与作为。这样的状况也引起了我们的深入思考，让我们关注的是，在这些现象后面究竟隐藏着什么呢？是什么原因导致他们如此对待相关的事情呢？也正是带着这些问题与思考，我们才得以最终锁定他们的“种族繁衍”这一问题。无论如何，婚嫁与生育才真的是这一民族得以延续、繁衍的最直接的载体与手段！

为了我们的调研能够在一个更为全面的水平上得以展开，我们在开赴瑶山进行田野调研之前，于国家图书馆、隆回县档案馆等地进行了大规模的资料收集工作。令我们惊讶的是，在我们所收集到的所有与花瑶相关的资料当中，最近几年的作者所写作的文章中，绝大部分都是在描写花瑶人的古老、独特、略带神秘色彩的婚嫁习俗。[①] 然而，在他们的文章中，所做到的事情都基本上停留在单纯的事实描绘与审美意境上，并没有对相关现象、特色的背后原因予以解读。因此，我们在整个考察的过程中，对他们的婚嫁习俗，特别是对这些习俗背后的故事与来由给予了足够的重视与关注。

一般来说，花瑶人的婚礼主要分为三部曲，即由媒公与双方父母相协调，而达成一致意见后，会有“订亲”的仪式；之后，双方会选择一个好日子，正式举行婚礼，由娘家人将新娘子送到婆家，这就是“送亲”的仪式；最后，在新娘子生了小孩之后，又会举行庆祝活动，就是“打三斗”。只有在经历了如上三个步骤后，婚礼的全过程才算是完成了。当然，随着时代的变化，如今花瑶人的婚俗也经历了一些改变（这一点，我们后面还会论及），但主体上，还是如此。花瑶人的婚礼中主要有三个吸引人的方面：抹泥巴、对歌、打蹈。“抹泥巴”主要是针对男方的媒公以及送亲挑担子的年轻男子的，女方的女人们会在酒席过后，媒公们准备离开时，守在门外，将准备好的泥巴抹在他们的身上，身上被抹上泥巴象征着财运，因此，抹得越多越好，而且被抹过泥巴的衣服必须在身上穿上三天之后才可以脱下来予以清洗；至于对歌与打蹈则主要是在夜间进行，将婚礼的仪式与群体的娱乐有机地结合在了一起，极有狂欢的意味，在婚礼进行的两天三晚中，他们天天如此。“打蹈”即男女之间互相顿屁股，其方式为一方坐在矮凳上，围成一圈，另一方依次用屁股从坐着的人腿上顿过去。花瑶男女的新婚之夜是以对歌和“打蹈”的特殊方式度过的。来宾们可互觅“打蹈”对象，男女任何一方都可以向对方提出“打蹈”的邀请，“打蹈”的高潮远远

① 如铁鹰在《民主与科学》1997 年第 1 期中，发表过有关花瑶婚俗的文章：《梅山文化区的一幅原始生活画卷——湖南隆回花瑶婚俗点滴》；老后 2001 年在《民族论坛》上发表了《撩人心扉的花瑶婚俗》一文；杨民贵于 2002 年在《旅游》上发表了《花瑶婚俗》一文。可见作为外来采风者，首先被花瑶人吸引住的就是这样一些带有浓郁民族风情的习俗与习惯。

不再局限于一对对地顿，而是群体顿。花瑶男女的新婚之夜，可以说是整个瑶寨的狂欢之夜。① “打蹈”这一习俗远远不局限于新婚之夜，凡贵客临门，花瑶人民都以这种奇特的方式欢迎，“顿”得越激烈表示对客人越欢迎，而“打蹈歌”就是向异性所发出的邀请。2004 年 8 月 12 日虎形山乡文化站副站长奉雄新为我们唱了一种传统的“打蹈歌”，此歌为媒人到女方家提亲时，女方对媒人发出的“打蹈”的邀请。其大致意思②如下：

当阳地带③的媒公、挑担人，
来的千辛万苦，万苦千辛。
像人家说的，站着像座山峰，坐着像座山脉。
站在一起成排，坐在一起成圈，
实在惹人喜爱。
我这里的姑娘、姊妹、大嫂
要借你们不分日夜的挑担媒公、挑担人，
像轿子似的花裤子，坐一个时辰。

在发出了这样的邀请之后，她们就会群起而上，开始打蹈。

从上述这些礼仪的细节中，我们就可以看出花瑶人对于自身婚礼的重视程度了。而有关婚礼的详细描述，可以参看隆回县人、民俗家老后等人的相关文章，④ 我们在这里不予细述。

在调研中我们得知，花瑶人的婚俗习惯中的种种特别之处的主要来

---

① 关于“打蹈”的论述，可参考杨辉周所写的《奇特的瑶家婚俗》一文。出自田伏隆主编《湖南瑶族百年》，岳麓书社 2000 年版，第 397 页。

② 此翻译由虎形山乡文化站工作人员、花瑶人奉雄新提供。

③ 意思就是说住在特别好的向阳的地方。

④ 具体的情况可以参见老后在 2002 年第 9 期（总第 12 期）的《人与自然》杂志上发表的文章《大山深处有花瑶》中的描写。

源与如下这个传说[①]有着直接的关系，对这个传说，过去关注花瑶的人们并没有给予足够的重视：

相传在远古时代，有两家人比邻而居，一家姓丁，一家姓沈。有年春天，两家人都种了冬瓜，但瓜藤渐渐长到了一起，最后只结了一个大冬瓜。到秋天的时候两家人互相谦让，都说这个冬瓜该给对方，彼此争执，相持不下。后来土地公公出来调解，断定两家人都有份，应该平分。于是他摔开冬瓜，里面居然躺着一个小男孩，长得甚是肥白可爱。此时两家人均无子嗣，都想认这个男孩为自己的儿子，土地公公便再次判定这个孩子为两家人共有，并给他起了个名字叫“丁丫乖沈丫未”。[②]

丁丫乖沈丫未（以下简称“丁沈”）后来随人到了南京府太上老君家，想向太上老君学习法术。但太上老君见丁沈不过一个挑担之人，又无学费，并不收其为弟子。丁沈千里拜师，却学不了法，甚是难过，只有日日在门外徘徊。这一日又在门外流连，只见一妙龄女子走来，说见他日日在此，为何却不进去。丁沈心中苦恼，便将其中原委诉与此女子听。此女子原系太上老君之女，唤做“姬姬如灵”，见丁沈眉目清秀，体魄强健，心中暗自欢喜，也起了相帮之意，便差人通报，希望父亲收丁沈为徒，却并未获得太上老君的同意。姬姬如灵见丁沈意志消沉，心中不忍，自思自己也懂得法术，不如由自己亲自教授，可如丁沈之愿。但苦于没有法器，无法传授。当晚二人在厨房吃饭时，姬姬如灵见许多灶具与父亲所用之法器颇为相似，[③] 心中大喜。二人便在厨房开始操

① 该传说主要根据湖南省隆回县小沙江镇旺溪村回家湾组回云省、湖南省隆回县虎形山乡崇木凼村沈诗永、隆回县政协回楚佳等人的讲述，由考察队员米莉同学整理得出。

② 也有一说是“丁丫未沈丫乖”。

③ 直到如今，花瑶人的巫师在施法时所使用的法器还是一些类似于古代厨房器具的东西，这些法器据传就来源于此：姬姬如灵将烧火的铁钳进行改造，上为箭头状一钢刀，下为一个套着十二个小环的钢圈，半径约为两三寸，摇晃起来小环彼此撞击，发出清脆的声音，类似于太上老君施法时的锣钹响器，唤做“师刀”；又将铁锅倒置，上用木棒支起锅盖，铁锅类似于鼓，锅盖上的铁丝提手类似于锣，共同组成太上老君施法时的天地，唤做“卜耶”；又折了一段竹枝，当作敲打锣鼓的木棒，唤做“巴耶”。但仍缺一副卦，二人四下寻觅，姬姬如灵忽看到挂在锅灶之上的腊猪头，大喜，遂割下两片猪耳朵，用线穿起，中间系上数枚小钱，耳朵凹面为阳，凸面为阴，正好是一副卦。

演，一个倾囊相授，一个全力以求，如此这般，不觉已过了三个春秋。

一日丁沈在外偶遇一同前来并成为了太上老君徒弟的汉人张五郎。张嘲笑丁沈在此地闲游，没有学得丝毫本领。丁沈学法已有三载，从未与人试过灵验与否，正欲找个机会一展身手，见张来激，反口便说可与张一较高下。于是张随手一指，路旁一棵棕树便折断在地。丁沈施法，棕树一跃而起，重新接活。张大奇，将此事一一报于太上老君得知。太上老君找来丁沈询问其学自何处，丁沈不敢告知实情，只说是自己在外面听到太上老君教法，偷学而来。太上老君不信，问其可否给自己示法，以便探知实情。但那丁沈一时心中害怕，竟错答道："我可与你斗法！"太上老君大奇，不知丁沈法力有多么高强，竟然出言至此，但也不敢小觑了他，便与他约定次日斗法。然而，在姬姬如灵的帮助下，丁沈将太上老君的法力一一破解，获得了斗法的胜利。[①] 而太上老君也早

① 根据花瑶老人的讲述，他们之间的斗法如下：第一日，太上老君给丁沈一把木斧，令其一天之内将山上的参天古树全部砍倒。丁沈从日升砍到日中，只不过砍下几块树皮，木斧也被砍断。中午姬姬如灵送饭与丁沈，见其在树下痛哭，便从头上拔下一支金簪交于丁沈，告其如此这般。丁沈大喜，饭后用金簪指树，棵棵古树应声倒地，不到日西，便全部砍完。晚上太上老君前来验收，见丁沈果然有法力，欲进一步试探，便约次日再比。第二日早饭毕，太上老君令丁沈一日之内将昨日所砍之树全部烧完。但树湿难着，丁沈烧至中午也不见任何成效，不禁大哭。中午姬姬如灵又送饭与丁沈，问明原委，好声相慰，说自己会助其一臂之力。饭后丁沈再次烧火，火光一冲而起，直入云霄。姬姬如灵知道父亲一旦得知丁沈有法力，便欲加害于他，早早便已躲在丁沈背后。太上老君见火光冲天，化做一只老鹰飞来，翅膀一扇，火苗直扑丁沈而来。姬姬如灵忙化出一把扇子，回扇过去，火苗反扑向太上老君脸上，将他的胡子全部给烧掉了，太上老君吃了个败仗，落荒而逃。据说现在太上老君的塑像都没有胡子，就是因为这次斗法，被自己的女儿给烧掉了。第三日，太上老君交于丁沈三担三斗三升三格荞麦种，令其在一天之内将所有种子都种在昨日所烧之灰上。丁沈大喜，自思种地乃自己的老本行，不过是费些力气而已，忙活一阵，不到中午，便将种子全部种下。午时姬姬如灵又来送饭，问清情况，大呼中计。丁沈懵懵不知其意。果然第四日，太上老君又令丁沈将昨日种下之荞麦种如数捡回，不得有缺。丁沈方知太上老君心地歹毒，一定要将自己置于死地。埋头捡至中午，仅够区区一升而已，暗自思量此次可能有来无回，心中大恸。中午姬姬如灵又来送饭，心知仅凭二人之力难以完成，便施法招来世上百鸟相帮，向晚时分全部捡完。丁沈去交荞麦种，太上老君一量，仍少了三格。姬姬如灵言道："父亲，所谓东量西失，少了三格不要紧。"太上老君亦不好过于计较。过后暗自思量，女儿如此相帮一个外人，许是二人已有感情，便打发了丁沈一碗饭，待其吃下之后，若二人有情，便会连在一起不能分开。姬姬如灵素知父亲为人，知道其中有诈，便令丁沈将饭倒于狗吃，果然两狗相连，不能分开。

已知晓是女儿在暗中帮助丁沈，但又不知二人如何联手，百思不得其解。

不久，丁沈将要返回乡里，又欲与姬姬如灵长相厮守，便想去太上老君处求亲。姬姬如灵作法唤来一只金龟，化做媒人去说媒（故媒人又被称做“金龟新人”）。太上老君知道女儿心意已决，但暗自思量：“丁沈法术高强，不日将会超过自己，一定要在路上将此人除掉。”因此坚决不允。姬姬如灵预知丁沈临走之前，父亲定会送其一件礼物，便授意其莫恋他物，只要搁在屋角的那把红纸伞，且一路之上切切不可打开。丁沈言听计从，对其他宝物不屑一顾，单单从太上老君处讨得红纸伞，随即上路。太上老君不见了女儿，左右思量，怀疑她就躲在红纸伞内随着丁沈一起离开，便施法降下瓢泼大雨。丁沈忘了姬姬如灵的嘱咐，赶忙将伞打开，躲在里面的姬姬如灵掉了下来。太上老君立即知晓，心中大怒，思量女儿已有外心，留着也是祸害，不如将其一起除去。于是抬手便是一箭，直冲二人而来。姬姬如灵伸手接住了，砍了一些鸡血在箭上放回。太上老君接到箭一闻，知是鸡血，又放一箭。姬姬如灵接住箭，知道父亲看不到二人死亡不会罢休，便和丁沈双双咬破手指，涂了各自的血在上面放回。太上老君召回箭一闻，以为二人已被射死，心中大安，从此不再追究。从此之后，姬姬如灵和丁丫乖沈丫未过上了幸福的生活，花瑶民族便是他二人的后代。①

以上就是这个传说的大概，因为篇幅所限，传说中所涉及的许多其他方面的内容，在此不作过多的描述。如丁丫乖沈丫未与汉人道士张五郎等人之间的斗法等故事，由于与本文的主题关系不大，故予以省略。

上面这个涉及花瑶人的始祖的传说，其内容可以说包含到了他们日常生活的方方面面，如巫术、婚俗、与汉人之间的关系，等等。而其中所表现出来的各种对社会、个人的要求、规则与禁忌，也一直为他们所

① 丁丫乖沈丫未最后也当了巫师并开始教徒，成为他们民族的第一个“巴梅”（花瑶人自己对巫师的称谓），并将学自姬姬如灵的法术教给了自己的子孙。而这种被本族语言称做“瘪皈”的法术，就是“钉铜”。

坚信并世代持守，比如说他们不拜汉人的道长、仙人、菩萨，在订婚时必须带上红伞且一路上不得打开，新娘子过门时要杀雄鸡驱邪①等等。因此，花瑶人定亲、结婚都不要生辰八字，但一定要一把红纸伞，伞内须有十二朵红色绒线做的花，即代表该女子，男方拿到了这把红纸伞，便说明该女子嫁到了男方。这伞和绒线做的花是维系花瑶人婚姻的唯一信物，终生不能丢弃。这样的规矩一直沿用至今。从花瑶人的这些现实生活中的表现与作为，我们可以看到，这样一个传说的重要性对花瑶这支民族而言是毋庸置疑的，而且进一步带上了禁忌与规则的色彩。“图腾禁忌调整的不仅仅是人与自然的关系，更重要的是起着规范和协调群体内人们日常生活的各种行为、整合同一群体内的社会秩序、调整同一图腾群体内人与人之间关系的作用。它通过一种规范和准则来保护图腾群体的利益。因此，图腾禁忌不是一般的图腾群体成员的生存规范，而是一种权威，它以公共强制的办法，来保证人人无条件地遵守禁忌规则，它本身带有强烈的规范性和强制性。”② 如果说我们前文中已经予以论述的花瑶人对黄瓜、白瓜的禁忌与图腾崇拜是基于感恩的话，那么他们对这样一个传说中的禁忌的遵守则完全是基于对始祖的敬畏与崇拜了。

从这个传说中，我们也可以看出，花瑶人将自己的婚俗与他们的祖先、巫术、禁忌联系到了一起，从而确立了这一事件的神圣不可侵犯性。也就是说，基于以上传说的重要性与原初性，来源于传说之中的婚俗习惯的每一个步骤、每一个环节都带上了神圣的色彩与无上的权威。而每一次婚嫁过程中的隆重的仪式与盛大的场面，也在一次次加深、强

---

① 这只雄鸡被他们称为“也煞鸡”（音译），而在宰杀的同时还要这样念：“一吉四梁，天地开张，新人到此，大吉大昌；此鸡不是非凡鸡，王母娘娘赐我的也煞鸡。一掩东方甲乙寅卯木，二掩南方丙丁巳午火，三掩西方庚申辛酉金，四掩北方壬癸亥子水，五掩中央辰戌戊己土。天煞地煞年煞月煞日煞时煞新人煞，天煞归天，地煞归地，雄鸡到此，百无禁忌。手拿一块铁，要砍雄鸡一点血。雄鸡丢下地，恭候新娘子荣华富贵。”说完这一段话之后，新娘子就可以进堂屋门了。这是 2004 年 8 月 6 日在小沙江镇旺溪村回家湾组采访回云省和回云龙两兄弟时得知的。

② 沈敏华、程栋：《图腾——奇异的原始文化》，上海辞书出版社 2003 年版，第 66 页。

调这种神圣性与权威性。这就可以理解，为什么花瑶人在经济极端落后的情况之下，会在婚礼上花费如此巨大的人力、物力、财力。从他们的视角来看，这一过程不仅仅与子孙后代的生存与繁衍直接相关，也与自己的祖宗先人的世界直接相关。比如说，花瑶人在送亲时，会在进入男方家所在地的“水口”处，[①] 由媒公用黄红相间的毛线在三块长方形红纸拼成的底案上所插的几十根树枝上，缠成一个“五子棋”或“六子旗”（均为当地人的一种娱乐方式，相当于智力棋一类的游戏，当地的小孩子都会玩）的棋盘模样。这样做的意思就是说，当活在世间的花瑶人在热热闹闹地办喜事时，他们那些故去的先人们也会特意从阴间赶来凑热闹，来看看并祝福他们的后代子孙。但是人鬼毕竟殊途，而且，其他的一些不吉利的孤魂野鬼也会随之而来。为了不让先人们的鬼魂影响活着的人们的生活，同时也是为了避免新人、喜事粘上阴间的邪气，于是，他们便在鬼魂进入寨子的必经之地的“水口”处设下此棋盘，让这些鬼魂就在此热闹、玩耍，直到喜事结束后重新回到阴间。

这一地方在花瑶语中称“卧岛”[②]，也就是在红纸上囤一五子棋盘，平铺于路边地上，将 25 根木棍竖插于线条交叉点上，再以红色绒线互相牵连缠绕。具体形状如下图：

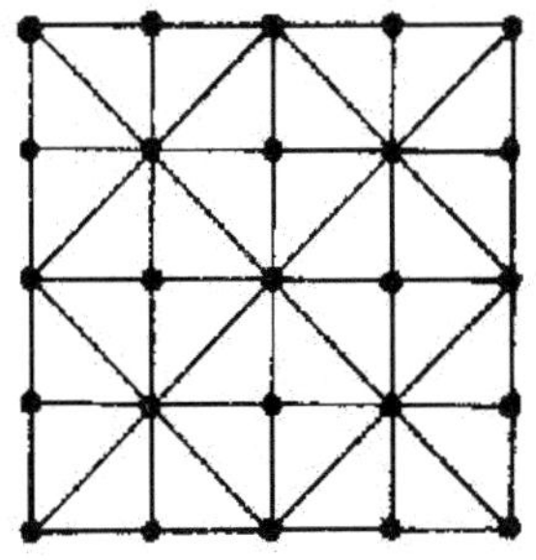

但现今的“卧岛”也有简化为一半的，即以五子棋盘的二分之一

① 这一名称是有关风水地理的，一直为花瑶人所重视，意思就是进出这个瑶寨的最为重要的地方。

② 具体内容还可以参见铁鹰《梅山文化区的一幅原始生活画卷——湖南隆回县花瑶婚俗点滴》，出自《民主与科学》1997 年第 1 期。

变异而成，只须几根木棍与丝线缠绕即成，如下图：

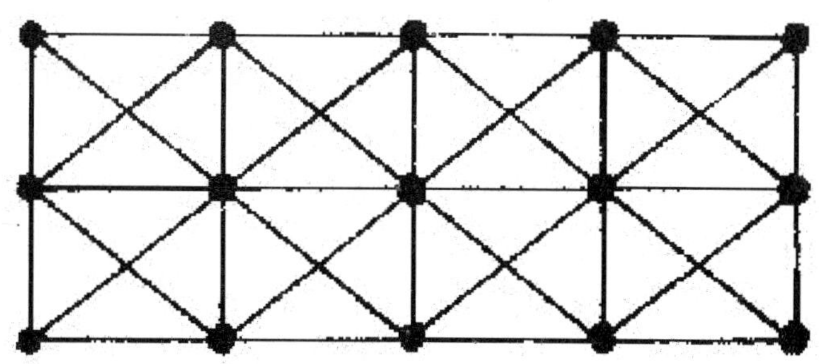

通过以上的描述，我们可以看出，花瑶人就是以这样的方式将阳间与阴间的两个完全不同的世界联系到了一起，从而确保了整个种族的统一性与延续性。而对这样一种统一性与延续性的关注，还不仅仅是体现在对故去的先人们的需求上，更是体现在为年轻一辈男女之间的相识、相恋创造机会这一问题上。基于花瑶人的婚礼之盛大，往往参与者涉及瑶山的角角落落，平日里没有机会见面的青年男女通过这样的机会得以相互认识，并进而通过前文曾言及的“打蹈”，以及对歌等节目增进双方的了解与信任，从而确立恋爱关系，然后男方再请媒公（花瑶人的习俗中，一般是媒公而不是媒婆）去女方家提亲，顺利的话就可以敲定日子送亲了。与汉民族不同的是，首先青年男女能够在这样的场合中，公开合法地接触，包括肉体接触如打蹈时，男女双方都有机会坐对方的膝盖，并在中意的情况下，可以相互边顿边聊天，甚至亲嘴，都是可以接受的行为。更为不同的是，男女双方在自己觉得条件成熟的情形下，甚至会私下里发生性关系，订立终身。然后，男子就会找个机会将女孩带回家，在夜间燃放鞭炮，向乡里邻居们宣告此事，这样，这桩婚事基本上就成为既定事实了。过一段日子后，男方会再挑选一个好日子，请一位合适的媒公去女方家提亲，商量好各种事情之后，又会在合适的日子举行送亲的仪式。而这一仪式，无疑又给下一代的青年人一个相识、相恋的机会。于是乎，在这一次次的婚庆过程中，一代代人就这样生存并繁衍下去。这样的情况大概也是谭德彬所谓的“性开放”的主要内容与来源了。而这样一种

带有狂欢与无束的节日般的婚庆活动，也日益成为了吸引外来者的关键性因素。花瑶人也不止一次地告诉我们，他们的女孩子都是十分单纯、认真的，她们与一个人往来并最终成亲，看中的从来都不是对方的家产、身世、条件，而仅仅只是看中对方的人就可以了。她们极端地相信第一感觉，只要是心中喜欢上了对方，就会义无反顾地以身相许，并且永不反悔。而这样的行为也一直为花瑶人世代所理解、尊重，成为了一种习俗。这在一定程度上，也是花瑶人中私定终身的人如此之多的主要原因之一。

在过去的时代里，为了保证本族人之间的配偶问题，更为了保证本民族的纯洁性，从而确保种族繁衍的顺利进行，花瑶人一直以来都在实行严格的内婚制。即花瑶只能和自己的族人结婚，而不能和外族人结婚，尤其瑶汉绝不通婚。如果和汉族人通婚将被当作是一件受所有族人唾弃的丑事，甚至会引起花瑶人普遍的愤怒情绪。整个宗族都会介入到这种重大的违规事件之中，他们会强制解除瑶汉之间的婚姻，并对当事人进行严厉的处罚，直至他或她认罪悔改。我们在采访过程中，还不时的听到种种遭受更严厉处罚的事迹，其手段还包括对当事者肉体的消灭，如沉塘、吊死、火烧等等，当然，这样的事件一般只有在当事者死不悔改的情况下才会发生。另外我们也发现，在当时，这种禁止瑶汉通婚的规则与禁令，不仅花瑶人如此，在汉人那里也同样是如此。这一点我们从如今居住于小沙江旺溪村回家湾回姓花瑶祖先的故事中就能够看出来，据说他们的始祖本来是一位魏姓的汉族，当时是一个卖杂货的货郎，因在瑶山卖货时看上并娶了一位瑶家女子而受到了本族人的疏远与歧视。后来，在一次与其族人一起祭祖的时候，由于不小心说了几句瑶语，立刻被其他的族人指责为背叛本族祖宗，要绑起来予以严惩。幸亏他的这位瑶家妻子武功高强，夹起他便冲杀出重围，一直逃到了一个叫做“土岭界”（当时是瑶汉两族的边界，就在我们曾经提到过的小沙江镇龙凼村不远的地方）的地方才将他放下。这位魏姓汉族男子心有所感，决定改为瑶族，从此不再回家，故改其姓为“回”，并发誓此生不再下此瑶汉界，而且还留下了一首非常有名的顺口溜来作为证据。[①]

通过新中国成立后的种种运动，特别是恋爱自由、婚姻自由观念的深入，以及婚姻法等法律、法规的制定与实行，这一现象得到了有效的遏制。但是一直到20世纪80年代中期，瑶汉之间的通婚还是会受到各个方面的质疑与反对。2011年12月，在回访的实地调研与访谈中，我们一直试图获取更多关于瑶汉最初通婚的状况，但并没有得到更为明确的答复，直到我们返回长沙，队员顾旭光又特意给当地的年轻朋友（汉族）打了电话，让他去了解更多的内容，由于对方是当地人，最终给了我们一个较为明确与可信的关于瑶汉最初通婚时的状况。20世纪80年代初，小沙江地区出现严重的自然灾害，无法生存的花瑶人离开瑶山，分散去往各地逃荒，据说几个年轻漂亮的姑娘到达新化县城时，被当地汉人相中，于是嫁给了他们。由于这个先例与逃荒相连接，所以并不被人提起。但是，此后随着瑶汉之间相互接触、自由恋爱的人日渐增多，通婚的趋势已经难以阻挡了。在很多花瑶老人看来，现在的情形和从前相比，已经完全反过来了。在许多花瑶人的心目中，与汉人通婚变成了一件好事。尤其是花瑶男子找到汉族媳妇更是其有本事的表现，当我们在实地调研时，当地一位非常有前途的瑶族公务员就曾经在聊天时很自豪地告诉我们，他娶了一位汉族姑娘。不过事后我们在访谈其他人时，却进一步了解到，其实他的妻子并不是汉族，而是瑶族，他的岳丈有份非常体面的工作，而他妻子本人也接受了非常不错的教育。这样一种状况的出现，无疑也充分说明了花瑶人在心态上的变迁。

但是，内婚制对花瑶人的心理影响并没有完全消失，花瑶人（尤其是老人）现在还是认为汉族女人比起自己民族的姑娘来说是靠不住

① 这首在瑶山广为流传的顺口溜为："上了土岭界，雄鸡叫八该，锄头叫八噻，从此不下土岭界。"这个故事最初是在2004年8月3日小沙江镇江边村禾梨树组采访奉泽黄时得知的。但后来许多人都向我们提到了这个故事。而且后来在回家湾当地人中也得到了证实。回家湾的回姓同时也认为自己与汉族有脱离不了的关系，比如他们名字的排行在很大程度上就与自己始祖出生的地方——魏家凼魏姓人的排行相类似。

的，她们的为人不太可信。而且，更重要的是，花瑶姑娘嫁给汉族小伙子的多，而汉族姑娘嫁给花瑶小伙子的却很少。这样的现象也严重地影响到了花瑶小伙子的婚姻问题。在过去，基于有族内通婚制度的保障，花瑶人内部的男女比例还不至于失调，然而随着族外通婚的日益盛行，在经济、文化、背景等各个方面都明显弱于汉族小伙子的情况下，花瑶小伙子要想留住并找到特别好的花瑶姑娘已经变成了一件极为困难的事情了。因此，对于族内男女比例失调的担忧与抱怨也就越来越多，他们开始怀念只有族内通婚的年代。在调研中，我们得知，要想解决这一问题，最重要的就是花瑶人的经济问题。我们在麻塘山乡老树下村调研时奉秘书就认为，这些年以来，本地的花瑶姑娘嫁给外地的汉族人的非常多（其中包括他自己的女儿），但是外地汉族姑娘嫁过来的却一个也没有，其主要原因还是经济上的问题，如果本地的经济能发展起来，照样会有外地的汉族姑娘嫁过来。而就我们所知道的情况来看，也确实是如此，比如说，现任隆回县民宗局局长、2004年任虎形山乡乡长的奉锡样的弟弟就娶了一个汉族姑娘。此外，现在在隆回县信用联社工作的奉道勇（当初是小沙江信用社的工作人员）更是开风气之先，通过报纸征婚的方式，娶了一位来自内蒙古的汉族姑娘马凤梅。

也就是说，如果花瑶人家的经济状况好起来的话，其内部男女失调这样的问题也就可以迎刃而解了。但是，由于通婚而导致相互之间的同化问题却将更为严重。因此，对于花瑶民族而言，这无异于一把双刃剑。

过去，在严格实行族内通婚制度的基础上，花瑶人在其民族的内部，却严格执行同姓不婚的制度。即花瑶只与不同姓氏的人结婚，而绝不能和同姓的人结婚。一直以来，他们都严格遵循“同姓不婚”的规矩，过去对这一规矩的执行极为严格，宗族有权力纠正破坏这一规矩的行为，并处罚当事的青年男女，即便是现在也极少有人违反这一规矩。在花瑶人看来，同姓的人都是一家人，绝不允许结婚。因而，经过多年的繁衍生息之后，各个姓氏之间的人口发展比例不一样，导致了像奉姓、刘姓、沈姓等大姓的花瑶找对象都比较困难的现象。而且，基于花瑶民族本身的人口就少，而姓氏也有限，经过如此漫长的族内通婚，一直以来都缺乏外族的新鲜血液的介入，严重限制了其血缘关系的更新与发展，这样的现象已经导致花瑶民族内部血缘的近亲化与沉寂化，最终影响了他们的人种进化与更新。我们在瑶山可以看到，花瑶人的个子相对当地汉人而言普遍偏矮，相貌也基本相近，身体总体素质也较低，这种现象的出现，除了营养不良、饮食不合理、生活习惯不好等方面的问题之外，毫无疑问还存在血缘上的问题。这一问题，就是当地人都已经看出来了。另外，花瑶从来都遵循一夫一妻制，不纳妾，纳妾的习俗在历史上也基本没有在花瑶之中出现过。花瑶讲究从一而终，因此，对于花瑶而言，离婚比登天还难。在他们看来，这是一件大丑事，双方家庭都不会同意。在过去，离婚就被花瑶视为大逆不道的事情，即便成功离了婚的女人也不会再有人娶。但是，与“族外通婚”一样，不许离婚的现象也得到了有效的遏制，在现在，花瑶人中离婚的人也很多了。但是，在花瑶人的内部，对离婚者的歧视与不理解的状况却是依然极为普遍，这样的观念，随着时间的推移，早就已经深入到他们的文化与观念之中了。

在花瑶人的生活中，其盛大、隆重的程度可以与婚嫁相媲美的唯一一件事情，大概就是对新生婴儿的祝福与庆贺了，花瑶人称之为“打三斗”。由于我们进行实地调研的时间是7—10月份之间，而花瑶人的婚礼一般都在腊月、正月才举行，那时，不仅是农闲的季节，人们都有时间尽情玩乐，而且冰雪盖地，气温常在零下，这也有利于没有冰箱这类现代电器的花瑶人家购置并储存如此多的食物与酒肉，因此我们并没有亲历他们的结婚的全过程。幸运的是，我们在考察期间，巧遇了几次花瑶人家举行的“打三斗”。从中我们得知，在小孩出生后的几天里，主人家就会通过各种信息渠道遍请亲戚朋友来家里做客，以庆祝其家族子嗣的兴旺繁衍。而其他的花瑶人，也肯定会将这样的事情当作一个极为重大的节日一样对待，他们不论居住于大瑶山的哪一个角落，也不论离得有多远，只要是按照惯例应当到场祝贺的人，都会不顾路途遥远、车马劳顿准时赶到主人家中参加喜筵。更有意思的是，在花瑶人的风俗中，如果生的小孩是头胎，也就是说母亲还是新娘子的话，娘家人还会将送亲的部分活动与此结合起来，将准备好的但一直没有送出去的嫁妆一并相送。这种事情的主要原因是由于我们前面所谈到的，花瑶的青年男女往往会在双方父母并不知情的情况下私定终身，男子就会将女孩子带回家去。如果女方的父母不同意这门亲事，但又没有办法改变这一事实的话，便会将婚礼中的送亲的内容推迟至新娘子生小孩时再补上，也就是说，一旦生了小孩，则这桩婚事事实上就具备了所有的条件与要素，娘家人也不得不予以认可了。因此，与婚礼一样，来到这里的人们在享受盛大酒宴的同时，还会在对歌、打蹈这样的活动中放松自己。于是，这样一个庆祝新生儿的活动，也就完全与婚礼一样，成为了家族人员之间加强沟通、交流的平台，更成为了年轻的男女们相识、相恋的场所。也就是说，每一次这样的喜事中，都会尽可能地为下一代的结合与延续创造足够的条件。

近年来，由于类似事件的普遍化，花瑶人已经慢慢的不再送亲了，而是在订婚的仪式完成后，就接受这一事实，然后再在“打三斗”时将送亲的仪式补上。这样一来，就将过去“订婚”、“送亲”、“打三斗”的婚礼“三部曲”减少到了“两部曲”了。但是，仪式的变化并没有改变仪式背后的意蕴与内涵。通过仪式的不断举行，仪式背后的内核也不断得到加强。也许花瑶人已经说不出来这些仪式的最初来源与象征意义了，但是仪式所包含的内容却一直在发生着应有的作用，那就是：维护并促进种族繁衍的顺利进展！

四　变动秩序中的花瑶传统：“飙车党”与《关于规范瑶族风俗礼仪的有关问题座谈会议纪要》

我们于2004年在虎形山乡青山坳村调研时，该村的党支部书记、花瑶人杨庭扣就告诉我们，在过去，花瑶人家生小孩都是完全的自然生育，一直生到不能生育为止，因此一个家庭生十几个孩子的非常多。而现在因为计划生育，就不能这样生了，每个家庭的孩子也就少多了。而且，这一政策不仅导致孩子少了，还给大人教育小孩的手段与方法上带来了许多不曾有过的问题，比如说，因为现在家里的孩子太少了，所以不敢管得太严厉了，生怕他们逆反心理太强从而引起自杀或离家出走，但另一方面，不管严了又怕他们变坏。在这样的情形下，教育孩子完全成为了一个两难的境地。计划生育所导致的对年轻的花瑶人的教育问题在这些年里日渐严重。

我们于2011年、2012年两次进行回访时发现，如今瑶山上的道路都已经很好了，村与村之间相接的泥石路，大多以政府与村民共同出资的方式进行了硬化。随着交通状况的改善而来的，就是摩托车作为便利且廉价的山地交通工具，在花瑶人家得到了非常广泛的普及。尤其是花瑶人家十几岁的年轻男孩子，几乎人手一辆，他们不仅仅用摩托车来方便交通，更是为了用其来完成兜风、飙车、社交，甚至恋爱的功效。现在瑶山上的年轻人，如果家里不给买一辆摩托车，将会显得既没有面子，也没有身份，更为糟糕的是，他们与其他年轻人交往的机会都会减少很多。尽管这些年轻的拥有摩托车的花瑶人在飙车的过程中，也会制造与遭遇到诸多危险，且费用不低，这样一些问题其实他们的家长心里也很清楚。问题是，家长们会觉得，省吃俭用的给自己的儿子买辆摩托车，一方面可以让儿子很风光，更重要的是儿子也会像其他人家的孩子一样，通过飙车、兜风等方式，获得年轻女孩子的青睐，好完成早些娶妻生子的目标。换言之，相对于传宗接代的重要性而言，多花点钱、冒一点风险，也是值得的。花瑶人家结婚生子并没有严格的年龄限制，往往十五六岁就发生关系，并生下小孩。

我们在考察的过程中，就在路上遭遇过花瑶飙车党。有一次当地汉族青年骑摩托车带我们去往大托大峡谷，赶回住处时已经很晚了，在漆黑的山路上忽然看到几辆摩托车迎面呼啸而来，在经过我们的车时，忽然冲着我们尖声叫嚷，把我们吓了一跳。每辆车上有三到四个人，有男有女，都是些年轻人，很是兴奋的样子。陪同我们去往大托的汉族青年告诉我们，他们都将这些年轻花瑶人称为“飞车党”，这些人最能花钱，经常飙车，白天开得更快，摩托车换得也很快，大概一年就换一辆。这里的汉族的摩托车至少用两到八年，但是花瑶年轻人买摩托车就是用来玩，很少干正事，还带着瑶族的女孩一起玩。这也是花瑶年轻人经常早婚的一个原因。很显然，汉族青年对花瑶青年飙车、男女混处等行为，很有保留意见。事实上，瑶汉青年在生活、教育与经济上的思维方式与计划程度，已经不可同日而语了。如果说花瑶青年买了摩托车主要是为了玩耍、社交的话，那么与他们几乎同龄的陪同我们的汉族青年，虽然偶尔也会骑车与朋友们出去玩耍，但最主要的工作，还是为了支持家里在虎形山街上的生意，无论白天黑夜地骑着自己的摩托车，穿梭于瑶山之中，从村民手中收取原料，并将村民们所需的货物送上门。对于汉族青年而言，如何有计划地安排自己的时间与资金，从而让自己与家人过上小康甚至富裕的生活，是非常重要的事情；而对于花瑶青年而言，如何很是风光、潇洒地与朋友飙车、玩耍、恋爱，最终早婚早育，完成传宗接代的目标，则显得尤为重要。

当飙车与早婚早育直接相连，并成为花瑶年轻人中的普遍共识之后，花瑶家长们对于年轻人的教育与管束，就显得尤为困难了。事实上，家长们自己也会觉得，既然别人家的孩子通过飙车，就能够很快解决终身大事，那么，自己家的孩子为什么不同样如此呢。如果不给自己的小孩子买一辆摩托车，从而解决其终身大事的话，等到孩子大了找不到老婆，无法及时娶妻生子的话，到那时可能后悔都会来不及了。这种心态，已经成为了花瑶人家极为普遍的状态，这一点，我们也可以从花瑶青年如此普遍的拥有摩托车这一事实上看出来。这样的状况也使得现在的花瑶年轻人早婚早育现象极为普遍。2011 年 11 月 27 日在虎形山乡信用社采访沈修竹主任时，他就告诉我们，现在花瑶年轻人往往在十四五岁的时候，他们的父母就支持自己的孩子去谈恋爱、结婚、生子。如果自己的孩子违反了政府关于不得早婚早育的政策，从而需要缴纳罚款时，父母也非常愿意承担。据沈主任的估计，在现今花瑶人中间，早婚早育的人已经高达70%—80%之多，因此，结婚生子，已经成为十几岁小孩子的头等大事。在这样的氛围之下，一般的男孩子都在十七八岁甚至十四五岁就结婚、生子了，根本无暇顾及教育、工作等事情。在沈主任看来，这并不是一个好的现象，会对花瑶人整体素质的提高产生极大的负面影响。

事实上，沈主任本人的人生经历，也恰好能够对花瑶人能否获得更好的工作机会与收入状况，做出一个有效的补充。沈主任出生于虎形山乡岩儿塘村的普通花瑶人家，父亲是农民，也是一位懂得巫术的“巴梅”，后来通过自己的努力，于1977年考入隆回二中读高中。在当时，这已经属于花瑶人中间非常高的学历了。毕业后，曾经当过教师，后又在20世纪80年代中期，赶上隆回县信用社系统第一次对外招聘人员，他参加了考试，并获得了进入信用社工作的机会。当时在整个大瑶山之中，总共只录取了三个人，一个是前面我们已经谈到的最早通过报纸征婚的方式，实现瑶汉通婚的花瑶人奉道勇，而奉道勇的父亲奉财宝当时是隆回县农业银行驻小沙江办事处的主任，因此，属于出身较好的花瑶人，还有一个被录取的人是汉族人彭中和。现如今，沈修竹不仅自己是信用社的主任，而且女儿沈丽娟①更是花瑶人中间的名人，其女婿、花

① 沈丽娟，花瑶人，24岁，被称为“花瑶走出的百灵鸟”。自湖南大学传媒学院毕业后，现在隆回县虎形山花瑶风景名胜区管理处工作。先后担任过花瑶对外形象大使和湖南绿源土特产有限公司形象代言人，并于20岁时当选为“邵阳市第十四届人大代表”。此后，在2007年、2008年，连续两年成功主持了花瑶传统佳节“讨僚皈”大型文艺汇演活动，2009年，担任湖南娱乐频道《全民大合唱》嘉宾评委；7月份，担任湖南卫视《越策越开心》栏目嘉宾；8月份，担任中央电视台一套、四套《发现之旅》栏目专题片《花瑶新娘》女主角，节目播出后，观众好评如潮，慕名来瑶山旅游采风的人成千上万。9月份，陪同甘霖副省长视察花瑶旅游工作，后又与省领导代表湖南去厦门参加海峡两岸旅游博览会，为推介花瑶品牌做出了较大贡献。2011年8月8日，在花瑶传统节日“讨僚皈”期间，全省首届“瑶族风采”服饰模特大赛在隆回花瑶举办，沈丽娟和她的另一个姐妹获得铜奖。2012年1月20日，沈丽娟参与表演的舞蹈《花瑶畅想》，在省委、省政府新春团拜会上精彩亮相，这一充满民族特色的瑶族舞蹈让全省人民再次一睹花瑶风采。（林高湘：《花瑶走出的百灵鸟》，载《邵阳城市报》2012年3月6日第2版。）

瑶人回荣隆[①]也在虎形山乡政府工作，任政协主任，是隆回县最年轻的两位正科级人员，小儿子17岁，正在隆回县一中读书。换言之，从沈修竹及其家庭的状况可以看到，其实通过接受更高的教育的方式，花瑶人是能够获得改变自身命运与生存条件的。

然而，对于更多的花瑶年轻人而言，似乎对这种通过读书、考试，最终获取学历、改变自身命运的路径，既缺乏兴趣，也缺乏信心。在2011年底的实地考察过程中，我们还特意在集市上的摩托车维修店，与等待在那里维修摩托车的花瑶年轻人进行过较长时间的交流。从外表上可以看到，现在的花瑶小年轻们，穿着牛仔裤、文化衫，留着染成艳丽颜色的长发，稚嫩的眼神，吊儿郎当的表情，不屑与我们交谈的语气，对仍是大三学生身份的考察团员的排斥……所有这些，构成了新一代花瑶年轻人的典型形象。

花瑶年轻一代所形成的这样一种风气与习惯，已经对花瑶自己都产生了极大的影响，那些希望自己的小孩能够通过接受教育，从而以后能够过上更好的日子的父母们，开始担忧这样的状况会对自己的小孩有不好的影响。当我们于2011年11月25日在崇木凼村访问已经有两个儿子（大儿子3岁，小儿子40天）的沈书勇时，他告诉我们，他自己现在就很后悔当年没有好好读书，浪费了自己的青春时光与受教育的机会。由于他的父亲是常年担任崇木凼村支书的沈诗永老人，因此，他们家在20世纪80年代里，曾是整个崇木凼村经济条件最好的，在沈书勇年轻时，也有很好的机会接受更好的教育，但是由于自己当时读书不努

① 回荣隆，花瑶人，1983年出生，现任政协工联委主任，主持政协工作，分管民族事务、文化、旅游、民俗表演队、八件实事，协助隆回金银花节筹备工作，计生旅游线线长。（资料来源：虎形山瑶族乡人民政府公众信息网。）事实上，我们也曾于2011年11月11日，在虎形山乡政府对他进行了访谈。他告诉我们，在隆回县开展花瑶旅游之前，自己曾在虎形山乡民族团结学校教书，花瑶旅游开始后，就成为了各种大型晚会的主持人。在2005年参加考试，进入公务员系统，2008年任虎形山瑶族乡的宣传部长，2010年任现职至今。在访谈的过程中，他还特别向我们强调，由于自己一直在外读书，对花瑶民族的历史、文化与传统知之甚少。后来，他看到了我们于2005年提交给县政府用以结项的书稿、资料，就是通过阅读这些研究成果，方才逐步开始了解本民族的历史、文化与传统的。

力，只顾着和其他年轻人四处玩，所以没能混出个样子来，一直待在农村。他说到这里，还特别强调，以后一定要将自己的孩子送出瑶山界去接受更多的教育，这样做一方面可以培养他们的独立精神；另一方面也能够离其他好玩的花瑶家的孩子远一点，免得受到他们的不良影响。在他看来，现在的花瑶人家，往往对女孩子读书要严格很多，但是对男孩子则看得太重了，不怎么管教，所以他们可以到处玩，四处飙车。这在将来会导致很多的麻烦，培养小孩子要看得更长远一些，而不是仅仅想着早点结婚生子。

沈书勇在谈及小孩子的教育问题时，尤为严重的麻烦就在于，他已经意识到，由于自己这一代人就很少读书，也没有什么文化，所以在教育小孩子方面，缺少能力，当小孩子开始上学读书之后，父母根本无法辅导自己的孩子学习。换言之，花瑶小孩在接受教育的时候所出现的严重问题，已经不仅仅是家庭，更是当地的学校所面临的巨大挑战。我们于 2011 年 11 月 25 日晚，在虎形山民族团结学校采访该校花瑶女教师奉远花时，就谈到了花瑶孩子的学习问题。她首先告诉我们在她看来瑶汉学生的差别并不大，都是一样的。但是，她想了一下又补充说，其实瑶汉学生之间还是有差别的，主要在于：首先，花瑶的女孩子比男孩子都要更努力，男孩子要喜欢玩一些；其次，花瑶小孩子的普通话不行，他们小时候都是说花瑶本族语言，所以要重新学习当地汉族话与普通话，有些难度；再次，花瑶小孩子的成绩从整体上还是偏低，一个班只有两三个较为优秀的花瑶学生。此外，她还强调有些外面来的汉族老师对花瑶学生有偏见，要是花瑶小孩犯错误，就会挨骂或是挨训，要是汉族小孩犯错误，他们往往就会保持沉默。她认为自己在读高中时，汉族老师就看不起花瑶学生。而且汉族学生也有偏见与歧视，比如说汉族学生会跟老师提出“我不想和花瑶人同桌”这样的意见与要求。可见，学习成绩不好、语言基础差，以及在学校中受到老师与学生的排斥，这些客观因素的存在，无疑也助长了花瑶孩子不喜欢读书，更乐意三五成群地四处飙车游玩的风气与习性。

花瑶年轻人所处的这种状况，不仅仅影响到了当地人的生活环境，更为重要的是，还极大地影响到了他们的生存能力，尤其是适应外部世界的能力。在实地调研中，很多花瑶人就告诉我们，他们很少出去打工，即使打工也只能从事一些非常低层次的苦力活，根本挣不到钱，出去一年，除了糊口之外，能够带几百块钱回来就不错了。事实上，只要能够糊口之余，还能带点钱回来，已经算是好的了。更为悲惨的事情是钱没有挣着，反而伤害到了自己，比如说有汉族年轻人就曾告诉我们，现在瑶族年轻人外出打工的人很少，大多留在家里干农活，而汉族年轻人则恰恰相反，大多数都出处打工挣钱去了。当我们问及产生这一现象的原因时，他认为花瑶年轻人的普通话不好，文化程度也低，习惯、脾气也不一样，不太会与外面的人打交道，又不会保护自己，所以无法找到高待遇的工作，更为重要的是，根本无法迅速融入到外面的社会之中，常常处于最为弱势的地位，很辛苦。他的一个邻居是花瑶小伙子，外出打工，人也很争气，几个月就存了五六千块钱，但是由于在外面的人际关系处理得不好，又不会自我保护，所以被其他的“烂仔”敲诈，最终被他们逼得神经衰弱。回家休息了半年之后，又出去打工，结果回来时彻底得了精神病，被送进医院治疗了。类似关于花瑶年轻人外出打工，却无法生存的故事，崇木凼的花瑶也向我们提到过，在他们村里，几年前有一个年轻人外出打工，由于与外地人的关系处理得不好，结果被人打残废了，后来老婆又与他离了婚，处于无依无靠、无儿无女的悲惨境遇，最终也是得了精神病，也被送去医院治疗。

花瑶年轻人所体现出来的如上状况，进一步形成了一种社会氛围，成为瑶汉两族都为之头疼的事情。在花瑶人内部，为了让花瑶族人对这一问题引起高度的重视，沈修竹主任与其他的花瑶人也在花瑶族内召开的座谈会上，曾多次将这一问题严肃地提出来，希望家长们能够管教得更严一些。

沈主任还向我们提及，花瑶族内部有一个理事会，开会的次数并不多，自己也只参加过两三次，主要讨论花瑶民族文化传承、传统习俗、婚丧嫁娶等问题，在通过决议后，如果有人违反，在法律上并没有强制力，但在花瑶内部有道德舆论上的强制，会强调任何人都不能坏了规矩。事实上，我们此前于2011年11月25日在崇木凼与沈书勇的访谈过程中，他就送给了我们一份《关于规范瑶族风俗礼仪的有关问题座谈会议纪要》的小册子。这是2009年农历七月初十，亦即花瑶传统节日“讨僚皈”结束后一日，隆回、溆浦两地花瑶中的代表人物（共226人）在虎形山乡崇木凼开座谈会，讨论花瑶风俗礼仪的规范问题，并最终通过了这一会议纪要的内容。

在这份《会议纪要》所附的“与会人员名单”中，我们可以看到，无论政治、教育、文化、经济等领域中的几乎全部花瑶精英，都赶来参与了此次会议。其中，我们也找到了沈修竹的名字，而沈书勇的名字不仅出现在了“与会人员名单”中，而且还出现在了“理事会名单·成员”中。不过，从此次座谈会所讨论的主题来看，年轻人中新出现的以“飙车党”为特征的诸多问题与麻烦，并不是处于现代转型过程之中的花瑶人面临的最为严重的问题，对于他们而言，还有更多、更重要的问题、麻烦与困境，需要予以消解与规范。

由于这份文件是近几十年来所出现的一份涉及花瑶全族的规范性文件，因而具备了非同一般的价值与意义，故而全文抄录如下，[①] 并将在后面的文章中进行相应的文本分析与主题探讨。

《关于规范瑶族风俗礼仪的有关问题座谈会议纪要》

近年来，我瑶族聚居地的风俗礼仪已越来越偏离了历史的传统美德，出现了互相攀比、大肆铺张浪费的现象，有的举办一场婚礼需花费5—6万元，高的甚至达7—8万元，是20世纪90年代初中期的10—15倍，是瑶族中等家庭收入的15—20倍，其开支花费大大地超过了瑶族家庭的基本承受能力，导致瑶族部分家庭贫困程度直线下降，与我瑶族居住地区生产力水平发展极不协调，严重制约了我瑶族居住地区经济社会的健康、持续、快速发展。根据广大瑶族群众迫切要求，要求对风俗

① 这份《关于规范瑶族风俗礼仪的有关问题座谈会议纪要》由考察队员徐海东整理得出。

礼仪进行适当的规范。

为促进民族地区经济社会又好又快发展，经隆回、溆浦两县瑶族各聚居地各姓氏代表、县、乡、村瑶族干部、职工，退休老干部代表等共220多人，在2009年我瑶族三大传统节日期间召开三次座谈会议，经过全体与会代表的反复商议，又通过调查走访，广泛征求各方面意见，并在二〇〇九年七月初十在崇木凼讨僚皈节会议上，全体与会代表一致通过形成如下决议：

一　指导思想

瑶族风俗礼仪应秉着尊重历史优良传统，结合现阶段经济发展水平和生活状况的实际，按照既热烈喜庆，又节约俭朴的原则进行规范，既确保本民族先祖传统礼仪的传承与发展，又要适应本民族现行的经济状况与水平，遵循以国家法律法规为准绳，以本民族传统礼仪和当今发展现实为依据，制定有关条款，规范有关行为，促进本民族居住地区经济社会健康、快速、持续发展做贡献。

二　基本原则

（一）瑶族婚姻礼俗沿袭为：一夫一妻制和同姓不通婚的外婚制，由男方请媒人向女方家约定成婚，形成“订婚”、“娶送亲”和“打三斗”三个传统礼俗规矩不变。突出以订婚规模一般化、娶送亲规模热闹化、“打三斗”规模简朴化原则进行，时间由原来的两晚改为一晚，四餐改为两餐。直系亲戚住一晚开两餐，其余宾客统一规范为一人一礼一餐。本姓氏人口较多的地方，可按房分开开展各种礼俗活动。

（二）其他礼俗力争从简，如丧葬礼、寿礼和建房礼等发扬互帮互助、从简节约的优良传统。

三　具体事项

整个婚姻礼俗不设礼金，更不允许以礼金顶替婚事举办，严格控制烟花爆竹浪费，原则提倡多放大炮少放鞭炮，礼炮开支钱不得超过单个礼金的30%，团体贺礼爆竹限购300元以下。

（一）订婚礼俗

1. 礼物：猪肉、大米各200—220斤，米酒80—100斤，啤酒饮料一律免除，鸡、鸭、鱼、牛肉各50斤，其他杂菜视情况各25—30斤；服装控制在4件套，其中花裙粗、细各2件，香烟控制20条以内，只限发抽烟成年人，平时一律只发根数，但餐桌上可以一桌一包，吵媒公礼每次限120—168元。

2. 双方直系亲属可在双方亲属住一宿两餐，其他贺礼人员只限一礼一餐（勤杂帮忙人员除外）。

（二）娶、送亲礼俗

1. 男方负责餐饮开支，不送现金。嫁妆由女方父母视自家经济状况以完全自愿为妥，提倡从简，反对铺张。

2. 人员可热闹，女方送贺礼者可全部参与送亲，提倡60—80人为宜。

3. 时间只能在男方家一宿两餐必返回。

4. 返回时男方按规矩适当打发传统礼俗回女方，作为返回晚餐及款待送贺礼未来送亲者。

（三）打三斗礼俗

1. 原则以双方直系亲属为主，其他旁系亲戚及好友只送礼不去人。

2. 时间：一宿两餐，父母可适当多宿。

3. 女婿为娘家人员返回时按瑶族礼俗打发一定返程礼作为返程晚餐并宴请其他未来人员礼宴。

（四）其他礼俗

1. 丧葬礼沿袭传统习俗不变，力争从简，瑶族老人病故后不得长时间停摆，不做道场，只请瑶族师公“夜皈”即可，女的病故后，娘家人不得无理吵闹，并在三年内挂夏祭事活动中前面一二年由本家直系亲属祭挂，第三年满夏时娘家人和旁系亲属才准许参与悼念祭挂。

2. 寿礼也要从简，除直系亲属全部参与祝寿外，其他祝寿人员只能是一人一礼一餐。

3. 建房和其他喜酒，除帮忙打杂工人员外，其他送贺礼人员只能是一人一礼一餐（包括直系亲属在内）。

四　责任与约束

（一）责任

1. 瑶族礼俗的改革与规范，是功在当今，利系子孙后代的大好事，大实事，要求本民族自觉遵守，共同守责，把这次会议决议作为规范礼俗行为的准则来抓好抓实，国家工作人员，村、组干部和所有参会人员要切实带好头。做到人人有义务，个个担责任。

2. 为确保此项工作顺利开展，切实为本民族本地区经济社会发展搞好服务做出贡献，会议决议成立相应的专门理事会。理事会设总理事会和分理事会，总理事会成员由瑶族居住地推选各姓氏公认的权威人士代表组成，分理事会以村落为单位，由各姓各房推荐 3—5 名权威人士组成若干个，具体负责本区域内传统礼俗的宏扬与传承，对破坏和不遵守传统礼俗者的约束和监督。

3. 所有风俗礼仪活动，必须报所在村落分理事会成员得知，各房姓理事会成员必须全程参与，切实担负起监管责任，坚持常抓不懈。

（二）约束

以上规章是我们瑶族的共同心声和意愿，必须共同遵守执行，如有相违背，则按如下规则予以约束。

1. 如有违背约定礼俗者，理事会向其提出整改，如有不遵，本民族所有亲戚朋友和相关人员不得参与其一切礼俗的管理和帮助活动。

2. 如有强行违背，群众意见很大，经总理事会审定，上报有关领导和单位，今后不得享受相关的优惠政策。

3. 对强行违背条款者，社会对其加大舆论监督，视为不顾大局，不讲诚信之人，人人与其远之。

4. 与外族通婚者，本民族理事会不予支持，但整个婚姻礼俗，只能按瑶族规矩办理。

五　附则

此会议纪要从通过之日起执行，发至本族居住地隆回、溆浦两县、乡、村、组及全体与会代表、理事会成员及相关人员。

总理事会成员由瑶族各姓氏推选出权威代表至少1—2人参加（附后），负责本纪要的贯彻落实和监督工作，县民宗局每年安排一定经费，定期在民族节日期间召开总理事会会议，听取各地落实情况。会议实行每年至少一次，三个节日实行逐年轮值举行，进一步研究监督措施和抓好落实。

二〇〇九年七月初十于崇木凼

参会人员名单（名单省略，共计226人）。

瑶族风俗礼仪理事会名单

理事长：奉泽课

副理事长：奉修各　　步楚吾　　沈修毛

成　员：（排名不分姓氏先后）

沈修勇	沈诗寨	唐世汉	奉兆足
杨庭内	杨方肚	奉锡旺	奉锡金
杨方升	刘笃祖	奉彩该	杨方抗
沈诗永	奉族唱	刘庆院	杨庭扣
刘笃界	奉兆笑	奉修岭	奉族摆
杨庭友	奉文退	回明光	刘笃秧
奉泽辉	沈道课	奉锡好	蒲德武
杨庭红			

从这份《会议纪要》中可以看到，随着经济的发展，商品流通的加快，花瑶人也开始形成了新的以花钱多少为面子的攀比之风，事实上，这样一种攀比的状态我们从前面探讨家长们积极为自己家的小孩子买摩托车的风向中，就已经能够看出来了。但是，很显然，这样一种新

的消费心态与消费风气远远超出了花瑶人家的收入水平与支付能力。一场婚礼“花费5—6万元，高的甚至达7—8万元”，更为重要的是，这样的花费居然达到了“瑶族中等家庭收入的15—20倍”的程度。这样一组数据对于一个家庭实现诸如维持日常开销、经济运转、有所积蓄等现实目标而言，无疑是相当可怕的一个数据。

为了知晓虎形山瑶族乡花瑶人家的实际经济状况问题，我们也专门向信用社的沈修竹主任进行了详细了解，他告诉我们，就目前整个虎形山乡信用社的存款情况而言，还没有花瑶人家的存款超过10万元的，最多的有5—7万元；相对而言，汉族人家存款最多的有20多万的，10多万的也不少。而从总存款的数额上，花瑶人的存款只占到了大概20%左右，汉族人占了另外的80%。可以看到，如果一场婚礼要花费5—8万的话，就意味着花瑶中存款最多的人家也会一次性消耗掉所有存款，毫无结余了，而对于那些本就没有太多积蓄的人家而言，就意味着需要通过借债的方式，方能办完一场婚礼。根据目前虎形山瑶族乡的少数民族计划生育政策，花瑶人家在正常情况下一般会生2个男孩子，而且，非常多的花瑶人家甚至会选择生3—4个男孩，这就意味着到了孩子们谈婚论嫁之时，每户人家需要10—30万不等的婚礼开销，对于本就处于经济不发达、资源缺乏地区的花瑶人家而言，这无疑是一笔天文数字。此外，由于我们所谈及的家长又往往鼓励年轻人通过飙车等方式，实现早婚早育的目标。那么，这更是意味着，一个家庭往往会将自己全部的积蓄与精力都放在了举办婚礼，以及“打三斗”等酒席、酒宴上，从而不可能有更多的资金投入到诸如教育、文化、发展等更为长线的投资之中，又由于早婚早育状况的普遍流行，更使得对下一代的教育成为不可能承担的使命。这样一种状况，无疑对于花瑶人家的日常生活、经济运转、未来发展等层面，都构成了极大的负担与冲击。

在访谈的过程中，沈主任还对花瑶人家普遍经济条件差的原因，进行了如下归纳：1. 花瑶人家的经济基础本来就非常薄弱，没有什么积蓄；2. 受教育的程度普遍很低，没有文化；3. 有些人好吃懒做，游手好闲；4. 在生活上，缺乏计划性，而且根本不知道理财，很难有积蓄；

5. 酗酒。事实上，这些导致花瑶人普遍贫困的理由，都能够在婚礼上看出来，花瑶人家在父辈那一代就没有积蓄，还要借钱给小孩办婚礼，或许有点礼金，也放炮、喝酒完了，等到小孩结婚后，同样是家底差，生了小孩子也不可能享受到更好的教育，受教育程度低，而且还会帮着买辆摩托车，游手好闲，又由于缺少文化，无法适应外面的世界，所以只能待在家里务农，在经济上既没有计划、又不知理财，在没有什么积蓄的情况下，下一代小孩子又面临着结婚的压力。从而进入了一种恶性循环。至于酗酒，在婚礼上是极其普遍的事情。

这就能够理解，为什么花瑶的精英们会为此召开一系列会议，并最后拿出这样一份具备约束力的文件来。通览这份文件，可以看出，主要目标就是限制在各种红白喜事中尤其是婚礼中的开销，从烟花、礼物、人员、嫁妆、时间、聚餐数等各个环节上，都进行了极为细致的要求与规定，期望能够在整体上保持传统习俗的基础上，尽量实现节俭的目标。

当我们第一次看到这份《会议纪要》时，第一反应就是：规定如此之细致的文件，是否具备可行性？而且，这毕竟只是一份带有民间规定性质的文件，是否真的具备强制力？

虽然我们没有亲身参与过 2009 年之后的花瑶人家的婚礼，而且我们在 2011 年 11 月进行实地调研时，由于没有意识到这份文件本身的重要性，也就没有刻意地去了解相关的状况，但是，在具体的访谈过程中，仍然有瑶汉居民在无意中向我们传达了与此相关的一些信息，由此也可以看出这份文件出台之后，在瑶山所形成的巨大影响与作用。

在我们事后查阅当时的采访笔记时发现，这份文件在现实中不仅具备可行性，而且被执行得非常到位。具体而言，当我们 27 日在虎形山乡街道上与花瑶人沈志广（23 岁）聊天时，他告诉我们："以往花瑶人举行婚礼办酒席时，要准备非常多的酒；彩礼也是女方要多少就给多少，牛肉猪肉也要很多，全部都吃完为止。后来乡政府明令禁止了。现在办喜事只能准备一二百斤猪肉，五六十斤牛肉。"虽然这一讲述在具体的数字上与文件之中存在着一些出入，但是，我们仍然可以从中看出

《会议纪要》中对食物需求所进行的量化处理，已经产生了非常直接的效果。更令人惊讶的是，自从这一文件出台并开始实施之后，花瑶在办喜事时所发生的相关变化，甚至连与花瑶人家相邻的汉族人都知道了，我们几天后（30日）在小沙江镇江边村麻坑组调研时，我的堂兄、当地汉族人黄顺禹就曾告诉我们他的观感：“以往瑶族人家办喜事花费很多，一般都是要摆几十桌，只要沾亲带故的都会去喝喜酒，大吃大喝好几天。现在改了，一般是到男方家吃一天住一天。”从他的表述中，我们也可以看到，《会议纪要》中关于人员、时间、聚餐数的详细规定，也起到了预期的效果。

我们从沈志广的话语中还看到了一个独特的现象，他甚至认为花瑶婚礼之所以会发生这样的改变，是由于“乡政府明令禁止”的原因。换言之，这样一份本来只具备民间规定性质的文件，在虎形山瑶族乡的实际操作中，却是通过乡政府以行政命令的方式下达，并予以执行的。这一点也充分体现出这份文件与相关规范性制度在花瑶人中所具备的权威性与强制力。

实际上，我们还可以从《会议纪要》“四、责任与约束”条目下，进一步看到一些措辞非常严厉的关于如何具体监督、实施，以及对违反者可能接受的处罚的规定与描述。

关于“责任”的描述中有一个非常值得注意的现象，在这次会议中所形成的“理事会”（分为总理事会与分理事会，具体成员参见前面所附名单），成为了花瑶族人之中所形成与存在的、一个带有权威性与强制力的、可以实施监督甚至进行具备监管权力的新的组织性机构。从文本中可以看到，这个机构承担着如下极为明确的职能，“具体负责本区域内传统礼俗的宏扬与传承，对破坏和不遵守传统礼俗者的约束和监督”；甚至要求“所有风俗礼仪活动，必须报所在村落分理事会成员得知，各房姓理事会成员必须全程参与，切实担负起监管责任，坚持常抓不懈”。换言之，理事会成员也由此获得了超出普通花瑶人之外的知情权、参与权与监管权。近年来，花瑶婚礼过程中所体现出来的诸多变化也表明，这一机构在实际工作与现实生活中，都起到了相当大的作用。

在关于“约束”的条目下，更是具体到了当前花瑶进行族内管理时，所具备的手段、资源与能力，换言之，这也是现代社会中花瑶族群进行自我管理与自我约束的新的方式与手段。

其中，前三点约束都是针对违反相关礼俗规定的，第一点中所强调的是对尚不严重的违反者，要对其进行族内的隔离处理，所谓“本民族所有亲戚朋友和相关人员不得参与其一切礼俗的管理和帮助活动”；第二点中所强调的是一种行政手段，对强行违背且影响很大的人从花瑶之中驱逐出去，所谓“上报有关领导和单位，今后不得享受相关的优惠政策”，这是非常艺术的表述，以是否能够“享受相关的优惠政策”作为区别是否是花瑶人的标准与手段，其实，这就是花瑶人常常提及的“除族”处罚，也就是将这个人从花瑶民族之中开除出去，不再被视为同族之人；第三点是对那些强行违背，且花瑶族内制约已经完全失效的情况下，强调要加大对违反者进行隔离的程度与范围，通过“社会对其加大舆论监督，视为不顾大局，不讲诚信之人，人人与其远之”，这就意味着连汉族人也被卷入了进来，以期形成共同的舆论与道德压力，对违反者予以制裁。

第四点则有所不同，不再是涉及本族内部事务，而是涉及到了瑶汉通婚的问题，关于这一问题的强制性规定，也表明了花瑶民族强化族内通婚的意愿与形态，所谓“与外族通婚者，本民族理事会不予支持，但整个婚姻礼俗，只能按瑶族规矩办理”。其中，所谓“不予支持”本身就是一种明确的反对态度，也能够形成一种极强的心理暗示与舆论导向，而且，强调婚俗只能按照瑶族规矩办理，更是增大了瑶汉通婚的潜在的难度与困境。我们并没有在此次调研中了解到这一规定出台并实施后，对瑶汉通婚的人是否产生过影响，但是，从这一规定本身而言，其实已经极为清晰明了地表达了花瑶族人期望继续维持族内通婚，以进一步促进其族群兴旺与种族繁衍的基本心理状态。

到这里，我们可以看出，花瑶民族的传统礼俗与文化正在遭受着新的冲击与挑战，这种新的冲击与挑战不仅仅来自外部世界所带来的变迁，也来自于花瑶人内部世界所出现的变化。为了应对这些新的时代格局与时代变化，花瑶族人也通过召开通族会议、组建理事会、制定规范等方式，力图予以应对。我们也看到，到目前为止，他们的应对方式还是很有效果的，问题是，花瑶民族在新的时代背景之下，所面临的问题远不止这份《会议纪要》中所表露出来的范围与程度，市场化、现代化、全球化等现代极为时髦的词汇，并非与长久以来生存于大瑶山之中的花瑶人毫不相关，事实上，当整个中国都已经被这些词汇所内涵着的生存方式与生命意蕴所激烈改变时，相关的浪潮，也将一波接一波地涌上大瑶山，最终使之成为一片新的汪洋所在。如果说这份《会议纪要》是花瑶人面对新的时代冲击时所做出的诸多努力的结果的话，我们只能说，这仅仅只是一个开始，未来的世界将发生更大的变化，而这些变化也终将会进一步影响到花瑶本身。就如修通了马路就有了飙车党，经济发展了就有了巨额开销的婚礼，有了电视与时尚就有了染着艳丽头发的年轻人……

在这份《会议纪要》中，有一个很值得注意的现象，就是花瑶似乎通过全族精英们的共同努力，形成了一个用以规范花瑶礼仪风貌、日常行为的自治组织：理事会。事实上，我们从瑶汉村民的讲述中就可以看出，这一自治组织一直在日常生活中发挥着重要的影响与作用，更为重要的是，这一自治组织也获得了政府部门的高度支持与关注。这或许也是花瑶人沈志广认为那些规范礼俗的规定，是“乡政府明令禁止”的重要原因所在。

我们在虎形山瑶族乡人民政府网站上看到了标题为“花瑶风俗理仪理事会召开常务理事会”的报道，从中获得了如下信息：“（2011年）6月17日，花瑶传统节日‘讨念拜’期间，花瑶风俗理仪理事会常务理事会在水洞坪村召开，应邀参加会议的副县长沈德友、县民族宗教事务局局长奉锡样等领导和34名常务理事参加了会议，乡党委书记刘华中到场祝贺。会议首先听取了常务副会长奉修各关于近一年来理事会工作开展情况的汇报，沈县长在充分肯定理事会工作成绩的同时指出：‘花瑶风俗礼仪应秉着尊重历史优良传统，结合现阶段经济发展水平和生活状况的实际，按照既热烈喜庆，又节约俭朴的原则进行规范，既确保本民族传统礼仪的传承与发展，又适应现行的经济状况与水平，促进本地经济社会又好又快发展。’2009 年，隆回、溆浦两县花瑶聚居地各姓氏代表、县、乡、村瑶族干部、职工、退休老干部代表共 220 余人在瑶族三大传统节日期间召开三次座谈会，经全体与会代表反复商议、通过调查走访，广泛征求意见的基础上决定成立花瑶风俗理仪理事会，主要任务是对开始出现的在风俗礼仪活动中相互攀比、铺张浪费的现象进行规范。”①

从这一报道中可以看到，花瑶民族所成立的理事会，不仅在继续运转，而且也获得了县、乡两级政府花瑶官员，以及当地政府汉族官员们的广泛支持与关注，其成员组成也相对较为稳定，如 2009 年《会议纪要》中，奉修各是“第一副理事长”，而在这份报道中，仍然是具备相似地位的“常务副会长”。因此，这一自治组织在未来将会怎样发展，能够具备怎样的影响力与控制力，无疑是一个我们非常值得关注的问题。

至此我们可以看到，花瑶民族为了维护自我种族的繁衍与传统文化的传承，自古以来就面临着种种难以想象的艰辛与苦难。历史上，通过全族世世代代人的共同努力，花瑶民族最终得以生生不息，繁衍至今。在所面对的这些困境中，他们首先不得不反抗外部政治权威的压制与管辖，或主动或被动地去打一系列完全没有最终胜算的战争；其次，他们不得不与赖以生存的自然环境相抗争，在一次次的迁徙中，开山辟壤，辛勤劳作；最后，他们还不得不面临着自身文化的一次次积累，又一次次遗失，面临着种种人力所不能为的灾难与打击。但无论如何，在漫长的历史长河之中，他们毕竟得以保存并延续至今，这无疑是一种生命的奇迹，也是一种文明的奇迹。

然而，时过境迁，当古老的花瑶人民所面对的是现代化背景下的国家权力与市场经济时，这样一支生存了几千年的民族，这样一个流传了几千年的文明，究竟会怎样呢？是延续还是消失？从我们所看到的情形

① 资料来源：虎形山瑶族乡人民政府公众信息网。

来看，似乎可以肯定，在当前的社会形式下，随着政府资金投入的日益增多，对少数民族地区优惠政策的日益加强，以及当地以花瑶为品牌的旅游事业的日益兴盛，作为纯粹个体意义上的个体生命而言，花瑶人或许会过上比历史上的任何时候都更舒服，也更幸福的生活，他们的物质生活会越来越丰富，外来的文化也会越来越进入这些曾经封闭的山村。但是，在这里我们所面临的真正问题是：他们会消失吗？他们会被日益汉化从而丧失掉自己持守了几千年的传统与文明吗？他们会在难得的繁荣之中自愿地与外面的世界相融合吗？换一句话说，花瑶在未来的时间里为了自身的传统与特性的继续维持，会有怎样的举动？

汉化，还是抗拒汉化？对于当代花瑶人而言，这无疑是一个古老而又真实的问题。不过，时至今日，我们或许更应该问：西化，还是抗拒西化？甚至是：全球化，还是抗拒全球化？

在此格局之下，是否应该继续坚持自己的传统与文化？如何坚持？类似严肃且无可回避的问题，一次又一次地出现，且以一种越来越强势的方式，摆在了花瑶民族的面前。可以想见，当花瑶人所拒绝的汉文化同样在长时间以来面临着“全盘西化”甚至“全球化”的危险的同时，作为一种更小的“亚文化”的花瑶传统还能坚持多久，无疑是一个很成问题的问题。在这里，我们固然无法对这样的问题进行简单的回答或者是盲目的预测，但是，我们完全可以通过对当前花瑶人自己对发生在他们身上的许多重大事件的反应与预期的分析，从而进一步达到探究这支民族的精神内核所在的这一学术上的目的，并进而去探究这些精神内核在未来的岁月里或变革或持守的可能性。当然，未来的一切，毫无疑问地依旧掌握在花瑶人自己的手中，只是变量更多了而已。

参考书目

地方志

1. （明）陆柬纂修：《宝庆府志》，明隆庆元年刻本。

2. 《明史·石邦宪传》。

3. （清）上官廉等修，姚炳奎撰：《邵阳乡土志》，清光绪三十三年刻本。

4. （清）黄维瓒等修：《武冈州志》，清同治十二年刻本。

5. （清）穆彰阿、潘锡恩等纂修：《嘉庆重修一统志》，清道光二十二年刻本。

6. （清）齐德五主修：《溆浦县志》，清同治十二年刻本，溆浦县档案馆 2003 年 10 月重印，溆浦彩色印刷厂印刷（内部资料）。

7. （清）王玮纂修：《乾州志》，清乾隆四年刻本。

8. （清）奉成美主修，奉德芳书：《奉氏族谱》，清咸丰元年撰本。

9. （清）黄宅中等修，邓显鹤等纂：《宝庆府志》，清道光二十九年刻本，民国重印本。

10. （清）关培钧修，刘洪泽纂：《新化县志》，清同治十一年刻本。

11. （清）高人鉴纂辑，张日章复辑：《嘉庆重修一统志·宝庆府》，清道光二十二年刻本。

12. （清）张起鹍修，刘应祁纂：《邵阳县志》，清康熙二十三年刻本。

13. （清）黄甲第总修：《黄氏族谱》，清道光六年刻本。

14. （清）吴从谦主修，潘应斗、潘应星纂：《武冈州志》，清康熙二年刻本。

15. （清）许绍宗修，邓显鹤纂：《武冈州志》，清嘉庆二十二年刻本。

16. （清）安舒原辑，张德尊重辑：《新宁县志》，清道光三年刻本。

17. （清）魏源：《魏源集》，中华书局 1976 年版。

18. （清）贾构编修，易文炳、向宗乾纂：《续增城步县志》，清康熙五十年刻本。

19. （清）黄文琛纂修：《邵阳县志》，清光绪二年刻本。

20. （清）奉姓花瑶：《雪峰瑶族诏文》。

21. 黄一良主修：《黄氏族谱》，2010 年刻本。

22. 吴剑佩等主修：《溆浦县志》，中华民国十年刻本。

23. 马道明、谢元华编：《隆回县志·民族篇》（送审稿），2004 年。

24. 隆回县志编纂委员会编：《隆回县志》，中国城市出版社 1994 年版。

25. 邵阳市地方志编纂委员会编：《邵阳市志》，湖南出版社 1997 年版。

26. 洞口县地方志编纂委员会编：《洞口县志》，中国文史出版社 1992 年版。

27. 新化县志编纂委员会编：《新化县志》，湖南出版社 1996 年版。

28. 溆浦县志编纂委员会：《溆浦县志》，社会科学文献出版社 1993 年版。

田野调查资料

29. （清）奉成美：《教法案例》。

30. 《关于规范瑶族风俗礼仪的有关问题座谈会议纪要》。

国内著作

31. 熊知方编著：《隆回名胜》，国际文化出版公司1997年版。

32. 张国刚、吴莉苇：《启蒙时代欧洲的中国观：一个历史的巡礼与反思》，上海古籍出版社2006年版。

33. 杜维明：《儒家传统的现代转化》，中国广播电视出版社1992年版。

34. 黄勇军：《儒家政治思维传统及其现代转化》，岳麓书社2010年版。

35. 米莉：《村落视野中的国家权力与地方传统》，载高其才、米莉等《瑶族经济社会发展的法律问题研究》，中央民族大学出版社2008年版。

36. 张有隽：《瑶族历史与文化》，广西民族出版社2001年版。

37. 宫哲兵：《千家峒运动与瑶族发祥地》，武汉出版社2001年版。

38. 《隆回文史》（内部资料）第七辑，1998年版。

39. 许纪霖主编：《二十世纪中国思想史论》（上），东方出版社2000年版。

40. 应星：《"气"与抗争政治：当地中国乡村社会稳定问题研究》，社会科学文献出版社。

41. 雁斌、薛晓源选编：《重写现代性——当代西方学术话语》，社会科学文献出版社2001年版。

42. 田伏隆主编：《湖南瑶族百年》，岳麓书社1995年版。

43. 万建中：《解读禁忌——中国神话、传说和故事中的禁忌主题》，商务印书馆2001年版。

44. 杨第美等主编：《隆回县志》，团结出版社2006年版。

45. 中国人民政治协商会议湖南省隆回县委员会学习文史委员会编辑：《隆回文史》第七辑，1998年12月。

46. 国家民委民族问题研究中心编：《中国民族》，中央民族大学出版社2001年版。

47. 徐祖祥：《瑶族文化史》，云南民族出版社2001年版。

48. 吕思勉：《中国民族史》，东方出版社 1987 年版。

49. 杨阳：《王权的图腾化——政教合一与中国社会》，浙江人民出版社 2000 年版。

50. 沈敏华、程栋：《图腾——奇异的原始文化》，上海辞书出版社 2003 年版。

国外译著

51. ［日］竹村卓二：《瑶族的历史和文化：华南、东南亚山地民族的社会人类学研究》，金少萍、朱桂昌译，民族出版社 2003 年版。

52. ［美］孔飞力：《叫魂：1768 年中国妖术大恐慌》，上海三联书店 1999 年版。

53. ［美］费正清主编：《剑桥中华民国史》，第二部，上海人民出版社 1992 年版。

54. ［德］西格蒙德·弗洛伊德：《精神分析导论演讲》，国际文化出版公司 2000 年版。

55. ［苏］Д. E. 海通：《图腾崇拜》，广西师范大学出版社 2004 年版。

56. ［美］史华兹：《寻求富强：严复与西方》，江苏人民出版社 1996 年版。

57. ［美］柯文：《在中国发现历史——中国中心观在美国的兴起》，中华书局 2002 年版。

58. ［法］米歇尔·福柯：《知识考古学》，谢强、马月译，生活·读书·新知三联书店 2003 年版。

59. ［美］杜赞奇：《从民族国家拯救历史：民族主义话语与中国现代史研究》，王宪明译，社会科学文献出版社 2003 年版。

60. ［丹麦］克斯汀·海丝翠普编：《他者的历史——社会人类学与历史制作》，贾士蘅译，中国人民大学出版社 2010 年版。

61. ［美］列文森：《儒教中国及其现代命运》，中国社会科学出版社 2000 年版。

62. ［英］安东尼·吉登斯：《民族—国家与暴力》，胡宗泽、赵力涛译，北京三联书店 1998 年版。

63. ［英］F. H. 布莱德雷：《批判历史学的前提假设》，北京大学出版社 2007 年版。

64. ［德］夏瑞春编：《德国思想家论中国》，江苏人民出版社 1995 年版。

65. ［加］卜正民、［加］布鲁主编：《中国与历史资本主义：汉学知识的系谱学》，新星出版社 2005 年版。

66. 黄宗智主编：《中国研究的范式问题讨论》，社会科学文献出版社 2003 年版。

英文著作

67. Xiaoqing Lin：Historicizing Subjective Reality：Rewriting History in Early RepublicanChina，*Modern China*，Vol. 25，No. 1.（Jan.，1999）

68. Joanna F. Handlin：Action in Late Ming Thought >，Berkeley：University of California Press，1983.

69. Thompson ：Politics whitout Metaphor Is Like a Fish whitout water，in Mio & Katz（eds.）：Metaphor：Impolications and Appolications，Mahwah，N J：Erlbaum，1996.

70. Louisa Schein：“Minority Rules：The Miao and the Feminine in China's Cultural Politics”，Duke University Press，Durham&London，2000.

71. Ralph A. Litzinger：Other Chinas：theYao and the politics of national belonging，Duke University Press，Durham and London，2000.

论文

72. 董珞：《湖南虎形山花瑶探源》，《中南民族大学学报》（人文社会科学版）2005 年第 1 期。

73. 李新吾：《梅山土著寻踪》，载《湖南日报》2003 年 10 月 8 日 B3 版。

74. 米莉：《“钉铜”——“花瑶”民族的巫术与宗教》，载自北京大学亚太教育中心与社会发展研究院主办《中国学术研究》第 2 卷，总第 6 期。

75. 李存朴：《魏源的〈海国图志〉与日本的〈海国图志〉时代》，载于《安徽史学》2002 年第 2 期。

76. 铁鹰：《梅山文化区的一幅原始生活画卷——湖南隆回县花瑶婚俗点滴》，《民主与科学》1997 年第 1 期。

77. 奉锡联、沈玲玫：《湖南雪峰花瑶服饰刍议》，《广西民族学院学报》（哲学社会科学版）1999 年第 1 期。

78. 老后：《撩人心扉的花瑶婚俗》，《民族论坛》2001 年第 6 期。

79. 杨民贵：《花瑶婚俗》，《旅游》2002 年第 9 期。

80. 罗海波：《瑶族佳丽大赛照片》，《湖南日报》2001 年 9 月 3 日第 1 版；

81. 《花瑶妹子今更俏》，《民族画报》2002 年第 4 期。

82. 袁进、田文、张光图：《花瑶盛事“讨僚皈”》，《邵阳晚报》2003 年 8 月 15 日第 4 版。

83. 林高湘：《花瑶走出的百灵鸟》，载《邵阳城市报》2012 年 3 月 6 日第 2 版。

84. 《2000 年第五次人口普查全县少数民族人口及分布表》。

网站资源

85. 隆回县党史地方志办公室网站。

86. 隆回县人民政府门户网站。

87. 邵阳廉政网。

88. 湖南省人民政府网。

89. 罗达：《关于隆回县小沙江镇大托村花瑶的调查报告》，文章来源：三下乡网站。

后　　记

平生第一次，真正感受到了治学的辛苦。

有了子牧的人生，似乎时间不再由自己主宰。无论清晨、无论正午、无论傍晚、无论午夜，只要小家伙是醒着的，我们就得随时待命，陪着她无休止地玩耍、游戏。精力旺盛的子牧，对于想要静下心来写下点像样文字的自己而言，简直就是一颗不定时的炸弹，不知道在什么时候、什么场景、什么心境之下，就会突然爆发，弄得自己昏头转向、无计可施。奶声奶气、甜腻腻的“爸爸、爸爸”，已经足够让自己无可抵挡了；再加上无辜、恳切而又充满期待的、能够穿透人心的眼神，更是让自己毫无招数；更何况，她还能不时地哼哼几句表示自己的不满，甚至于忽然一场狂风暴雨般的嚎啕大哭，让你手忙脚乱、心慌意乱。有时候，自己怎么也想不明白，一个要到今年 8 月底方才两周岁的小屁孩，怎会有如此多的招数，让自己从本来专心致志的写作与思考的意境中，瞬间堕入乱糟糟、闹哄哄的场景里。

虽然父母已经尽其所能地笼络着小家伙，希望能够将她带去各种地方玩耍，以便给我们留下更多工作的时间与空间，然而，小家伙有的是办法折腾到爷爷奶奶放弃为止，然后又得意洋洋地回到我们的身边。事实上，平日里，被聪明、伶俐、健谈的子牧如此这般的折腾，固然辛苦，却也乐在其中。只是，面临着在一个半月之中，必须完成十几万字的写作任务的我们而言，却不得不想尽办法排除小家伙的干扰与侵袭。于是，夫人一早起来，就骑了自行车去往学校的大办公室里，享受同事休假后的空间与清净。白天总是要留个人在家，方才踏实，因此，在本是暑期的近40天的时间里，我都过着一种日夜颠倒的生活，从晚上十一点钟，帮子牧洗完澡，夫人带上床睡觉开始，一直工作到第二天的早上五、六点钟，然后整个一天都在睡觉，直到下午四点左右起来，带着期待了一整天的子牧出去散步、玩耍，再回家喂饭、喂牛奶、洗澡……然后，在子牧沉沉睡去后，重新回到通宵的工作之中。

这本书的主体内容，就是在这样一种日夜颠倒的状态之中写下的。虽然真正感受到了治学的辛苦，却也更为真实地体味到了生活本身的艰辛与现实。以往的自己，一直活在象牙塔与精神世界之中，或许对于别人而言很是清苦难耐的治学过程，对自己而言却更像是一场文字的旅行与思想的冒险，能够自由、自在、自我地遨游于精神的世界之中，既是苦旅，亦是乐途！直到小子牧如此强势地闯入我们的世界，以及随之而来的老人们的登场，方才让自己意识到，原来生活就是生活、现实就是现实，如何学会平衡学术、思想与生活、现实之间的关系，成为了自己人生之中所遭遇到的全新的挑战与压力。

这样一种将自己从更为超越与超验的意境之中，拉回到更为现实与此在的生活之中的历程，也让自己在展开对花瑶与大瑶山这样的更为真实、更为复杂、更为现实的主题的研究时，多少带上了与以往不同的视角与观念，不再讲求纯粹思辨、不再讲求逻辑推理、不再讲求观念之争，而是更为实在地回到现实的生活情境之中，探究“人”的生命之中所包含着的希望与失望、愉悦与悲伤、开心与失落、热闹与凄凉、伟大与卑微、持久与瞬间……无论花瑶人、古代人、现代人，还是作为人的我自己，其实就活在这样一种乱糟糟、闹哄哄、日夜颠倒、忙碌不堪、不断受苦的情境之中。想明白了这一点，对于手头所拥有的同样乱糟糟、闹哄哄、杂乱不堪、思绪不清的文字资料与写作意图，开始静下心来，逐一梳理、逐一展开。

外在的世界，本就是一团乱麻，能否在一团乱麻之中幸福而惬意地活着，只在于自己是否意识到自己生活于乱麻之中，以及学会如何理顺好自己周边的那一片乱糟糟的麻线，以获取更大的生存空间与更好的生存机会而已。

佛曰："一沙一世界，一花一天堂。"

问题的关键既不在沙，也不在花，只在乎自我的视角与心境！

2012年盛夏于湘江之畔江边客舍